Pais e mães bons o bastante está repleto de estratégias práticas, baseadas em evidências e não prescritivas sobre como criar filhos em tempos difíceis com confiança, esperança e autocompaixão. Como orientadora escolar que trabalha com pais que muitas vezes temem não ser "suficientes", valorizo a abordagem que os autores, os psicólogos Tim Cavell e Lauren Quetsch, fazem sobre o tópico com carinho, sabedoria e lembretes frequentes de que o amor é o maior superpoder dos cuidadores.

— **PHYLLIS L. FAGELL, LCPC**, ORIENTADORA ESCOLAR LICENCIADA, PSICOTERAPEUTA, JORNALISTA E AUTORA DE *MIDDLE SCHOOL MATTERS*

Cavell e Quetsch fazem um trabalho magistral ao oferecer aos pais uma abordagem holística e eficaz para criar os filhos. Eles diminuem o zoom ao olhar a criação de modo mais amplo, descrevendo o contexto que a torna tão difícil e, em seguida, dão aos leitores um plano prático, repleto de exercícios rápidos e fáceis de executar para orientar os pais a serem "bons o bastante". Uma leitura obrigatória para pais novos e experientes!

— **REGINE GALANTI, PhD,** DIRETORA DE PSICOLOGIA COMPORTAMENTAL DE LONG ISLAND E AUTORA DE *ANXIETY RELIEF FOR TEENS* E *WHEN HARLEY HAS ANXIETY*

Finalmente, um livro que reconhece que os pais não são e não podem ser perfeitos! *Pais e mães bons o bastante* oferece orientação realista e baseada na ciência sobre o que mais importa — construir uma relação positiva e eficaz entre pais e filhos.

— **MARY K. ALVORD, PhD**, PSICÓLOGA E COAUTORA DE *CONQUER NEGATIVE THINKING FOR TEENS* E *RESILIENCE BUILDER PROGRAM FOR CHILDREN AND ADOLESCENTS*

Tão prático quanto profundamente instigante, *Pais e mães bons o bastante* ensina a ciência de criar bem os filhos, usando uma linguagem facilmente compreensível e um tom de validação. O Dr. Cavell e a Dra. Quetsch explicam como avaliar e ajustar conscientemente a criação dos filhos à medida que eles crescem, tornando o livro útil tanto para pais de crianças pequenas quanto para pais de adolescentes.

— **DANIELA J. OWEN, PhD**, PSICÓLOGA CLÍNICA E AUTORA DAS SÉRIES *RIGHT NOW, I AM FINE* E *EVERYONE FEELS ANGRY SOMETIMES*

Criar filhos é o trabalho mais difícil que existe! Este livro oferece, de maneira encorajadora e prática, uma orientação abrangente e baseada em evidências. Pais e mães podem ter dificuldades com coisas diferentes, mas todos encontrarão algo útil aqui.

— **MARY ANN McCABE, PhD**, ABPP, PROFESSORA CLÍNICA ASSOCIADA DE PEDIATRIA, ESCOLA DE MEDICINA E CIÊNCIAS DA SAÚDE DA UNIVERSIDADE GEORGE WASHINGTON, WASHINGTON, DC

A decisão mais importante que um adulto pode tomar é tornar-se pai ou mãe. A criação dos filhos é um compromisso para toda a vida que, certamente, será desafiador e exaustivo com bastante frequência, mas, com as habilidades aprendidas em *Pais e mães bons o bastante*, ele se torna o papel mais precioso e gratificante que a vida tem a oferecer. Cavell e Quetsch fornecem aos pais o guia que todos esperávamos! Esses especialistas oferecem uma abordagem clara, passo a passo e baseada em evidências para guiar os filhos em direção a atitudes pró-sociais e emocionalmente saudáveis, bem como as habilidades e comportamentos que os impulsionarão para a jovem idade adulta. Mais importante, os autores ajudam os pais a aceitar e abraçar a ideia de que cuidar de si mesmos levará a uma criação mais amorosa e eficaz de seus filhos. Muito bem!

— **ANNE MARIE ALBANO, PhD**, ABPP, PSICÓLOGA CLÍNICA E DIRETORA FUNDADORA DA CLÍNICA PARA ANSIEDADE E DISTÚRBIOS RELACIONADOS DA UNIVERSIDADE DE COLUMBIA, NOVA YORK, NY

Este livro está repleto de estratégias práticas baseadas na ciência para pais e mães de filhos de todas as idades. Os autores dão conselhos com profundo respeito pelos pais e pelo trabalho árduo que realizam. Eles oferecem exemplos da vida real e exercícios que os pais podem usar imediatamente. Sua abordagem é esperançosa e será especialmente valiosa para os pais que estão enfrentando desafios na criação dos filhos. Recomendo muito este livro!

— **ELLEN R. DeVOE, PhD**, LICSW, PROFESSORA E DECANA ACADÊMICA, ESCOLA DE SERVIÇO SOCIAL DA UNIVERSIDADE DE BOSTON, BOSTON, MA

Pais e mães bons o bastante abraça o conceito vital de que a criação eficaz dos filhos não é um conjunto de técnicas desconectadas que você aplica uniformemente a todas as crianças. Em vez disso, trata-se de maximizar o seu relacionamento com seu filho e ser a mãe ou o pai responsivo de que eles precisam. Cavell e Quetsch capturam esse conceito lindamente, oferecendo conceitos práticos que alavancam a ciência de intervenções efetivas para beneficiar qualquer pai ou mãe que queira construir um relacionamento mais positivo com seu filho.

— **JILL EHRENREICH-MAY, PhD**, PROFESSORA, UNIVERSIDADE DE MIAMI, CORAL GABLES, FL, E AUTORA DE *UNIFIED PROTOCOLS FOR TRANSDIAGNOSTIC TREATMENT OF EMOTIONAL DISORDERS IN CHILDREN AND ADOLESCENTS*

Todos os pais ou cuidadores verão a si mesmos e seus filhos nas histórias que ganham vida nas páginas deste livro. Eu o recomendo muito se você está procurando orientação prática, simples e culturalmente competente sobre criação de filhos baseada na psicologia.

— **TERRY STANCIN, PhD**, ABPP, PROFESSOR DE PEDIATRIA, PSIQUIATRIA, MEDICINA FÍSICA E REABILITAÇÃO, E CIÊNCIAS PSICOLÓGICAS, UNIVERSIDADE DE CASE WESTERN RESERVE, CLEVELAND, OH

Que alívio! Em uma época de tanta informação, *Pais e mães bons o bastante* é um livro que preenche a lacuna mental entre ser e fazer. A navegação especializada na ciência é fornecida pelo Plano de Seis Pontos de Cavell e Quetsch, mas as pepitas das próprias experiências pessoais dos autores, espalhadas por toda parte, são o verdadeiro ouro. Pais e mães que duvidam de si podem realmente entender a boa criação dos filhos, aprendendo como os especialistas conciliam sua própria educação e a ciência com suas experiências práticas.

— **CLARISSA ESCOBAR-AGUILAR, PhD**, PSICÓLOGA CLÍNICA EM ATENÇÃO PRIMÁRIA, DIRETORA DE PSICOLOGIA/TREINAMENTO NO CENTRO DE SERVIÇOS DE SAÚDE; PROFESSORA ASSISTENTE, DEPARTAMENTO DE FAMÍLIA E MEDICINA COMUNITÁRIA E DEPARTAMENTO DE PSIQUIATRIA DA UT-HEALTH SAN ANTONIO, SAN ANTONIO, TX

Pais e Mães

BONS O BASTANTE

TIMOTHY A. CAVELL

LAUREN B. QUETSCH

Pais e Mães
BONS O BASTANTE

UM PLANO DE SEIS PONTOS
PARA FORTALECER A RELAÇÃO
COM SEUS FILHOS

ALTA BOOKS
GRUPO EDITORIAL
Rio de Janeiro, 2024

Pais e Mães Bons o Bastante

Alta Life é um selo da editora Alta Books do Grupo Editorial Alta Books (Starlin Alta Editora e Consultoria LTDA).

ISBN: 978-85-5082-246-4

Translated from original Good Enough Parenting. Copyright © 2022 by the American Psychological Association. ISBN 9781433839115. This translation is published and sold by APA LifeTools an imprint of the American Psychological Association*, the owner of all rights to publish and sell the same. PORTUGUESE language edition published by Starlin Alta Editora e Consultoria Ltda, Copyright © 2024 by* STARLIN ALTA EDITORA E CONSULTORIA LTDA.

Impresso no Brasil — 1ª Edição, 2024 — Edição revisada conforme o Acordo Ortográfico da Língua Portuguesa de 2009.

Dados Internacionais de Catalogação na Publicação (CIP) de acordo com ISBD

C378p Cavell, Timothy A.

Pais e mães bons o bastante: um plano de seis pontos para fortalecer a relação com seus filhos / Timothy A. Cavell, Lauren B. Quetsch. - Rio de Janeiro : Alta Books, 2024.
240 p. ; 15,7cm x 23cm.

Inclui índice.
ISBN: 978-85-508-2246-4

1. Autoajuda. 2. Relacionamento pais e filhos. I. Quetsch, Lauren B. II. Título.

2024-172 CDD 158.1
CDU 159.947

Elaborado por Odilio Hilario Moreira Junior - CRB-8/9949

Índice para catálogo sistemático:
1. Autoajuda 158.1
2. Autoajuda 159.947

Produção Editorial: Grupo Editorial Alta Books
Diretor Editorial: Anderson Vieira
Editor da Obra: Ibraíma Tavares
Vendas Governamentais: Cristiane Mutüs
Gerência Comercial: Claudio Lima
Gerência Marketing: Andréa Guatiello

Produtor Editorial: Thales Silva
Tradução: Ana Clara Vieira
Copidesque: Gabriela Nascimento
Revisão: Edite Siegert; Denise Himpel
Diagramação: Rita Motta

ALTA BOOKS
GRUPO EDITORIAL

Rua Viúva Cláudio, 291 — Bairro Industrial do Jacaré
CEP: 20.970-031 — Rio de Janeiro (RJ)
Tels.: (21) 3278-8069 / 3278-8419
www.altabooks.com.br — altabooks@altabooks.com.br
Ouvidoria: ouvidoria@altabooks.com.br

Editora **afiliada à:**

ASSOCIADO

A oficina do caráter é a vida cotidiana.

— **MALTBIE D. BABCOCK**

As alegrias dos pais são secretas, assim como os seus sofrimentos e medos.

— **FRANCIS BACON**

SUMÁRIO

PREFÁCIO

Na sua essência, a criação de filhos é um relacionamento — a relação que você tem com seus filhos ao longo do tempo. Algumas das questões mais importantes da vida são respondidas pelo relacionamento que os filhos têm com seus pais. Eu sou amado? Eu importo? Estou seguro? Como devo tratar os outros? Há coisas que não devo fazer? Quem me responsabilizará? Quais exemplos seguirei? Sua tarefa como pai e mãe é gerir essa relação, muitas vezes, para o resto de suas vidas. A nossa tarefa é ajudá-lo a fazer isso.

Nós somos psicólogos infantis/familiares treinados para conhecer os riscos que sinalizam preocupação com o desenvolvimento de uma criança. Também somos pesquisadores que estudam intervenções parentais baseadas em evidências. Nosso treinamento e nossa experiência são ferramentas úteis, mas nada disso importa se deixarmos de tratar os pais e mães com o respeito que merecem ou a compreensão de que precisam. Nossa esperança é que veja o quão importante você é para o seu filho, independentemente de dúvidas passadas ou erros anteriores. Também esperamos que veja em si mesmo o potencial que vemos em todos os pais. E esperamos que você descubra que a sua saúde e bem-estar são presentes preciosos para os seus filhos.

Este é um livro para aqueles que estão curiosos sobre o que mais importa na criação dos filhos. Mais especificamente, é para pais que querem ver seus filhos crescerem para se tornarem adultos que gerenciam suas emoções, controlam seu comportamento e desfrutam de seus relacionamentos. Nosso objetivo é oferecer orientação baseada na ciência e na noção de que a criação dos filhos é, em primeiro lugar, uma relação. Seu relacionamento com seu filho é único, com um passado emocional e um futuro esperado; além de ser a sua melhor ferramenta como pai ou mãe.

Aspiramos a honrar a ciência do desenvolvimento infantil adotando uma abordagem holística para uma criação de filhos boa o bastante. Nós vemos a criação como mais do que uma coleção solta de correções de curto prazo separadas do curso da vida da relação pais-filho. Não queremos que você se sinta criticado ou confuso pela nossa orientação. Os pais e mães podem ler muitos livros e revistas, ouvir especialistas, conversar com familiares e amigos e, ainda assim, não ter certeza. Esperamos oferecer conselhos que sejam sensatos e não condenem. Queremos que você se sinta confiante sobre em que focar seu tempo e energia e deixar de lado os padrões que exigem uma criação perfeita. Queremos que você se concentre no que mais importa.

LAUREN

Quando eu era uma jovem e sonhadora estudante de pós-graduação, uma mãe veio à nossa clínica de treinamento com o filho de 4 anos. Ele brincava quieto no chão, incerto sobre aquele novo ambiente — movendo os brinquedos lenta e cuidadosamente pelo chão. Enquanto discutíamos as preocupações da mãe e por que ela tinha ido à clínica, ela olhou para mim, inclinou-se para perto e sussurrou alto o suficiente para que eu pudesse ouvir, mas seu filho não: "Eu amo meu filho, mas... Não gosto do meu filho." Aquela declaração de uma mãe desesperada por esperança ficou presa no meu cérebro de uma maneira que eu não esperava. Eu entendi em um nível superficial quando a ouvi pela primeira vez, mas, muitos anos depois, finalmente entendi o que ela estava tentando comunicar.

O comentário da mãe fala sobre o que muitos pais sentem, mas têm dificuldade em expressar: "Eu amo o meu filho, mas nem sempre gosto dele." É essa combinação de amor inabalável por seu filho, às vezes acompanhado de frustração ou perplexidade, sentimentos que levam os pais a se perguntarem: "Quanto tempo isso vai durar?" e "Isso é normal?" Se esses sentimentos persistirem, eles levam à dúvida e ao medo de ser um pai ou uma mãe ruim. Como muitos aprenderam, a tarefa dos pais pode mudar à medida que as crianças crescem, mas os desafios não ficam necessariamente mais fáceis. A tarefa dos pais se desdobra e muda ao longo do tempo: as preocupações com o sono logo se tornam preocupações com birras, que mais tarde se transformam em problemas de higiene pessoal e, em seguida, mudam para ansiedades sobre compartilhar sentimentos, ser querido por colegas, ser bem-sucedido na escola ou mentir para adultos... você pegou a ideia. Muitas dessas preocupações são naturais e esperadas quando estamos cuidando e estabelecendo limites para pequenos humanos cujo trabalho é descobrir o mundo ao seu redor. Mas, se os pais temem passar tempo com seus filhos, quando se sentem emocional e fisicamente esgotados pelo trabalho de ser pais, ou quando acreditam que "devem ser os piores pais do mundo", bem, então, talvez seja hora de recalibrar.

Dou-lhe as boas-vindas a este livro com a esperança de que possamos ajudar a aliviar qualquer confusão que você sinta como pai ou mãe, e criar maior confiança ao abraçar esse papel gratificante, mas desafiador. Eu sou uma psicóloga clínica com especialização em criação de crianças. Mas também sou mãe de quatro filhos pequenos. Não importa quem você seja, a criação de filhos pode ser uma tarefa difícil. Esperamos que você se aproxime deste livro não para descobrir "quem são os melhores pais" ou se você está "fazendo isso corretamente", mas como uma maneira de encontrar o que funciona melhor para você e sua família. Relacionamentos entre pais e filhos não são coisas simples e pré-estabelecidas. Cada um é feito sob medida, e nosso objetivo é garantir um "ajuste" confortável e pensado caso a caso.

Este livro reconhece a complexidade da criação dos filhos. Idealmente, vamos ajudá-lo a reconhecer os seus pontos fortes, basear-se em seus valores e permitir que você se sinta mais em paz com as decisões que toma como chefe de sua família. Se está lendo isto, já deu um grande passo. À medida que você avança no livro, nós o encorajamos a reconhecer e aceitar duas verdades: você pode amar o seu filho *e* pode achar difícil gostar dele. Não há nenhum benefício em ignorar a despesa emocional que vem com a criação dos filhos. É melhor reconhecê-la e ter um plano viável para os tempos difíceis que estão à frente. Nossa esperança é que você veja o amor pelo seu filho como um superpoder, que você pode acessar mesmo quando estiver confuso, com raiva ou destruído. Leia este livro, lidere com amor e aprenda que o que mais importa não é ser um pai perfeito, mas um que seja bom o bastante.

TIM

Como terapeuta, muitas vezes trabalho com pais que pedem orientação sobre seus filhos. Ouço as preocupações deles e tento ajudar. Ouço sobre um garoto que está mal-humorado e zangado, bate nas irmãs, desafia a mãe e diz que odeia tudo e todos. Mas também ouço que a mãe dele o ama e está preocupada com o seu futuro. Conheço os pais de uma menina do Ensino Fundamental 2 que chora na cama à noite porque ela gostaria de ter "apenas um bom amigo", alguém de quem ela se sinta próxima. Os pais dela também choram, desejando que o sonho dela se torne realidade. Ouço como os pais falam sobre o seu talentoso filho adolescente que não esteve em casa por três dias. Algumas famílias estão muito familiarizadas com o ritmo da desordem. Quando as histórias são confusas e quando os pais sofrem de arrependimento, fervem de raiva ou desmoronam de tristeza, sinto-me sobrecarregado. Acredito que posso ajudar os pais a enfrentar as tempestades da criação dos filhos, e penso muito nessas famílias. Às vezes, tenho minhas próprias dúvidas sobre a minha capacidade de ajudar — reconheço meus limites.

No entanto, minha pesquisa e meu treinamento me dão a confiança de que preciso para ser um terapeuta familiar eficaz. Mesmo assim, não há garantias. O mesmo vale para a criação dos filhos. Minha esposa e eu temos três filhos — todos agora são jovens adultos que vivem por conta própria. Eu gostaria de acreditar que a nossa criação fez a diferença e que tivemos um impacto positivo em suas vidas. Mas, certamente, houve momentos em que nossa capacidade de protegê-los e guiá-los foi limitada, quando nossa influência só poderia chegar até certo ponto. Houve também momentos em que fizemos uma verdadeira bagunça na criação dos filhos. Ficávamos bravos e explodíamos, fazíamos exigências irracionais ou desistíamos muito facilmente. E, ainda assim, apesar dos nossos limites, fizemos muitas coisas certas. Com cada filho, tentamos ter o tipo de relacionamento que os convidou a se envolver e a seguir nosso exemplo. Somos gratos por podermos celebrar o presente que são nossos três filhos e suas vidas adultas saudáveis. Claro, muito disso pode mudar inesperadamente amanhã. Então, hoje celebramos que não somos os piores pais do mundo. Mas, certamente, nós conhecemos esse sentimento.

Aqui está o que espero que este livro possa oferecer. Primeiro: uma maneira de dar sentido ao sentimento de "pior pai ou mãe do mundo". Na verdade, é bastante comum. Quando menciono isso aos pais, nunca tenho que explicar do que se trata. Por outro lado, menos conhecidas são as razões — baseadas na ciência — pelas quais alguns se sentem como os piores pais do mundo. Em segundo lugar, está uma posição a partir da qual criar filhos. *Posição* é uma palavra útil para os pais, porque poucas coisas são tão importantes quanto o *lugar* que ocupamos em nossa família, a *perspectiva* que temos sobre a tarefa de criar os filhos e a *postura* que tomamos ao interagir com eles. O objetivo deste livro é ajudá-lo a desenvolver um plano viável e de longo prazo para pais bons o bastante — um que seja adequado para você e sua família, algo que durará. Idealmente, o que oferecemos é prático e útil. Isso não o tornará um pai (ou mãe) perfeito nem lhe dará filhos perfeitos, mas você partirá de um lugar de esperança, onde suas ações em relação aos seus filhos são, de modo geral, saudáveis, sábias, atenciosas, competentes e, bem, boas o bastante.

Pais e Mães

BONS O BASTANTE

INTRODUÇÃO

POR QUE LER ESTE LIVRO?

Desde o primeiro momento em que você vê, toca e (sim) cheira seu filho recém-nascido, um relacionamento é formado — um relacionamento que pode trazer inúmeros momentos de alegria, amor e orgulho, bem como ataques de frustração, tristeza e medo. Como escreveu a autora Elizabeth Stone, ser pai ou mãe "é decidir para sempre ter o seu coração andando fora do seu corpo". O vínculo que tem com o seu filho é único entre todos os relacionamentos da sua vida. Quando a relação pais-filho é bem gerida, é um recurso poderoso para os filhos. Isso os ajuda a crescer, aprender e percorrer o seu caminho ao longo da vida. Mas o que significa "gerir bem" a relação pais-filho?

Talvez você esteja lendo este livro porque a relação com o seu filho não é exatamente o que deveria ser ou o que tinha imaginado. Talvez veja os seus *filhos* como não exatamente quem eles deveriam ser ou o que tinha imaginado. Talvez sejam pais que se preocupam com o futuro dos filhos ou com o passado recente deles. Ou talvez seja simplesmente um pai ou uma mãe que se pergunta: "Estou fazendo isso certo?". Presumimos que esteja lendo este livro porque está investido na tarefa de pai ou mãe e quer o melhor para os seus filhos.

Este livro pretende *ser* duas coisas. Primeiro, pode ser um guia padrão para pais preocupados com a criação dos filhos ou com um filho de 18 anos ou menos que esteja passando por problemas emocionais ou comportamentais. Mas também é um companheiro para outro livro que escrevemos especificamente para *terapeutas* que trabalham com pais cujos filhos são desafiadores e agressivos (Cavell & Quetsch, 2023). Em sua concepção, o conteúdo deste livro e do outro para terapeutas se sobrepõe substancialmente, o que deve ajudar os pais que trabalham com um terapeuta em problemas relacionados aos filhos e à família. Espera-se, ainda, que os terapeutas usem o conteúdo sobreposto para trabalhar em colaboração com os pais. Também esperamos que os pais usem este livro para se manterem totalmente informados ao procurar a ajuda de um profissional.

Este livro também pretende *fazer* duas coisas. Primeiro, ele o ajuda a avaliar os aspectos da criação dos filhos que estão indo bem e aqueles que precisam de mais atenção. Não apresentamos uma longa lista de habilidades de criação que o convidam a se sentir carente ou inepto; em vez disso, oferecemos um plano para o que mais importa ao criar filhos. Se o seu objetivo é ser um pai ou mãe bom o bastante para atender às necessidades dos seus filhos — não um pai ou mãe perfeito —, então, este é o livro para você. Em segundo lugar, ele o ajudará a construir um plano viável para criar seus filhos. Você aprenderá sobre seis áreas principais da criação de filhos e como usar essas informações para fazer um plano que se adapte à sua família.

POR QUE CRIAR FILHOS É, MUITAS VEZES, ALGO DIFÍCIL OU CONFUSO?

Existem vários motivos pelos quais a criação dos filhos é, muitas vezes, difícil ou confusa. Aqui estão três deles:

Motivo 1: A criação é unilateral

Para a maioria das pessoas, criar filhos é um trabalho unilateral: os filhos dependem de nós para muitas coisas, por um longo tempo. Willard Hartup, um conhecido psicólogo do desenvolvimento, descreveu as relações dos filhos com os pais como *apegos verticais*. Eles são verticais no sentido de que os pais têm maior conhecimento e poder social do que os filhos. Quando bebês, nossos filhos são totalmente dependentes de nós, tanto física como emocionalmente. À medida que crescem, eles se tornam mais independentes, mas ainda precisam de nós, porém, de maneiras diferentes. Com o passar dos anos, os filhos passam cada vez menos tempo conosco, mas nós ainda carregamos aquele senso de responsabilidade e preocupação. Somado ao trabalho e ao peso da criação de filhos, há o fato que você não pode esperar dela um retorno equivalente ao que investe. Sim, ter filhos pode enriquecer muito nossas vidas e dar um significado especial à nossa existência, mas os pais, geralmente, dão aos filhos mais do que recebem em troca. Foi assim que a natureza organizou as coisas, e é verdade que, hoje em dia, as crianças são menos frequentemente vistas como pessoas essenciais para a agricultura familiar ou para os negócios da família. Mas também é verdade, em termos das recompensas emocionais que esperamos obter da criação dos filhos — esse senso de amor, compreensão e conexão que imaginamos ser um subproduto essencial da criação. De fato, há momentos em que a recompensa por criar filhos parece injusta e unilateral. Este livro pode ajudá-lo a se ajustar a essa probabilidade para que você não perca os momentos especiais, comoventes e sensíveis que também fazem parte da criação dos filhos.

Motivo 2: Os pais têm controle limitado sobre o comportamento de seus filhos

Um segundo motivo pelo qual a criação dos filhos pode ser difícil ou confusa é que *temos controle limitado sobre o seu comportamento.* Os pais desempenham um papel importante no desenvolvimento infantil, mas mesmo os pais mais eficazes não são controladores de fantoches, capazes de fazer os filhos se apresentarem como e quando quiserem. Na verdade, qualquer culpa que você sente como pai ou mãe pode resultar de especialistas, como nós, colocando muita ênfase em como a criação dos filhos influencia o crescimento e o desenvolvimento deles. Considere o velho ditado: "Como o galho é dobrado, assim cresce a árvore", que é muitas vezes interpretado como significando que bons pais criam filhos bons e pais ruins criam filhos ruins. Hoje, a ciência conta uma história diferente sobre o papel da influência dos pais, embora a opinião pública ainda nos faça julgar e muitas vezes condenar os pais cujos filhos estão se comportando "mal". Se você é pai ou mãe de um filho que é excessivamente ativo, obstinado ou tem problemas para aprender da maneira usual, sabe o que queremos dizer. Alguns filhos farão com que *quaisquer* pais tenham dificuldades.

Uma história mais atualizada sobre criação dos filhos e desenvolvimento infantil tem várias partes. A primeira é que os genes importam muito — não apenas na aparência das crianças (cor da pele, altura), mas também em seus talentos, habilidades e personalidade. A dotação genética também molda como os filhos respondem e aprendem com o ambiente. Por exemplo, alguns bebês têm um temperamento fácil que lhes permite se encaixar em qualquer horário de alimentação, mudança de fraldas e sono que os pais preferirem. Outros têm um temperamento mais difícil, são menos previsíveis e com horários mais difíceis de regular. Estudos recentes também mostram que muitos distúrbios psicológicos envolvem vulnerabilidades herdadas que, quando combinadas com estresse significativo na vida, podem levar a grandes problemas no futuro. Na verdade, é justo dizer que os especialistas em desenvolvimento humano já não presumem que a criação dos filhos é mais importante ou mais influente do que a genética. Em vez disso, os especialistas da atualidade presumem que as duas coisas importam e reconhecem que ambas atuam uma sobre a outra para influenciar o desenvolvimento dos filhos. Uma segunda parte da história sobre criação e desenvolvimento dos filhos é que os pais são apenas uma fonte de influência ambiental. Hoje, os cientistas reconhecem que muitos outros contextos afetam o desenvolvimento das crianças. Entre eles, estão suas interações com irmãos, colegas, avós, professores e treinadores, bem como sua exposição à tecnologia e a diversas fontes de mídia. Estudiosos como Judith Rich Harris argumentaram que os pais realmente têm menos influência do que outros fatores externos (por exemplo, colegas, professores) na vida dos filhos! Nenhuma das pesquisas mais recentes sobre natureza versus criação refuta o papel crítico que os pais desempenham na vida dos filhos, mas ajuda a informar os pais a respeito do que realmente importa.

Motivo 3: O mito da criação eficaz dos filhos

Um terceiro motivo pelo qual criar filhos pode ser difícil ou algo confuso é o que chamamos de *mito da criação eficaz dos filhos*. Na era da informação em que vivemos hoje, não há falta de conselhos para os pais, mas nem tudo o que está disponível é útil, e a ênfase mal colocada na criação eficaz dos filhos é uma das maneiras mais sutis por meio das quais os pais e mães podem sentir que estão tropeçando. Esse mito começa, geralmente, com a mensagem de que os especialistas identificaram um conjunto específico de habilidades de criação de filhos recomendadas para todos os pais, independentemente do pai, da mãe, do filho ou das circunstâncias que afetam a família e o contexto para a criação de filhos (por exemplo, cultura, divórcio, alcoolismo, pobreza). Em seguida, há a implicação de que, se os filhos estão se comportando "mal", então os pais devem desenvolver habilidades mais eficazes de criação. A última parte do mito é que a criação eficaz dos filhos é sinônimo de usar a habilidade "certa" no momento "certo" da maneira "certa". Se os pais fizerem isso, não deve haver nenhum motivo para dificuldades e nenhuma razão para o mau comportamento da criança.

Como ocorre em muitos mitos, existe um fundo de verdade ali. É verdade que as pesquisas identificaram os tipos de comportamento parental que estão ligados aos resultados negativos da criança. Itens mais chamativos incluem pais excessivamente duros ou contextos de rejeição; criação frouxa e sem restrições; e criação negligente ou física, emocional ou sexualmente abusiva. Também sabemos que promover disciplina consistente, uma sensação de pertencimento e monitorar o paradeiro e as atividades dos filhos fora de casa favorece a sua adaptação. Contudo, essas descobertas tornam-se um mito quando são reformuladas como uma lista estreita de habilidades de criação prescrita e apresentada como a solução definitiva sobre como criar filhos. É uma abordagem que perde de vista a relação pais-filho. O mito da criação eficaz também tende a enfatizar a gestão a curto prazo do mau comportamento dos filhos; menos ênfase é colocada na gestão da relação pais-filho ao longo do tempo (ou seja, após os 18 anos). Quando a criação dos filhos é enquadrada dessa maneira, ela pode levar os pais a ver as árvores, mas não a floresta. Os pais cujos filhos estão lutando, emocional ou comportamentalmente, se sentirão fracassados quando os problemas persistirem ou quando a relação pais-filho ficar ainda mais tensa. Neste livro, adotamos uma abordagem diferente para a criação de filhos. Nosso objetivo é oferecer um plano viável, de longo prazo e baseado na ciência que os pais possam usar para abordar uma ampla gama de questões emocionais e comportamentais que afetam filhos e famílias. Por isso, convidamos você a aprender sobre o plano de seis pontos para fortalecer a relação com seus filhos; ou seja, este é um convite para aprender o que mais importa.

CAPÍTULO 1

CRIAÇÃO DE FILHOS HOLÍSTICA, A LONGO PRAZO:

DE CRIANÇAS A ADOLESCENTES

Jason está em uma ligação de trabalho com o seu chefe quando o seu filho de 5 anos, Sean, abre a porta e entra. Jason fica irritado por ter se esquecido de trancar a porta e tenta acenar para Sean ir embora, pois esperava usar a ligação para causar uma boa impressão.

Sean diz animadamente:

— Pai! Com quem você está falando? É a vovó? Posso dizer oi?

Jason pede desculpas ao chefe, olha para o filho e diz:

— Saia daqui.

Sean protesta:

— Mas, pai, você prometeu que eu poderia segurar o telefone da próxima vez que ligasse para a vovó.

Jason está frustrado e levanta a voz.

— Saia do quarto, Sean! Agora! Estou numa ligação!

Sean está confuso, mas sai rapidamente, com os olhos cheios de lágrimas. Após a ligação, Jason entra na sala de estar e encontra Sean assistindo TV. Jason desliga a TV e mostra sua irritação com o filho:

— Sean! Você sabe que não pode entrar quando a minha porta está fechada! Eu estava numa ligação importante! Você nunca me escuta! Você podia ter estragado tudo. Às vezes você é muito egoísta e desrespeitoso! E você não devia estar vendo TV agora. Vá para o seu quarto!

Mais tarde, Jason tenta entender o que aconteceu e como ele reagiu com seu filho.

❮❯

Como você definiria o "trabalho" de criar filhos? Nós presumimos que a maioria dos pais diria que devem proteger, alimentar, vestir e dar abrigo a seus filhos. Outros podem acrescentar que os pais e mães devem se certificar de que as crianças frequentam a escola e cuidar delas quando estão doentes. Mas o que mais está incluído nesse trabalho? A maioria concordaria que pais e mães devem ensinar lições de vida importantes, como a diferença entre o certo e o errado, como se relacionar bem com os outros e o que é preciso para progredir neste mundo. Mas existe uma maneira certa ou errada de ensinar esses aspectos? É melhor falar alto ou sussurrar suavemente? Quando é hora de explicar e quando é hora de punir? Como sabemos se estamos sendo muito rigorosos ou não sendo rigorosos o suficiente? Existe uma maneira confiável de saber quando a criação dos filhos está indo bem?

Na nossa experiência, poucos pais e mães passam o tempo pensando sobre os efeitos negativos da criação. Em vez disso, ela é construída no cotidiano: respondemos a discussões entre irmãos, perguntamos sobre tarefas escolares, preparamos o jantar, colocamos nossos filhos na cama e fazemos tudo de novo no dia seguinte. Mas criar filhos também é uma oportunidade de fazer um investimento de longo prazo na vida deles. Estando presentes todos os dias, física e emocionalmente, podemos fornecer lições de vida valiosas, um exemplo a seguir e apoio contínuo. Tudo isso pode contribuir para que nossos filhos se tornem adultos saudáveis, responsáveis e emocionalmente estáveis, mas exigirá um relacionamento saudável, seguro e solidário entre pais e filhos. Fazemos o trabalho de criar os filhos quando nos movemos em sincronia com eles ao longo do tempo. Este é o melhor tipo de criação de filhos.

Este capítulo tem como objetivo ajudá-lo

- a reconhecer como tende a julgar seu estilo de criação e
- aprender uma maneira mais viável de definir uma *boa forma de criar filhos*.

SOU UM PAI OU UMA MÃE BOM O BASTANTE?

Você já deve ter ouvido falar do termo *pai ou mãe bom o bastante*. O pai ou mãe bom o bastante é aquele que não está tentando ser perfeito e não espera perfeição de seus filhos. É um conceito útil para se ter em mente, especialmente se você é alguém que tende a tornar a perfeição inimiga do bom trabalho. Com algumas exceções, é claro, há muito espaço para os pais fazerem besteiras e tempo suficiente para correção no caminho. Não há problema em ser um pai ou mãe bom o bastante, mas o que isso significa pode não estar claro.

Vejamos várias maneiras pelas quais os pais podem avaliar seu desempenho ao criar filhos. Enquanto algumas destas maneiras são referências úteis para avaliar o curso e permitir que pais recalculem sua rota, outras podem tirá-los da estrada ao passo que eles gastam tempo e energia em coisas que realmente não importam.

Como o Meu Filho Age

Este é um ponto de referência óbvio e amplamente utilizado pelos pais: avaliamos nosso estilo de criação com base no que eles estão fazendo e de que modo o fazem. Se eles trazem para casa bons boletins escolares, fazem as tarefas, e se mantêm longe de problemas, então devemos ser pais bons o bastante, certo? Talvez, mas estudos de desenvolvimento muitas vezes indicam que os traços e talentos das crianças estão ligados mais à sua dotação genética do que às suas experiências de infância. Podemos parecer muito bons como pais quando nossos filhos nascem com uma forte propensão a serem cooperativos e agradáveis. Mas nem todos nós somos tão sortudos; não recebemos o filho "bem comportado e educado". Na verdade, dependendo de seus traços e talentos, seus filhos podem realizar atividades específicas, fazer certas escolhas e conviver com indivíduos específicos. Um menino de 12 anos, que mede 1,90m e é naturalmente atlético, poderia passar muito tempo e gastar bastante energia envolvido em esportes, enquanto uma menina de 9 anos, que toca piano desde os 4, poderia buscar atividades musicais. O importante é: não podemos reivindicar responsabilidade exclusiva quando nossos filhos são bem-sucedidos *e* não devemos arcar com toda a culpa quando as coisas vão mal.

Determinar se o comportamento do seu filho é realmente um problema também pode ser complicado. Imagine que a sua filha coma apenas bacon no café da manhã. Você oferece cereais, ovos e frutas e ela só quer bacon. Você diz que ela não pode comer bacon, que deveria experimentar outros alimentos, e ela fica chateada e dá um chilique. Em que ponto e segundo quais critérios você decide que comer bacon é um problema? Quando é que esse problema passa de "aceitável" para algo que precisa ser corrigido? E como decidir se um comportamento é algo que você deve abordar ou deixar os seus filhos aprenderem por si mesmos? Alguns pais tentam ajudar os filhos a evitar *todos* os riscos e fracassos. Eles estão presos à sua noção distorcida de criação, na esperança de "garantir" que seu filho nunca seja ferido ou desviado do seu caminho. Portanto, seja cauteloso ao usar o comportamento do seu filho como referência ao julgar sua criação: você pode estar se enganando quando as coisas estiverem indo bem e pode ser devastador quando elas derem errado.

O Que os Outros Esperam

Às vezes, usamos as expectativas dos outros para avaliar nossos sucessos e fracassos ao criar filhos. Se tiver sorte, os seus amigos e parentes vão falar sobre o excelente trabalho que você está fazendo. Mas você também pode ouvir preocupações ou críticas: "Seu filho sempre chora assim?", "Tem certeza de que é apenas uma fase pela qual a sua filha está passando?", "Você já ouviu o que as pessoas estão dizendo sobre a sua filha e o namorado dela?" Comentários como esses podem doer muito. Às vezes, essas preocupações aparecem como relatórios formais com consequências significativas (por exemplo, remoção da creche, notas ruins, acusações criminais), por isso, é importante considerar se há alguma ação corretiva a ser tomada. Mas, com mais frequência, as expectativas dos outros não são uma maneira útil de avaliar a qualidade da criação dos nossos filhos. Os outros não estão no nosso lugar e nem em nossas casas e famílias, então, seus julgamentos podem machucar mais do que ajudar.

O Que os Meus Pais Fizeram

Este tipo de comparação existe, quer você queira ou não. Poucos de nós recebem treinamento formal sobre como ser pai ou mãe, então, o que aprendemos é muitas vezes retirado das páginas da nossa infância. Mas mesmo que acreditemos que nossos pais tenham feito um ótimo trabalho, isso não significa que entendemos completamente o que eles fizeram ou por que aquilo "funcionou". Há também o problema da memória ruim: é comum não lembrar muito bem como você foi criado, e imitar com precisão as ações dos seus pais não é garantia de que aquilo seja o melhor para seus filhos. Os pais gostam de dizer: "Bem, funcionou para mim!" sem considerar se seus filhos têm o mesmo temperamento ou tendências que eles. Portanto, tenha cuidado ao adotar muito rapidamente as estratégias de criação "de segunda mão". Isto é especialmente importante se significar perpetuar uma história de criação ruim ou um possível abuso infantil.

O Contrário do que Meus Pais Fizeram

Quando acreditamos que nossos pais fizeram alguma besteira na nossa infância, um objetivo comum é nunca nos tornarmos nossos pais! Vemos muito disso na prática clínica. Geralmente, é algo relatado como uma forte vontade de criar os filhos de uma maneira oposta ao que seus pais fizeram. Existem dois problemas principais com esta ideia. Primeiro, não é um bom direcionamento para o que os pais devem fazer, e não é fácil saber como evitar os erros de seus pais. Por exemplo, um pai ou mãe pode prometer nunca fazer seus filhos viverem um divórcio, deixando de reconhecer que seu parceiro poderia, em algum momento, chegar a uma decisão diferente sobre o casamento. O segundo problema com essa abordagem é que é difícil evitar palavras e ações que você ouviu e viu diariamente quando criança. Certamente, nós admiramos os pais que querem romper com o padrão de criação problemática que receberam, mas pode ser difícil agir de maneira diferente daquela que experimentamos. Os pais que prometem fazer isso, provavelmente, precisarão de alguma orientação para que isso aconteça.

Como o Meu Filho Se Sente

Outra maneira de os pais avaliarem a qualidade da criação que praticam é lendo e respondendo às emoções de seus filhos. Faz sentido que as crianças que estão felizes e contentes possam ter pais que estão fazendo tudo certo; por outro lado, as crianças que estão irritadas e chateadas podem ter pais

Ponto de vista da Lauren

Mesmo que dê aos meus bebês chorando o que eles querem, ainda há momentos em que eles parecem derreter no chão, aparentemente esmagados e confusos pelo peso do mundo cruel que criei para eles.

cometendo deslizes e que praticam uma criação problemática. Assim, é tentador tomar nossas decisões de criação com base nas reações emocionais de nossos filhos. Qual pai ou mãe não gostaria de colocar um sorriso no rosto de uma criança que está no chão gritando e chorando?

Quem gosta de ver os filhos infelizes quando punimos seu mau comportamento? No entanto, sabemos que protegê-los de experiências emocionais difíceis pode privá-los da oportunidade de aprender a administrar suas emoções. Observe os momentos em que seus filhos podem estar realmente assustados, incrivelmente tristes ou altamente desapontados, como quando descobrem que a avó tem câncer terminal, que não conseguiram entrar para o time de futebol ou que é assustador aprender a andar de bicicleta. Muitos de nós somos tentados a evitar esses momentos difíceis; não queremos que eles sofram. Mas decisões sábias de criação, aquelas que beneficiam nossos filhos, muitas vezes envolvem desconforto e sentimentos desagradáveis.

Por favor, não entenda mal: é importante prestar atenção aos sentimentos dos nossos filhos e, quando os pais estão emocionalmente indisponíveis ou rejeitando-os, isso pode prejudicá-los. Mas estar em sintonia com os sentimentos dos filhos *não* é o mesmo que tentar limitar ou gerenciar o que eles sentem. Quando o seu filho lhe diz que ele ficou sozinho durante o intervalo porque seus melhores amigos não estavam na escola, você precisa estar sintonizado com as emoções que vieram com este acontecimento. Você precisa mostrar que está ouvindo e tentando compreender. O seu comportamento envia uma mensagem forte que diz: "É seguro compartilhar comigo o que você está sentindo." O objetivo não é consertar o que quer que tenha o levado a esses sentimentos desagradáveis. Se você precisa que os seus filhos sejam felizes, ou julga a si mesmo de forma dura quando eles choram ou fazem birras, pode estar caindo num padrão enganoso e perigoso. É melhor estar presente e deixar seus filhos sentirem suas emoções — agradáveis e desagradáveis.

Como Me Sinto

A paternidade e a maternidade podem nos levar ao contato com a alegria absoluta, bem como com a tristeza profunda, mas o fato de os pais terem todos esses sentimentos não significa que devem usá-los como régua para autoavaliação. As emoções, às vezes, podem distorcer ou causar perturbações ao nosso modo de criar os filhos. Todos nós já fizemos isso até certo ponto. Sentimo-nos alegres e festivos, por isso nos esquecemos de respeitar a hora de dormir ou ignoramos a regra de não comer na sala. Ficamos cansados e irritados, por isso, aplicamos rigorosamente todas as regras e damos às crianças pouco espaço para cometer erros. Ou podemos nos sentir sem esperança e desanimados, então, temporariamente, damos uma pausa no trabalho de criar filhos, deixando que eles se defendam sozinhos ou insistindo que cuidem de nós. E se nos sentirmos zangados e atacados, podemos atacar e ferir os membros mais jovens da nossa família.

Há momentos em que nossas emoções são um subproduto do que vemos e sentimos em nossos filhos. Quando eles estão com medo, nós ficamos com medo. Quando eles estão tristes, nós ficamos tristes. Às vezes, há uma distância pequena entre a aflição dos nossos filhos e a nossa aflição. Então, se você é um pai ou uma mãe que se preocupa com os filhos e, muitas vezes, sente o que eles sentem, vai precisar de uma maneira de gerir esses sentimentos enquanto ainda os cria com sabedoria. Caso contrário, você pode adentrar o terreno incerto da criação de filhos movida pela emoção. Não há necessidade de ignorar suas emoções ao criar seus filhos, mas pais e mães precisam de uma estratégia eficaz para gerenciar (e usar) suas emoções (veja no Capítulo 3).

O Melhor que Posso Fazer

Muitas vezes, os pais que se sentem perdidos e derrotados chegam a esse ponto potencialmente problemático. É claro que se trata, de certa forma, de uma maneira de os pais lidarem com as situações que se apresentam, mas também pode ser uma espécie de rendição. Como terapeutas, nós acreditamos que os pais estão fazendo o seu melhor a todo momento, sempre considerando as circunstâncias em que se encontram e os recursos disponíveis. Os pais que se sentem desesperançosos e desanimados podem achar difícil conquistar pequenas vitórias. Mas se "o melhor que posso fazer" significa ignorar a possibilidade de mudança e crescimento, pode se tornar um lugar para se esconder — um lugar que produz hábitos insalubres que nunca foram a intenção dos pais.

Devemos notar que não é incomum que os pais alterem periodicamente os critérios pelos quais julgam a criação dos filhos. Eles podem começar a tentar imitar os seus próprios pais (ou o oposto deles). Mas, se seus filhos começarem a mostrar sinais de sofrimento emocional ou problemas de comportamento, eles considerarão os conselhos dos especialistas sobre "criação eficaz". Se suas preocupações persistirem, eles podem ajustar suas expectativas ao que os faz sentirem-se melhor. O lugar mais difícil ao qual os pais podem chegar é acreditar que é tarde demais para ajudar os filhos ou mudar sua forma de criação. É fácil ser desencorajado quando os filhos falham constantemente, quando se direcionam perigosamente para um caminho de vida que é insalubre, arriscado ou ilegal.

Nossa mensagem para os pais desanimados é ver e celebrar seus *esforços* ao criar os filhos — não seus resultados imediatos. Os esforços persistentes dos pais e mães para apoiar e orientar seus filhos são o sinal mais seguro de seu amor. O desenvolvimento dos filhos pode ser influenciado por muitas variáveis — fatores biogenéticos, personalidade, talentos, recursos familiares, relacionamentos com familiares e não familiares, fortes interesses, realizações precoces —, mas os pais têm um controle limitado sobre muitos desses fatores. O que os pais podem controlar é estar envolvidos e apoiar, investir e reinvestir no bem-estar de seus filhos. Ao trabalhar com pais desanimados, geralmente transmitimos essa mensagem a eles e aos filhos, especialmente se os filhos forem adolescentes:

> Eu disse aos seus pais que a coisa mais amorosa que eles podem fazer é continuar, continuar tentando ser o pai e a mãe de que você precisa, mesmo quando erram, quando você não gosta e não quer a ajuda deles. Eu os aconselhei a não desistirem de você. Se você tiver sorte, eles vão seguir o meu conselho. Você pode até não gostar, mas, ainda assim, será uma pessoa sortuda.

UM PLANO VIÁVEL PARA A CRIAÇÃO DOS FILHOS

Acreditamos que os pais são auxiliados quando têm um plano **simples e direto** para a criação dos filhos. Esse plano deve ser **prático, sustentável e baseado na ciência** da criação de filhos e do desenvolvimento infantil. Idealmente, esse plano promove o desenvolvimento saudável da criança, ao mesmo tempo em que valoriza a saúde e o bem-estar dos pais. Ele os orienta sobre quando e onde concentrar seu tempo e energia e identifica os aspectos da criação dos filhos que mais importam. E que, com o tempo, se mostra sustentável ao longo dos anos de criação. Este livro é a nossa tentativa de oferecer um plano assim. No mundo de hoje, os pais estão ocupados e competem com muitas outras influências pelo tempo e atenção de seus filhos. Nossa esperança é que os pais que lerem este livro tenham um plano viável daqui para a frente. A seguir, apresentamos um **modelo holístico e de longo prazo de criação de filhos.** Nos campos da saúde e da medicina, o termo *holístico* significa concentrar-se na pessoa como um todo e abordar necessidades sociais e emocionais mais amplas e não apenas os sintomas de uma doença. Convidamos você a se juntar a nós enquanto percorremos este modelo. E, como em qualquer viagem, é útil ter uma bússola para guiar o caminho. Aqui estão os quatro pontos da nossa bússola da criação de filhos.

Norte: Criar Filhos É Sobre Gerir os Contextos em Que Eles Crescem e Aprendem

A criação dos filhos tem menos a ver com o gerenciamento do comportamento infantil e mais com a gestão dos contextos em que os filhos vivem, aprendem e brincam. Do ponto de vista dos pais, o termo *contexto* não é apenas um lugar — pode ser um relacionamento, uma atividade ou uma organização. É qualquer coisa que ocupe uma quantidade substancial do tempo e atenção do seu filho. Pode ser algo real e concreto, como a escola do seu bairro, ou pode ser pura fantasia, como uma escola para bruxos. Alguns contextos são mais positivos do que outros. Alguns promovem um desenvolvimento saudável e uma boa cidadania; outros são arriscados, emocionalmente prejudiciais ou estufas para comportamentos delinquentes que podem emergir.

Com crianças pequenas, é relativamente fácil administrar os contextos de suas vidas. Os pais escolhem onde e com quem brincam, quais atividades são permitidas e como elas passam o fim de semana. Mas, à medida que os filhos crescem, maior é o tempo passado longe dos pais e fora de casa, o que dificulta que os pais supervisionem e exerçam influência sobre eles. Isso é especialmente verdadeiro para pais de jovens que podem estar namorando,

Ponto de vista do Tim

Quando nossos filhos eram adolescentes e tinham idade suficiente para sair com amigos e namorados, minha esposa dizia a eles: "Calor do momento!" Essa frase, que é o título de uma música de sucesso da banda Asia, foi a maneira despreocupada da minha esposa de avisá-los sobre tomar decisões ruins em um acesso de paixão.

Ponto de vista da Lauren
Você sabia que, quando você e seu filho compartilham um momento emocional que produz sentimentos como riso ou amor, a mesma parte do cérebro se acende em ambos? Ou que abraços podem produzir ocitocina, o "hormônio do amor", em você e no seu filho?

dirigindo, andando com amigos que dirigem ou saindo com amigos que bebem álcool ou fumam maconha. Às vezes, tudo isso ao mesmo tempo.

Alguns dos contextos mais arriscados na vida dos nossos filhos são bastante atraentes, cativando sua atenção, apesar dos riscos para sua saúde e desenvolvimento. Um exemplo clássico é o lar onde os pais são "legais" e permitem que as crianças consumam bebidas alcoólicas. Outros locais atraentes são virtuais, como a internet e redes sociais, onde os jovens se reúnem sem supervisão, anonimamente e estão a apenas um clique de distância um do outro. Não podemos conhecer todas as oportunidades que nossos filhos têm de se envolver em comportamentos nocivos ou arriscados que parecem legais ou são praticados por colegas populares (por exemplo, beber, usar drogas, sexo desprotegido). Podemos facilmente deixar escapar aqueles momentos em que passar a noite na casa de um amigo acarreta um risco significativo de comportamento delinquente ou quando um trabalho de meio período significa ter contato diário com crianças que usam drogas e não se importam com a escola. Ainda mais desafiador é quando os filhos escondem de nós os contextos arriscados, mas atraentes, nos quais passam seu tempo. Perguntamos sobre esses contextos e somos informados de que não há nada com que se preocupar. Perguntamos aos seus amigos e recebemos a mesma resposta. Perguntamos aos *nossos* amigos e recebemos a mesma resposta. Mas podemos rastrear o que parece importante para nossos filhos, para o que eles são atraídos, as partes mais importantes de sua identidade em formação e onde eles investem seu tempo e energia. Também podemos perceber os contextos e atividades em que nossos filhos *não* estão investindo tempo e energia — tempo com a família, tempo com tarefas escolares e tempo com amigos mais antigos.

Então, o que os pais devem fazer quanto a contextos arriscados, mas atraentes, que ameaçam a saúde e o desenvolvimento de seus filhos? Traçar uma linha dura sobre a independência do filho? Quando será a hora de fazer isso se não pudermos avaliar o nível de risco? Nossa recomendação mais forte sobre como os pais podem gerenciar contextos atraentes, mas arriscados, é **competir e competir bem pelo tempo, respeito e pela atenção do seu filho.** E a melhor maneira de competir é com um relacionamento pais-filho que seja sólido, favorável e saudável.

Ponto de vista do Tim

Muitas vezes, os profissionais de saúde mental referem-se ao trabalho realizado com os pais e mães como "treinamento parental". Eu não gosto desta terminologia. Ela deixa implícito que os pais não têm habilidades para criar filhos e, portanto, a terapia é simplesmente uma questão de aprender novas habilidades para gerenciar o comportamento de seus filhos. A terminologia também ignora o fato de que os pais podem estar vivendo circunstâncias difíceis ou criando filhos desafiadores. Muitos pais com quem trabalho têm habilidades básicas, mas não têm um plano viável de como usar essas habilidades para construir um relacionamento saudável com uma criança que, muitas vezes, é difícil de gerenciar e difícil de gostar.

Eu prefiro chamar esse trabalho de *terapia parental*, semelhante à terapia de casais, porque seu foco está em um relacionamento que não está indo bem.

Sul: A Relação Pais-Filho É o Contexto Mais Importante

Existem muitos contextos e ambientes em que as crianças vivem, aprendem e brincam, mas a relação pais-filho é a mais importante. É o contexto primário em que os filhos aprendem sobre a vida, o amor, a segurança, as amizades e seu lugar no mundo. É também um contexto sobre o qual você tem algum controle. Os relacionamentos entre pais e filhos vêm com fortes laços emocionais, papéis duradouros, interações recorrentes e química cerebral mútua.

Por todas essas razões, o relacionamento entre pais e filhos é um remédio poderoso para as muitas dificuldades que as famílias enfrentam. Os cientistas continuam a aprender as maneiras pelas quais essa relação pode beneficiar os filhos ao longo do tempo. Um relacionamento caloroso e prazeroso entre pais e filhos promove maior cooperação nos filhos e os ajuda a desenvolver um forte senso de certo e errado. Uma relação pais-filho forte e harmoniosa pode ser a diferença entre um filho que *talvez* obedeça se os pais estiverem de olho nele e um que obedeça mesmo quando os pais *não* estão observando.

> **Ponto de vista da Lauren**
> Como uma mãe de primeira viagem, eu me preocupei quanto a enviar meus filhos para a creche. Eu temi que, se eles passassem várias horas por semana longe de mim, isso prejudicaria nosso relacionamento. O que descobri, surpreendentemente, é que cada um dos meus filhos corre para mim no final de um longo dia com um sorriso especial reservado apenas para mim. Ver nos olhos dos seus filhos que você é importante para eles é um presente especial e saber que o meu amor os capacita a enfrentar o mundo é reconfortante.

Pesquisas também mostraram que relacionamentos fortes entre pais e filhos são um importante fator de proteção para filhos que experimentam eventos traumáticos ou altos níveis de estresse. Em suma, a relação pais-filho é uma embarcação única e poderosa para navegar no alto mar da criação dos filhos — e você é o capitão.

Leste: A Relação Pais-Filho É um Contexto Entre Muitos Que Podem Influenciar o Desenvolvimento das Crianças

Ao longo de seu desenvolvimento, os filhos terão muitos relacionamentos diferentes e um acesso cada vez maior a uma ampla gama de contextos. O relacionamento que você tem com o seu filho é apenas um contexto entre muitos que podem influenciar a vida dele. Por exemplo, pesquisas mostram que os irmãos podem exercer uma influência poderosa no desenvolvimento das crianças. Se machucar fisicamente os irmãos mais novos fizer com que eles recuem ou saiam de perto, então uma criança pode aprender que a agressão é uma estratégia útil para gerenciar conflitos. Se as crianças virem que um irmão mais velho tem um comportamento desafiador ou se envolve em situações arriscadas e enfrenta poucas consequências, elas podem ser atraídas na mesma direção. As crianças também aprendem por meio de relacionamentos com colegas, professores, familiares não tão próximos e muitos outros. Quer se trate de jogos online, equipes de práticas desportivas ou redes sociais, estes contextos têm o potencial de moldar o desenvolvimento dos nossos filhos.

Pais e mães prudentes tentam manter os filhos longe de contextos arriscados. Alguns podem estabelecer limites rígidos sobre o que eles podem ler, ouvir e assistir. Essa abordagem não funcionará para todas as crianças ou todas as famílias. Não é uma tarefa simples limitar o acesso e a exposição dos filhos a pessoas, lugares e coisas que elas consideram divertidas ou desejáveis. Basta perguntar a qualquer pai ou mãe que tente restringir o acesso de um adolescente a amigos, namorados ou namoradas, ou tempo de tela. Isso é possível, mas não é fácil e pode não mudar o desejo do seu filho de acessar contextos proibidos, mas atraentes.

Contextos Positivos

Há, é claro, contextos fora de casa que merecem o tempo e a atenção das crianças. Espera-se que a escola seja um desses lugares. E, apesar do que você pode ter ouvido por aí, a maioria dos colegas empurra as crianças em direções positivas, longe das coisas que os pais temem. Na verdade, a *pressão positiva de colegas* pode ser a melhor aliada dos pais durante a adolescência. Algumas atividades e organizações, dependendo de como são executadas e de quem está no comando, podem oferecer às crianças oportunidades ricas de desenvolvimento positivo. Infelizmente, algumas crianças têm acesso limitado a esses tipos de contextos positivos. Nem todas vivem perto de lugares seguros e divertidos, que oferecem atividades centradas nas crianças e têm pessoal de apoio ou voluntários prontamente disponíveis. Obter acesso a contextos positivos também pode custar caro. O transporte para ensaios de bandas ou treinos de esportes, instrumentos musicais e equipamentos esportivos, além do tempo com um professor, custam dinheiro. Contextos positivos de desenvolvimento não costumam ter oportunidades de acesso iguais para todos.

Há também crianças que lutam para ter sucesso nos contextos positivos que estão disponíveis. Elas podem se vestir de um jeito esquisito, ter uma aparência esquisita ou falar de forma esquisita. Elas podem cheirar mal, ter um desempenho ruim na escola, ou nos esportes. Elas podem ter problemas para seguir as regras. Assim, mesmo quando seus pais as ajudam a frequentar contextos positivos de desenvolvimento, não há garantia de aceitação ou sucesso. Isso pode significar que os pais também devem ser defensores de seus filhos e apoiá-los em seus esforços para fazer parte de uma experiência de grupo positiva. Os pais podem precisar avisar o professor do filho que ele se sente excluído no parquinho ou lembrar ao treinador da filha que ela gosta e se beneficia em fazer parte da equipe, apesar da falta de foco.

Escolhas

Um dos maiores obstáculos para gerenciar os contextos da vida de nossos filhos é que eles fazem escolhas, incluindo as sobre os contextos em que investem seu tempo e energia. As escolhas podem ser triviais e benignas, ou podem ser sérias e arriscadas. Os filhos podem optar por ficar em seu quarto, recusar-se a confiar em nós ou planejar atividades fora de nossa casa e sem o nosso conhecimento. Uma parte disso é de se esperar e queremos que nossos filhos sejam independentes. Mas é difícil saber quando eles estão prontos para fazer escolhas *sábias* sobre questões importantes.

Oeste: Gerir a Relação Pais-Filho ao Longo do Tempo É Fundamental

Em sua essência, a criação de filhos é um relacionamento — um relacionamento entre dois indivíduos. É importante ressaltar que você é apenas *uma* dessas pessoas. Há um ponto em que a sua pele acaba, e a pele do seu filho começa. Pais e filhos existem como seres separados, cada um no seu próprio caminho de vida. Sim, somos os adultos neste relacionamento, mas isso não significa que podemos ditar como nossos filhos verão o relacionamento ou como se sentirão em relação a nós. Não podemos fazer com que eles nos respeitem — devemos merecer isso. Claro, podemos assustá-los o suficiente para que eles não sejam respondões ou nos desafiem abertamente, mas isso não é garantia de que teremos uma influência positiva sobre eles. Filhos que vivem com pais do tipo ditador são, muitas vezes, os primeiros a abandonar as crenças e valores dos pais ao sair pela porta. Não podemos tornar unilateralmente a relação pais-filho satisfatória ou significativa, mas podemos reconhecer o valor do esforço para promover e sustentar um relacionamento forte.

Um Modelo de Criação de Filhos Holístico e de Longo Prazo

Um relacionamento forte entre pais e filhos pode superar muitos dos desafios que surgem quando um filho traz ao mundo emoções fortes e comportamentos difíceis. É fácil esquecer essa questão quando você se depara diariamente com atos repetidos de desafio e desobediência, ataques de raiva em conflito entre irmãos ou uma total falta de cooperação com as tarefas domésticas. E, muitas vezes, esses desafios são empilhados em cima de outras demandas em sua vida. Quando a sua filha age de forma rude ou o seu filho o ignora, você não está pensando na sua relação com eles; você quer que eles o respeitem e obedeçam! Mas, se esses comportamentos persistirem ou piorarem, isso pode sinalizar uma preocupação mais séria — um relacionamento pais-filho que não está funcionando, que não está orientando os filhos a se tornarem adultos saudáveis e cumpridores da lei. Soluções rápidas para o mau comportamento infantil e o desrespeito nem sempre são a resposta; a construção de um forte relacionamento entre pais e filhos é muitas vezes necessária, mas isso pode levar tempo. Os elementos centrais de um forte relacionamento pais-filho são a capacidade dos pais de **Aceitar, Conter e Liderar** seu filho; os apoios subjacentes e fundamentais aos esforços dos pais para construir um forte relacionamento pais-filho são **Metas, Saúde e Estrutura** (ver Figura 1.1) .

FIGURA 1.1. Plano de seis pontos para pais e mães bons o bastante

Juntos, esses componentes compreendem um plano de seis pontos para sermos pais e mães bons o bastante. Esta é uma maneira diferente e holística de pensar sobre a tarefa dos pais. Ela reconhece que criar os filhos é importante, mas também que os pais são apenas um jogador no jogo, e é melhor sermos um jogador atrativo e competente. E a melhor maneira de competir é com uma forte relação pais-filho. Reserve um momento para considerar o tipo de relacionamento que você tem com os seus filhos.

Se estiver disposto, tente responder a cada uma destas perguntas:

- O que está indo bem no relacionamento?
- Como o seu *filho* veria a relação?

Ponto de vista da Lauren
Muitas vezes, deito na cama à noite e me pergunto: "Eu fui uma mãe boa o bastante hoje? O meu tom de voz foi muito severo? Eu fui paciente o bastante?" Meu marido é bom em me lembrar quantas vezes eu lhes dei abraços e disse-lhes que eu os amava, o quão apertado eles me abraçavam quando eu lia para eles, e como eles estavam animados para me contar sobre o seu dia. Posso não fazer tudo certo, mas esses momentos me ajudam a recalibrar. Criar filhos pequenos não é um mar de rosas, mas ajuda quando me concentro em mostrar meu amor por eles e ser alguém com quem eles querem estar, compartilhar seus problemas e procurar conforto.

- Quão comprometido o seu filho está na relação?
- Como é ser o *seu* filho ou a *sua* filha?
- Se você fosse uma criança, quanto *você se respeitaria*?
- Se você fosse uma criança, seguiria o seu exemplo?

Jason está sentado sozinho, repetindo em sua mente a resposta que deu a Sean durante o telefonema. Jason se lembra de como seu pai gritava com ele e como eram aqueles momentos. Ele também se lembra do próprio desejo de sair de casa e de se afastar de seu pai e de seu jeito dominador. Ele pensa, esperançoso: "Certamente, eu não sou como ele."

Jason então decide ir até Sean, que estava brincando quieto, mas com lágrimas nas bochechas. Ele olha para o pai, mas depois se vira e enxuga os olhos.

Jason não sabe o que dizer; decide sentar-se no chão ao lado de Sean, em silêncio. Depois de um curto período, Jason tenta fazer uma piada, mas não recebe resposta. Jason, em seguida, decide pedir desculpas pela reação que tivera mais cedo. Novamente, Sean fica quieto. Enquanto sai da sala, Jason pensa: "Isso não está funcionando. Eu devo ser o pior pai mundo."

CAPÍTULO 2

METAS:

ENTENDENDO O QUE IMPORTA NA CRIAÇÃO DOS FILHOS

Considere estas duas verdades possíveis:

- *A criação desempenha um papel importante no desenvolvimento dos filhos.*
- *Muito do que os pais fazem tem pouco impacto no desenvolvimento de seus filhos.*

Se ambas são verdadeiras, então algumas ações de pais e mães importam mais do que outras. As pesquisas apoiam esta visão: algumas práticas de criação terão pouco ou nenhum efeito sobre o crescimento e desenvolvimento dos filhos, enquanto outras podem fazer uma grande diferença, especialmente quando repetidas ao longo do tempo. Supondo que a maioria dos pais queira que seus filhos cresçam para serem cidadãos saudáveis, amorosos e produtivos, seria útil se eles tivessem um plano que enfatizasse o que realmente importa. Também seria útil se esse plano incluísse metas importantes para orientá-los ao longo do caminho. Com objetivos claros, os pais podem saber em que prestar atenção, quando deixar algo de lado e onde concentrar seu tempo e energia.

Este capítulo tem como objetivo ajudá-lo a

- definir e discutir o impacto dos fatores de risco e proteção,
- entender e reconhecer metas ocultas,

- apresentar os objetivos importantes para o desenvolvimento social e emocional dos filhos, e
- aprender a definir e planejar metas de criação.

METAS PARENTAIS

Quais são as nossas metas como pais? Um dos aspectos mais interessantes sobre a criação dos filhos é que raramente paramos para fazer essa pergunta. Se o fizéssemos, suspeitamos que a maioria dos pais apontaria para as coisas que eles querem para seus filhos — estar seguros, amados, saudáveis e satisfeitos com suas escolhas de vida. Eles também podem querer que seus filhos se saiam bem na escola, façam amigos, consigam um emprego e encontrem um parceiro carinhoso e talvez tenham uma família. Mas *nenhuma* dessas metas diz respeito à criação; em vez disso, são metas que os pais têm para seus filhos, são desejos para o futuro deles.

Usamos o termo *metas parentais* para algo muito específico: são metas que ajudam os pais a identificar o que é importante. Exemplos incluem ter um relacionamento amoroso e de aceitação com seu filho ou ser capaz de estabelecer limites firmes sobre o mau comportamento dele sem ter que gritar com raiva ou se sentir fora de controle. Como pais, somos limitados quanto ao controle que temos sobre o futuro de nossos filhos, mas podemos controlar o que dizemos ou fazemos no aqui e agora. Então, se tivermos uma visão clara sobre o que é mais importante na criação dos filhos — as coisas que realmente importam — poderíamos usar essa informação como guia, para definir metas claras para nossa criação. Desta forma, temos uma chance muito maior de ser o tipo de pai ou mãe que nossos filhos precisam em suas vidas. Também podemos nos sentir melhor sobre nós mesmos, ainda que as coisas não estejam indo perfeitamente bem.

Para a maioria dos pais, muito do que sabemos sobre a paternidade e a maternidade vem de como fomos criados e como vimos a criação dos outros. Essas são fontes valiosas de informação, mas a ciência oferece algo a mais e único: um conhecimento baseado em informações coletadas (e atualizadas e corrigidas) em vários estudos, envolvendo inúmeras famílias e usando métodos sistemáticos de coleta de dados, muitas vezes conduzidos ao longo de muitos anos. O pai ou mãe comum não tem acesso a esse tipo de informação. Mas é o conhecimento que pode nos ajudar a saber o que mais importa quando se trata de criar filhos. Portanto, se quisermos estabelecer metas parentais sobre coisas que importam, não há melhor recurso do que a ciência de como a criação de filhos se relaciona com fatores de risco e proteção. Este conjunto de informações científicas é particularmente útil ao selecionar as metas da criação.

A CIÊNCIA DOS FATORES DE RISCO E DE PROTEÇÃO

A ciência dos fatores de risco e proteção pode ajudar os pais a identificar fatores que afetam o desenvolvimento social e emocional de seus filhos e estabelecer metas apropriadas para abordá-los. Um *fator de risco* é qualquer atributo ou característica que aumente as chances de uma criança experimentar um resultado ruim. Por exemplo, parentes de primeiro grau de indivíduos com transtorno por uso de álcool são 2 a 7 vezes mais propensos a se envolver em problemas com bebida em comparação com pessoas sem parentes com dependência de álcool (Instituto Nacional de Abuso de Álcool e Alcoolismo, 1997). Um *fator de proteção* é qualquer atributo ou característica que reduz as chances de uma criança em risco experimentar um mau resultado. Por exemplo, os pesquisadores descobriram que as crianças cujos pais tinham dependência de álcool eram menos propensas a desenvolver transtorno de uso de álcool se sua família mantivesse importantes rituais familiares (por exemplo, jantares em família, feriados). Assim, ter um pai ou uma mãe com dependência de álcool é um fator de risco, e viver em uma família que preserva rituais importantes apesar desse transtorno parece ser um fator de proteção.

Pesquisas sobre fatores de risco e proteção tendem a confirmar o que o senso comum sugeriria: fatores de risco que predizem um problema — digamos, delinquência — tendem a predizer outros comportamentos problemáticos, como fracasso acadêmico, abuso de substâncias ou atividade sexual de alto risco. Isso ocorre porque a ciência do risco e da proteção é baseada no que provavelmente acontecerá com os filhos *em média*; a ciência não pode prever com segurança o que acontecerá na vida de um filho em particular. Assim, um pai ou uma mãe com um parceiro dependente de álcool poderia se esforçar muito para preservar os rituais familiares e seu filho ainda poderia desenvolver o transtorno.

Destaque de Pesquisa

A pesquisa sobre fatores de risco e resultados infantis começou com o estudo de várias décadas realizado por Sir Michael Rutter (1989) sobre crianças nascidas na Ilha de Wight, uma ilha ao largo da costa da Inglaterra. A equipe de Rutter reuniu dados de todas as famílias da ilha que tiveram um filho durante um período de dois anos na década de 1950. Os resultados desses filhos foram avaliados periodicamente ao longo de um período de 4 décadas (até a idade de 44–45 anos). Rutter criou um índice de risco cumulativo em seis fatores: discórdia conjugal, baixa renda, superlotação familiar, criminalidade paterna, transtorno psiquiátrico materno e envolvimento da criança com o sistema de acolhimento familiar. É importante ressaltar que não houve diferenças nos resultados para filhos em famílias com nenhum ou apenas um fator de risco, mas houve um aumento de quatro vezes para famílias com dois fatores de risco e um aumento ainda maior no nível de quatro ou mais fatores de risco.

Embora grande parte da pesquisa sobre fatores de risco juvenis tenha se concentrado na delinquência, os pais também devem considerar os riscos para várias questões de saúde (físicas e mentais; consulte o Anexo 2.1). Nos Estados Unidos, as taxas de obesidade na adolescência, diabetes, depressão e ansiedade estão em ascensão. Frequentemente, os problemas de saúde mental dos jovens estão associados à pressão para se destacar academicamente ou para ser aceito socialmente. A pressão para se destacar, a saúde física ruim e as relações familiares tensas têm sido associadas a sentimentos de estresse crônico entre os jovens. De fato, o estresse crônico pode afetar os adolescentes, independentemente da renda familiar, e tem sido associado a mudanças na estrutura cerebral, na autoestima, na qualidade do sono e na ideação suicida dos jovens.

A ciência do risco e da proteção não deve ser ignorada ou desconsiderada. Por exemplo, uma das descobertas mais consistentes desse conjunto de pesquisas é que as crianças são protegidas de experiências adversas na infância quando têm um relacionamento de apoio e carinho com pelo menos um adulto em sua vida. Nossa esperança é que, para seus filhos, esse adulto seja você — embora devamos observar que avós, professores e mentores também podem desempenhar um papel fundamental na promoção do crescimento e desenvolvimento de seus filhos.

ANEXO 2.1. Fatores de risco comumente citados

Individuais

- Uso precoce e persistente de agressão
- Detenção precoce
- Atitudes positivas sobre o comportamento antissocial ou uso de substâncias
- Exposição à violência
- Histórico de trauma, abuso ou negligência
- Vítima de discriminação
- Envolvimento sexual precoce ou paternidade/maternidade adolescente
- Pressões excessivas para se destacar
- Transtorno psiquiátrico (transtorno de déficit de atenção/hiperatividade, depressão)

Família e/ou Pais

- Histórico parental ou familiar de transtorno psiquiátrico, transtorno por uso de substâncias ou criminalidade
- Disciplina excessivamente permissiva ou excessivamente punitiva
- Pouca supervisão
- Rejeição ou criação severa
- Abuso ou negligência
- Família caótica ou violenta
- Irmãos antissociais
- Pobreza, desemprego ou mudanças frequentes

Escola

- Falta de vínculo escolar ou baixo envolvimento acadêmico
- Ambiente escolar de alto desempenho
- Relacionamento ruim com os professores
- Problemas de aprendizagem ou baixo desempenho acadêmico
- Faltas frequentes
- Suspensão, expulsão ou abandono
- Clima escolar inseguro e sem apoio
- Mudanças escolares frequentes

(Continua) ›

ANEXO 2.1. Fatores de risco comumente citados

Colegas

- Rejeição, isolamento ou intimidação por colegas
- Associação com colegas de comportamento desviante
- Envolvimento ou participação em gangues

Comunidade

- Bairro marcado por crime, drogas e violência
- Acesso ao álcool, tabaco e drogas
- Acesso a armas de fogo
- Comunidade fragmentada ou desorganizada
- Vizinhança economicamente desfavorecida

Criação Automática dos Filhos e Metas Ocultas

Grande parte do comportamento humano é automático, feito com pouca atenção consciente ou esforço mental. Alguns dos nossos comportamentos estão tão arraigados que nem pensamos neles. Quando dirigimos um carro, lavamos a louça ou nos vestimos, nossa mente se move e nem sequer suamos. Comportamentos automáticos são uma conveniência real, e nós os praticamos o tempo todo. Quando a sua filha pergunta se ela pode ir andando até a casa de um amigo, você não diz: "Espere um pouco, falo com você em um instante. Primeiro, preciso me concentrar em dobrar esta toalha." Em vez disso, você dobra a toalha *e* se dirige à sua filha: "Claro, querida. Avise quando chegar lá e esteja de volta às 18h para o jantar." A maneira como você cumprimenta seus filhos pela manhã, como você reage quando eles chegam em casa da escola e como você lida com o mau comportamento deles pode ser feita de forma automática e "programada". É como se um botão fosse pressionado e a sua reação acontecesse.

Comportamentos que são superaprendidos, automáticos e usados repetidamente são o que tendemos a chamar de *hábitos*. Os hábitos são incrivelmente úteis; com eles, podemos realizar tarefas mesmo quando nossa mente está focada em outras coisas mais importantes. Por exemplo, quantas vezes você dirigiu para o trabalho e não se lembrou do que aconteceu ao longo do caminho? Este pode ser um exemplo óbvio, mas o que não é óbvio é que nossos hábitos são alimentados pelas metas — metas que são difíceis de detectar. Sigmund Freud acreditava que os seres humanos são, geralmente, inconscientes quanto aos motivos para as coisas que fazem. Ele chamou isso de motivação *inconsciente*. A ciência moderna mostrou que os hábitos envolvem metas ocultas, mas essas metas só se tornam claras em situações bastante desafiadoras. Os objetivos subjacentes aos hábitos são muitas vezes baseados em emoções, projetados para reduzir rapidamente o desconforto ou alguma outra experiência emocional negativa.

Destaque de Pesquisa

Pesquisadores na Europa fizeram perguntas às pessoas sobre sair e socializar para ver se isso ativava o objetivo de beber álcool (Sheeran et al., 2005). Os cientistas mediram a rapidez com que os participantes reagiram à palavra "beber" quando ela foi apresentada muito brevemente (ou seja, 200 milissegundos) em uma tela de computador como parte de uma longa série de palavras. Aproximadamente metade dos participantes consumia álcool habitualmente e a outra metade não. Os participantes preencheram questionários antes da apresentação da lista de palavras. Alguns deles responderam a perguntas sobre socialização com amigos (por exemplo, "Quais noites você sai para socializar em uma semana comum?"), mas outros responderam a perguntas sobre os estudos. Como esperado, aqueles que tinham o hábito de beber eram muito mais rápidos em reconhecer a palavra "beber" quando questionados sobre a socialização. Isso não ocorreu quando eles foram questionados sobre estudar. Para os que não tinham o hábito de beber, o questionário que eles preencheram não importava. Estes resultados sugerem que, quando os indivíduos têm o hábito de consumir álcool, simplesmente perguntar-lhes sobre a socialização pode ativar o objetivo de beber.

Pais dependem de hábitos para fazer grande parte da criação dos filhos: preparar o jantar, gerenciar a hora de dormir e preparar as crianças para a escola. Geralmente, é assim que deve ser. Mas as metas que impulsionam os hábitos também podem enganar os pais, às vezes. Imagine um pai que acredita que é importante mostrar a seus filhos que ele os ama, mas que também se envolve em discussões frequentes quando chega em casa do trabalho. Talvez suas metas ocultas sejam um desejo de paz e tranquilidade e a chance de relaxar ou se concentrar no trabalho que ele trouxe para casa. Se essas metas ocultas levam a queixas habituais ("Fique quieto! Você está me deixando louco!"), então a sua meta explícita de expressar amor aos seus filhos será prejudicada. Se você é um pai ou uma mãe que não gosta de se sentir desapontado, triste ou ansioso, você pode se pegar buscando — novamente, com pouca consciência — a meta de minimizar ou evitar esses sentimentos. Sua criança deixa cair a casquinha de sorvete e começa a chorar, e você rapidamente tenta silenciar as lágrimas dela. Você está se sentindo ansioso com a direção de sua adolescente recém-habilitada, então você a assusta com uma dúzia de perguntas antes e depois de ela sair de carro para realizar uma tarefa breve. Você está desapontado por seu filho ter um papel tão pequeno na peça da escola, então você começa a questioná-lo sobre o que deu "errado" na audição. Não só é difícil ver como as metas ocultas influenciam nossos hábitos, mas também é difícil ver como elas podem afetar negativamente o desenvolvimento dos filhos. Em vez de ajudar e apoiar nossos filhos, poderíamos inadvertidamente usar um padrão de criação automática, negativa e baseada em emoções. Com o tempo, a criança que deixa cair o sorvete pode ter dificuldades para lidar com erros e decepções. Com o tempo, a filha questionada sobre seu modo de dirigir um carro poderia desenvolver medos e dúvidas sobre sua segurança. Com o tempo, o filho que conseguiu um pequeno papel na peça podia se sentir cronicamente indigno. Criamos a Planilha 2.1 para ajudá-lo a reconhecer metas que podem estar escondidas nos seus hábitos de criação dos filhos.

PLANILHA 2.1. Metas ocultas que podem dificultar a criação dos filhos

	Sim, sou eu	Não, eu não	Notas
Meus sonhos: Eu sempre quis ser____________________ (exemplos: uma atleta de sucesso, uma rainha da beleza), então coloquei meus filhos em atividades que me trazem alegria. Fiz com que começassem cedo nas atividades, esperando que um dia eles ganhassem o tipo de elogios e prêmios que eu nunca ganhei. Partiria o meu coração se eles quisessem desistir.			
Minhas preferências: Eu realmente não gosto quando meus filhos mostram interesse ou preferência por____________ (por exemplo, exclusivamente roupas pretas, programas como anime), algo que eu não suporto. Eu os desencorajo de fazer isso porque eu não quero que eles sejam assim quando adultos.			
Minha aparência: Eu me preocupo com a forma como os meus filhos se vestem e com a sua aparência. Eu quero que os outros os vejam como fofos e atraentes. Eu insisto que eles se vistam bem para que possamos impressionar os outros.			
Minhas preocupações: Temo que algo ruim aconteça aos meus filhos, como se machucarem, morrerem ou serem sequestrados. Digo-lhes o tempo todo para estarem seguros e ficarem por perto. Faço tudo o que posso para protegê-los. Quero que eles percebam o quanto estou assustado.			
Minha maneira de criar meus filhos: Quero que os outros me vejam como um bom pai, alguém cujos filhos são inteligentes e bem comportados. Eu fico com raiva quando eles aprontam em público e me envergonham.			

(Continua) ›

PLANILHA 2.1. Metas ocultas que podem dificultar a criação dos filhos

	Sim, sou eu	Não, eu não	Notas
Minha autoridade: É importante que os meus filhos me respeitem. Eu não gosto que me respondam mal ou que sejam atrevidos. Não quero ver atitudes ruins ou olhos revirando. Eu não deveria ter que pedir duas vezes para eles fazerem alguma coisa.			
Meus sentimentos: Os meus filhos devem saber quando não estou me sentindo bem. Eles devem se comportar e não piorar as coisas quando estou bravo ou triste. Se eles fossem bons, me deixariam em paz ou tentariam me reconfortar..			
Meu conforto: Eu odeio quando os meus filhos estão chateados e chorando. Tento imediatamente melhorar as coisas. Eu digo a eles para não chorarem ou gritarem, que não há razão para ficarem chateados.			

Metas Parentais Explícitas

Os pais capazes de reconhecer que os riscos que vêm com o excesso de confiança na criação de filhos habitual e automática podem optar por ser mais intencionais. Por exemplo, eles poderiam prometer fazer uma pausa, refletir e considerar suas opções antes de reagir. Uma abordagem orientada por propósitos e resolução de problemas para a criação dos filhos pode certamente ser útil, mas também pode ser difícil usá-la regularmente. Os pesquisadores nos dizem que nossa capacidade de substituir comportamentos automáticos selecionando e usando conscientemente comportamentos "propositais" é limitada; podemos fazê-lo por um curto período, mas em algum momento outras coisas ocupam nossa mente e comportamentos automáticos assumem o controle novamente. Portanto, não podemos pensar, planejar ou tentar escapar de todos os dilemas da criação dos filhos. Em vez disso, devemos gerir os fatores que influenciam a nossa criação automática. Um deles é a nossa saúde e bem-estar geral (que é o tópico do próximo capítulo). Outro é a nossa escolha de metas para criar os filhos. Ao definir metas claras e explícitas, podemos evitar melhor os erros de criação, mesmo quando ela for automática.

A ciência da criação dos filhos e do desenvolvimento infantil pode ajudar a identificar os tipos de objetivos importantes para os pais que buscam melhorar o desenvolvimento social e emocional de seus filhos. Idealmente, a criação é um meio de promover a capacidade de relacionamento, autonomia e competência dos filhos. *Afinidade* refere-se ao sentimento de pertencimento e de conexão das crianças com os outros. *Autonomia* refere-se à capacidade dos filhos de agir em seu próprio nome e ter um senso de controle pessoal. *Competência* é a capacidade de interagir efetivamente e se adaptar ao ambiente. As crianças que têm essas habilidades provavelmente crescerão para serem adolescentes e adultos resilientes.

Não é surpreendente a descoberta feita por pesquisadores de que as crianças que enfrentam dificuldades com afinidade, autonomia e competência tendem a ter resultados mais problemáticos. Considere, por exemplo, crianças que usam agressão, coerção ou fortes demonstrações emocionais para influenciar os outros. Nenhum desses elementos, se usados repetidamente, corresponde a uma forma saudável de se relacionar ou interagir com os outros. Considere também as crianças que interagem sendo muito passivas, permitindo que as coisas aconteçam sem qualquer ação ou responsabilidade de sua parte. Em vez de desenvolver um senso de autonomia e controle pessoal, essas crianças provavelmente dependerão dos outros para atender às suas necessidades. Por fim, considere as crianças que se afastam (ou são repetidamente protegidas) de desafios difíceis da vida e da oportunidade de aprender habilidades básicas importantes. Como isso pode limitar o desenvolvimento de habilidades e competências fundamentais, essas crianças provavelmente terão dificuldades para se adaptar aos altos e baixos da vida. Alguns resultados das crianças dependem, em grande parte, de seus genes (por exemplo, ser um tocador de tuba de destaque, um intelectual talentoso, um comediante), mas a criação é um determinante importante para saber se os filhos desenvolvem afinidade, autonomia e competência. Em suma, há um trabalho significativo para os pais fazerem. Portanto, é vital que eles sejam intencionais em realizar a importante missão de criar filhos e evitem se desviar para a busca de metas ocultas e baseadas em emoções que não estejam vinculadas a resultados essenciais.

Conforme observado no Capítulo 1, nosso modelo holístico e de longo prazo de criação dos filhos vê as metas como um componente em um plano sólido: o plano de seis pontos para pais e mães bons o bastante (consulte a Planilha 2.2). Por enquanto, nossa recomendação é considerar a possibilidade de que a criação dos filhos possa melhorar significativamente se definirmos metas claras e específicas que sejam guiadas por nosso plano para pais e mães bons o suficiente.

PLANILHA 2.2. Plano de seis pontos para pais e mães bons o bastante

	Sim, sou eu	Não, eu não	Notas
1. Metas: Defino metas claras e explícitas para a criação dos meus filhos e tento estar atento a metas baseadas em emoções que estão escondidas em meus hábitos automáticos.			
2. Saúde: Priorizo minha saúde emocional porque é essencial para manter a força, a energia e o compromisso necessários para a criação dos filhos.			
3. Estrutura: Uso os 4 Rs (rotinas, responsabilidades, regras e rituais) para dar à minha casa/família a estrutura de que ela precisa.			
4. Aceitar: Dou aos meus filhos espaço para fazer escolhas e cometer erros, percebo e valido o que eles sentem, e me interesso sobre seus pensamentos, preocupações e sonhos.			
5. Conter: Limito o uso de agressão e coerção pelos meus filhos sendo consistente, firme e seletivo com a minha disciplina, e me reconecto com eles depois.			
6. Liderar: Dou aos meus filhos um exemplo para respeitar e seguir, e compartilho abertamente com eles os valores e crenças que orientam meu comportamento.			

Definir e Usar Metas Parentais

As metas são ferramentas poderosas que podem ajudar a tornar a criação dos filhos menos desgastante e mais gratificante para você e para eles. Talvez olhar para essas metas ajude a fornecer alguma clareza e direção. Talvez você esteja se perguntando como começar. A maneira mais simples é criar um novo hábito — um que envolva dedicar tempo regularmente (todas as semanas ou meses) para considerar se seu modo de criar filhos está alcançando cada uma dessas metas. Ao lembrar-se das principais metas parentais, é menos provável que você se desvie para aquelas ocultas, habituais e emocionais que discutimos anteriormente. Em vez disso, você estaria interagindo com seus filhos de uma maneira proposital baseada na ciência.

Claro, você viverá momentos em que não terá certeza de qual meta parental será mais relevante para uma determinada situação. Você pode até descobrir que suas metas parentais estão em conflito umas com as outras. Você pode ter que decidir entre comunicar uma mensagem de aceitação ao seu filho agora ou estabelecer um limite firme para o comportamento dele. Em outro caso, você pode ter que escolher entre abandonar a rotina de jantar da sua família uma noite e fazer algo que esteja de acordo com os valores da sua família (por exemplo, ajudar na arrecadação de fundos da escola da sua filha). Como apontamos no início deste livro, nosso objetivo *não* é oferecer respostas prontas para cada dilema dos pais ou mau comportamento dos filhos. Não podemos dizer com precisão se [inserir comportamento dos filhos aqui] deve ser atendido com [inserir resposta dos pais aqui] sem saber o contexto dessa interação e o histórico da relação pais-filho. A criação e a vida não são tão simples, e todos os seis aspectos da criação de filhos boa o bastante são importantes: três representam os componentes essenciais de um relacionamento saudável entre pais e filhos (Aceitar, Conter, Liderar) e três representam os apoios fundamentais necessários para sustentar um relacionamento saudável entre pais e filhos (Metas, Saúde, Estrutura). Todos são importantes na promoção e manutenção de um relacionamento saudável entre pais e filhos ao longo do tempo, que é a melhor ferramenta dos pais quando os filhos estão lutando para desenvolver capacidades de afinidade, autonomia e competência.

Exemplo: Tarefas Versus Amigos

Aqui está um exemplo de como os pais podem classificar uma situação em que há metas parentais concorrentes. Seu filho está com os amigos, vendo televisão e jogando videogames. Eles não são muito barulhentos ou bagunceiros, mas você percebe que o seu filho não fez as suas tarefas. É quase hora do jantar; depois disso, ele precisará de tempo para fazer a lição de casa. Você manda os amigos dele para casa para que ele possa terminar as tarefas antes do jantar, *ou* você afrouxa um pouco na questão das tarefas domésticas porque os amigos dele não vêm à sua casa com tanta frequência? Como você escolheria agir? Que outros fatores você deve levar em consideração? Alguns especialistas em criação aconselhariam você a agir primeiro em relação ao "comportamento problemático" do seu filho, ou seja, não fazer as tarefas domésticas dele. Mas podemos imaginar que alguns pais questionariam a sabedoria de mandar os amigos dele de volta para suas casas e insistir que ele faça suas tarefas. Eles podem perguntar: "Isso é realmente necessário ou útil agora?" É claro que esses mesmos pais podem se perguntar mais tarde se estavam cedendo e deixando de usar a "criação eficaz dos filhos".

Como isso se encaixaria no nosso plano de seis pontos para pais e mães bons o bastante? Como o fracasso do seu filho em fazer suas tarefas nessa situação se encaixa na meta de longo prazo de crescimento e desenvolvimento? E se não fazer as tarefas dele fosse um problema de longa data? E se os amigos dele fossem do tipo que o pressionam para participar de uma atividade delinquente? Se você mandar os amigos embora e insistir que ele faça suas tarefas, você ainda pode ser visto como o "vilão", mas essa decisão — sob essas circunstâncias — parece muito alinhada com os objetivos parentais que descrevemos neste livro. Mas se o seu filho sempre fez as tarefas com dedicação e seus amigos raramente causaram problemas para seus pais ou professores, deixá-lo cometer um deslize nessa situação pode ser uma maneira de ajudá-lo a se tornar mais aceito por um grupo de colegas positivos e pró-sociais.

Agora, imagine que a sua relação com o seu filho estivesse tensa e que ele parecesse ter pouco respeito por você. Sob estas circunstâncias, o conflito com o seu filho, especialmente na frente de seus amigos, pode tomar proporções maiores rapidamente. Então, você deveria deixá-lo cometer esse deslize, mesmo que ele não fosse bom em fazer suas tarefas e seus amigos não fossem a melhor influência para ele? Esta é uma situação muito mais desafiadora: seus esforços para limitar o envolvimento do seu filho no comportamento problemático podem colidir fortemente com seus esforços para consertar o relacionamento pais-filho. Ambos são importantes. Como vemos a relação pais-filho como o contexto mais importante e sua ferramenta mais poderosa na criação dos filhos, sugerimos que ela prevaleça. Mas como isso acontece? Pode significar chamar seu filho de lado, lembrá-lo, em particular, sobre suas tarefas, mas aceitar o deslize desta vez. Ao fazer isso, você deixaria claro que o relacionamento que vocês dois têm é importante, mas as suas tarefas domésticas também. Ele ainda tentará evitar tarefas no futuro, mas apreciará o fato de você não ter brigado com ele na frente dos amigos. E reconheça que você ainda não acabou de corrigir a sua relação com seu filho. É necessário continuar trabalhando. Isso pode significar maior aceitação, melhor contenção ou um exemplo mais saudável para ele seguir — ou talvez todos os três. Independentemente disso, o objetivo de construir um relacionamento saudável entre pais e filhos deve sempre vir em primeiro lugar, mesmo antes de questões importantes, como tarefas domésticas e a provável influência de amizades negativas.

É perceptível, a partir deste cenário, o quão complicada pode ficar a criação de filhos. Vale ressaltar que nada dessa complexidade veio da falta de habilidades de criação. Em vez disso, a complexidade vem dos pais que precisam identificar o que mais importa em seu esforço para serem pais bons o bastante.

Cobertura Mínima com Sustentabilidade Máxima

O relacionamento pais-filho — quando bem administrado ao longo do tempo — pode ter uma tremenda influência no desenvolvimento de seus filhos. Nesta afirmação, muitas vezes, a expressão "ao longo do tempo" é esquecida. Lembre-se, criar filhos é um trabalho de longo prazo. Portanto, uma pergunta importante que os pais devem fazer é: "Quais estratégias me dão a melhor chance de aceitar, conter e liderar meus filhos por mais de 18 anos?" Nossa recomendação é usar uma estratégia que ofereça *cobertura mínima*, mas a *máxima sustentabilidade* da capacidade dos pais de aceitar, conter e liderar. Discutiremos mais tarde como isso se dá, mas, por enquanto, reconhecemos que existem muitas maneiras de fazer cada uma delas. Não há uma única maneira de usar esse plano, então, não há necessidade de escolher uma abordagem que seja excessivamente complicada e insustentável. Isso é o que pode acontecer quando os pais estão presos a uma lista particular de habilidades parentais ou com um modelo altamente prescritivo de criação. Se você tiver dificuldade em manter seus esforços para aceitar, conter e liderar, precisará de estratégias mais viáveis e flexíveis. Ainda há a necessidade de "cobertura mínima", mas, nos capítulos seguintes, você aprenderá sobre maneiras de educar que são sustentáveis e fornecem pelo menos uma cobertura mínima das condições necessárias para criar cidadãos saudáveis e produtivos.

DEVER DE CASA: METAS

Agora que você aprendeu sobre a importância das metas parentais, é hora de praticar sendo atencioso a respeito de como tornar suas metas parentais claras e explícitas. A conscientização é o primeiro passo para mudar um comportamento, especialmente um comportamento parental que agora é automático. Pode ajudar se você procurar padrões, momentos em que interagiu com seu filho e se sentiu desanimado ou incompetente. Acompanhe e anote essas ocorrências. Procure por semelhanças em situações que o façam sentir-se desanimado ou ineficaz, depois considere possíveis metas subjacentes e baseadas em emoções que possam estar atuantes. Agora considere como esse padrão se encaixa ou não com os outros componentes do nosso plano para pais e mães bons o bastante. Quais aspectos do nosso plano devem se tornar suas metas parentais atuais?

Aqui está um exemplo: você percebe que o seu filho tem relutado em compartilhar informações com você. Você acha que é porque precisa aceitar mais. Então, da próxima vez que ele reclamar ou fizer um comentário chorão, você tem em mente a meta de ser mais receptivo em vez de dar uma resposta sarcástica ("Sim, sua vida é tão difícil"). Você dá esta resposta: "Este parece mesmo um momento difícil para você". Veja se você pode alterar o seu padrão de criar filhos por meio da adoção de metas novas e diferentes. Aqui estão outros deveres de casa que você pode fazer:

1. Reveja a Planilha 2.1, que lista metas ocultas que podem prejudicar a criação dos filhos.
2. Reveja a Planilha 2.2, que lista o plano de seis pontos para pais e mães bons o bastante.
3. Avalie-se na medida em que cada tipo de meta está afetando sua criação.
4. Comprometa-se a revisitar as metas específicas que impulsionam seu modo de criar os filhos a cada um ou dois meses.

DEVER DE CASA: METAS

CAPÍTULO 3

SAÚDE:

UM INGREDIENTE ESSENCIAL NA CRIAÇÃO DOS FILHOS

Falar com os pais sobre como a sua saúde afeta a criação dos filhos não é fácil. O risco é que os pais ouçam essas conversas como julgamento, crítica ou ignorância. Para sermos sinceros, temos que admitir que há momentos em que, sem saber, o que dizemos aos pais pode soar crítico ou ignorante. Assim, com humildade e muita apreensão, começamos este capítulo com uma amostra de como são essas conversas. Geralmente, começamos explicando que usamos a palavra *saúde* em seu sentido mais amplo ("Saúde com S maiúsculo"), o que significa que ela se destina a cobrir várias áreas de funcionamento: física, mental, emocional, relacional, ocupacional, familiar, sexual e formas espirituais e de bem-estar. No entanto, gostaríamos de apontar que, neste livro, estamos principalmente preocupados com a saúde emocional dos pais. Também usamos o termo *autocuidado*, que geralmente significa acompanhar seu estado de saúde e cuidar de si mesmo conforme necessário. Aqui está uma amostra de como essas conversas podem acontecer:

Nós: Não parece que você tenha muito tempo para si mesmo — tempo para parar, recuperar o fôlego e organizar os seus pensamentos.

Pai/mãe: Está brincando? Não tenho tempo para ir ao banheiro!

Nós: Ajuda quando você faz uma pausa ou tem algum tempo livre? Os pais que lutam com a criação dos filhos nos dizem que isso pode ajudar, especialmente se eles souberem quando esse intervalo está chegando e não tiverem que esperar muito tempo pelo próximo.

Pai/mãe: Oh, eu adoraria ir ao cinema, visitar um amigo ou apenas assistir TV sem ser interrompido a cada 5 segundos. Mas isso não vai acontecer.

Nós: Isso é porque parece impossível ou porque você não tem certeza de que ajudaria, ou talvez porque se sentiria culpado ao fazê-lo?

Pai/mãe: Eu posso até me sentir um pouco culpado, mas principalmente porque não tenho tempo.

Nós: Então, como você faz? Como continua, dia após dia, com tudo o que precisa fazer como pai/mãe, sem descanso?

Pai/mãe: Eu não sei. Acho que é porque tenho que continuar. Ninguém mais vai fazer isso. De vez em quando, peço à minha mãe para cuidar das crianças, mas geralmente não vale a pena o aborrecimento... Talvez quando os meus filhos finalmente terminarem a escola. Haha!

Nós: Você vai aguentar até lá?

Pai/mãe: Eu tenho que aguentar!

Nós: Mas como? Eu me pergunto se ajudar a si mesmo de alguma forma pode ajudar tanto você quanto os seus filhos?

Pai/mãe: Não entendi o que você quer dizer.

Nós: As crianças admiram, respeitam e imitam adultos que veem como saudáveis, fortes e atenciosos. Portanto, uma das melhores maneiras de ajudar seus filhos é ser o pai ou a mãe mais saudável que você pode ser. Eu vejo como você é carinhoso, mas os filhos também se beneficiam quando seus pais são fortes e saudáveis. Isso significa cuidar de si mesmo fisicamente e emocionalmente, talvez fazendo pequenas mudanças na forma como você cuida de si mesmo, como você se vê e, por fim, como seus filhos o veem. Espero que possamos falar sobre como isso pode acontecer.

O ponto principal deste capítulo não é que ser saudável é bom para os pais; é que a *saúde é um ingrediente essencial na criação dos filhos.* Isso é um paradoxo: se os pais gastam tempo lidando com sua própria saúde e bem-estar, isso não interferirá na criação dos filhos? Talvez. Mas se você é um pai ou mãe que presta atenção à sua saúde, sabe o quão importante ela pode ser. Você provavelmente também sabe muito do que está neste capítulo. Alguns pais podem se surpreender ao saber que a saúde é uma grande parte da criação dos filhos, e outros podem ter ouvido isso, mas não têm certeza de como equilibrar a criação e o autocuidado. Também imaginamos que ainda existam outros pais que acreditam que o autocuidado dos cuidadores é bobo ou egoísta.

Este capítulo tem como objetivo ajudá-lo a

- aprender por que a saúde, especialmente a saúde emocional, é um ingrediente essencial na criação dos filhos,
- realizar um inventário de sua saúde,
- aprender a usar as emoções com sabedoria,
- diversificar seu "portfólio" de enfrentamento das situações e autocuidado, e
- aprender a praticar a atenção plena.

POR QUE A SAÚDE É UM INGREDIENTE ESSENCIAL NA CRIAÇÃO DOS FILHOS?

Em seu livro sobre os sete hábitos das pessoas altamente eficazes, Stephen Covey (1991) contou a história de um homem se esforçando para cortar árvores. Quando um transeunte sugere que ele afie sua serra, o homem diz que está muito ocupado cortando árvores para afiar a serra! **O mesmo acontece, muitas vezes, com os pais.** É difícil sentir que você tem tempo ou recursos para tornar o autocuidado uma prioridade, mas a saúde é um ingrediente essencial para o trabalho de longo prazo dos pais. Sim, existem muitas barreiras que se interpõem no caminho, mas os pais pouco saudáveis têm mais dificuldade em promover o crescimento e o desenvolvimento de seus filhos do que os pais saudáveis. Portanto, nosso primeiro objetivo neste capítulo é ajudá-lo a entender por que a saúde é um ingrediente essencial na criação dos filhos.

Uma coisa que torna a saúde tão importante é que a criação dos filhos é uma relação unilateral e *vertical*. É vertical na medida em que os adultos carregam a maior parte da responsabilidade — os filhos dependem dos pais muito mais do que os pais dependem dos filhos. As relações

> **Ponto de vista da Lauren**
> A saúde emocional dos pais é como um balde, e cada evento estressante é como um copo de água derramado naquele balde. Um único evento estressante não é tão preocupante, mas, quando o estresse se acumula, tanto os pais quanto a criação como um todo podem sofrer seu impacto. Imagine que o coordenador da escola ligue para dizer que sua filha se atrasou para a aula de matemática 2 dias seguidos, e então você descobre, naquela noite, que o seu ar condicionado não está funcionando. Algumas situações estressantes não podem ser previstas, mas os esforços para gerenciar o estresse podem ser previstos se estiverem agendados. Ao incorporar atividades de redução de estresse à sua agenda, você não espera até se sentir sobrecarregado para tomar providências quanto ao estresse. Em vez disso, as datas em um calendário (por exemplo, todas as sextas-feiras, primeiro fim de semana do mês) são suas dicas para ser proativo e para que você possa tirar um pouco de água do seu balde de estresse.

entre irmãos ou colegas são ditas *horizontais* porque há uma expectativa de poder igual e dependência mútua. Como a criação dos filhos é um relacionamento vertical, os pais podem ficar cansados e, às vezes, se sentir esgotados e sobrecarregados. Como pais, daremos mais do que recebemos por muitos anos, por isso, não podemos confiar em nossos filhos para que nos façam sentir melhor ou para dar significado e sentido à nossa vida. Isso é especialmente verdadeiro se nossos filhos estão enfrentando dificuldades emocionais ou comportamentais.

ENERGIA, FORÇA E COMPROMISSO

A natureza vertical da relação pais-filho significa que os pais não podem ignorar sua própria saúde. Eles precisam de um plano para monitorar e geri-la, enquanto ainda fazem a tarefa de criar os filhos. Não basta ser inteligente e saber muito; os pais também precisam de **energia, força** e **compromisso**. Estes são os principais presentes que a saúde traz para os pais.

Energia

A mensagem central deste livro é que a criação, em sua essência, é um relacionamento — um relacionamento de longo prazo que tem o potencial de influenciar muito o crescimento e o desenvolvimento dos filhos. Mas também é uma relação unilateral. Os filhos precisam que os pais se preocupem com eles e invistam em suas vidas, mas isso pode ser difícil e desgastante e, às vezes, os pais não têm energia para cumprir a tarefa. Como os automóveis, os pais precisam reabastecer, ou não terão energia para se sustentar. Quando os pais estão deprimidos, sobrecarregados, cronicamente estressados ou isolados da família e dos amigos, é provável ficarem sem combustível. Os pais de crianças difíceis e obstinadas também correm o risco de ter pouca energia e de se sentir esgotados. Por isso, os pais precisam de maneiras confiáveis e práticas de reabastecer, ser ouvidos e compreendidos, sentir-se apoiados por outros adultos e obter o descanso e a nutrição de que seus corpos precisam.

Força

Mantendo nossa analogia anterior com o carro, o conceito de força parental é semelhante à potência de um veículo: um carro totalmente abastecido pode não estar à altura da tarefa se não tiver potência, que é o poder ou a força para puxar sua carga. A força ajuda os pais a fazer sacrifícios oportunos e a tomar decisões impopulares, como estabelecer limites firmes e impor regras familiares. A força também os ajuda a agir com sabedoria quando os filhos reclamam ou têm colapsos emocionais, quando os outros podem criticar seus métodos de criação ou quando as demandas da vida estão aumentando muito rapidamente. Sua força como pai, geralmente, depende da profundidade do seu caráter ou da sua integridade pessoal. Caráter e integridade são influenciados por muitos fatores, incluindo seus traços de personalidade (por exemplo, esperança, resiliência), suas experiências de infância e suas circunstâncias de vida atuais. Quando você está criando um filho difícil e obstinado, a força é o que lhe permite agir com sabedoria, mesmo quando há interferência de forças opostas, externas e internas. As forças externas incluem as reclamações e os contra-ataques de seus filhos, as dúvidas e críticas de outros adultos e as demandas concorrentes de sua vida ocupada. As forças internas incluem suas próprias dúvidas e autocríticas, bem como os custos emocionais que surgem quando você toma decisões impopulares.

Compromisso

Compromisso, ao conduzir o seu carro metafórico, é, essencialmente, escolher a direção em que você está dirigindo. Idealmente, a direção que escolhemos para a nossa família é determinada pelos nossos valores. Os *valores* são as respostas que damos às grandes questões da vida: queremos um parceiro para a vida toda? Queremos ter e criar filhos? O que queremos para a nossa vida profissional: cuidar do lar e da família, ganhar dinheiro, trabalhar com as mãos ou curar os outros? A espiritualidade é uma parte importante da nossa vida? Devemos nos engajar em ações de utilidade pública e nos esforços para apoiar a comunidade? Qual é a importância de exercício físico, recreação e viagens para outros lugares? Nós presumimos que, se você está lendo este livro, então um dos seus valores é ser um pai capaz e atencioso.

SEU INVENTÁRIO DE SAÚDE

Com quem *você* fala sobre a sua saúde? Nos Estados Unidos, os cuidados de saúde são bastante avançados, no entanto, pode ser difícil encontrar tempo para falar sobre sua saúde com alguém que realmente escuta e se importa. Quando nos encontramos com o nosso médico de cuidados primários, somos encorajados a ir direto ao ponto, com pouco tempo sobrando para "visitar". Alguns pais raramente vão ao médico, enquanto alguns nem podem pagar por atendimento; outros não se sentem à vontade para falar sobre preocupações relacionadas à saúde ou não se sentem respeitados pelo médico, o que é mais comum entre pessoas não brancas. Há também pais cujos tamanhos ou formatos de corpos provavelmente levarão a discussões relacionadas à saúde, como lições de moral sobre dieta, exercícios e a necessidade de "mudanças no estilo de vida".

Nós queremos que você tenha a oportunidade de fazer um balanço da sua saúde. A planilha 3.1 é o que chamamos de "Seu Inventário de Saúde", que é apenas um nome extravagante para uma longa lista de áreas da vida que podem sinalizar uma saúde melhor ou pior. Lembre-se, usamos "Saúde" com um S maiúsculo para significar mais do que saúde física ou problemas médicos. Você pode classificar cada área com um selo de Ótimo, Bom, Mediano, Ruim ou Insuficiente. Use este inventário para avaliar seu nível geral de saúde e identificar áreas que podem precisar de mais atenção. Não temos um sistema para pontuar esse inventário, mas presumimos que pessoas mais saudáveis circularão mais Ótimos ou Bons do que Ruins ou Insuficientes.

Use seu julgamento ao "classificar" cada um dos itens da planilha. Haverá grandes diferenças no significado desses itens de uma pessoa para outra. Alguns itens simplesmente não se aplicarão a você. Por exemplo, nem todos se preocupam com a espiritualidade, muitas pessoas não têm um parceiro romântico e algumas pessoas trabalham sozinhas e não têm colegas de trabalho. Além disso, tenha em mente que passar tempo com outras pessoas pode promover a saúde *ou não*. Alguns "amigos" não são muito amigáveis, e nem todos os membros da família têm o seu melhor interesse em mente. Na verdade, alguns pais são provavelmente mais saudáveis porque *terminaram* relacionamentos com amigos e familiares que apenas criticam e julgam.

PLANILHA 3.1. O seu Inventário de Saúde

Como você "classificaria" cada uma das seguintes áreas neste momento da sua vida?					
Sua saúde física	10	8	5	3	0
Suas capacidades mentais	10	8	5	3	0
Sua saúde emocional e psicológica	10	8	5	3	0
Sua saúde espiritual	10	8	5	3	0
Seu casamento ou seus relacionamentos românticos	10	8	5	3	0
Relacionamentos com seus filhos	10	8	5	3	0
Relacionamentos com membros adultos da família	10	8	5	3	0
Relacionamentos com os vizinhos	10	8	5	3	0
Relacionamentos com colegas de trabalho	10	8	5	3	0
Relacionamentos com amigos adultos	10	8	5	3	0
Seu envolvimento com grupos ou organizações	10	8	5	3	0
Seus hobbies/tempo de lazer	10	8	5	3	0
Suas atividades de entretenimento	10	8	5	3	0
Suas atividades recreativas/exercícios físicos	10	8	5	3	0
Seu trabalho fora de casa	10	8	5	3	0
Suas tarefas em casa	10	8	5	3	0
Sua situação financeira	10	8	5	3	0
A casa ou apartamento onde mora	10	8	5	3	0
O seu bairro	10	8	5	3	0

Ponto de vista do Tim

A Associação Americana do Sono sugere estas dicas para dormir melhor:

1. Vá para a cama e acorde, aproximadamente, na mesma hora todos os dias.
2. Evite cochilos diurnos.
3. Não fique na cama acordado por mais de 5 a 10 minutos.
4. Se isso acontecer, sente-se no escuro e não volte para a cama até que esteja com sono.
5. Não assista televisão, use o computador ou leia na cama.
6. Limite o uso de bebidas com cafeína, como café, chá e refrigerante.
7. Cigarros, álcool e medicamentos sem receita médica podem atrapalhar o sono.
8. Evite exercícios rigorosos antes de dormir.
9. Durma num quarto fresco, silencioso, escuro e com muito ar fresco.
10. Se você é uma pessoa que fica olhando as horas durante a noite, esconda o relógio.

Preocupações Com a Saúde dos Pais

A saúde ruim dos pais pode assumir muitas formas. Alguns pais têm condições médicas crônicas, como hipertensão, diabetes ou doenças respiratórias, enquanto outros sofrem de problemas recorrentes de saúde mental ou uso de substâncias. Cada uma dessas condições pode prejudicar ou interferir na criação dos filhos. Também é verdade que criar filhos é, geralmente, mais fácil e mais satisfatório quando os pais estão bem descansados, são adequadamente nutridos e têm oportunidades de se exercitar. Sono, nutrição e exercícios físicos são necessidades básicas de saúde, mas alguns pais não dormem o suficiente, alguns acham difícil comer de forma saudável e alguns não têm tempo ou vontade de se exercitar. Nós reconhecemos que o sacrifício faz parte da tarefa de criar filhos, mas incentivamos os pais a não sacrificarem suas necessidades de sono, nutrição e atividades físicas. Isso é especialmente válido no que tange ao sono: os pais podem tolerar problemas de sono por um curto período, mas o sono ruim pode ter um impacto negativo em muitos outros aspectos da saúde física e mental.

EMOÇÕES E A CRIAÇÃO DOS FILHOS

Nossa leitura das pesquisas atuais sugere que a saúde emocional desequilibrada é o determinante mais frequente dos problemas na criação dos filhos. Isso faz sentido, dado que criar filhos é, acima de tudo, um relacionamento. A saúde emocional desequilibrada é um perigo para quase todas as relações significativas e próximas, mas especialmente para relações verticais, como a criação de filhos, em que os filhos dependem dos adultos. Pense no que o motiva como pai ou mãe. Por que você segue em frente, dia após dia, por tantos anos? Os cientistas evolucionistas nos dizem que ter filhos é a maneira de a natureza garantir que nosso DNA sobreviva por mais uma geração. Os behavioristas nos dizem que a criação de filhos, como todo comportamento, é moldada por suas consequências, positivas e negativas. Se isso é verdade, então quais são as recompensas de criar filhos? Poucos ficam ricos por serem pais, a menos que seu filho seja escolhido na primeira rodada do *draft* da NBA. E, quando as crianças são pequenas, os pais têm pouquíssimo tempo livre; muitos diriam que sua vida amorosa padeceu uma vez que assumiram o papel de pais e mães. Portanto, as recompensas para os pais tendem a ser, por natureza, mais emocionais. Quando trazemos crianças para o mundo e para nossos lares, quando testemunhamos seu crescimento e desenvolvimento ao longo do tempo, há uma boa chance de experimentarmos sentimentos de alegria, amor e emoção, bem como um sentimento de orgulho. Mas, é claro, também é provável que experimentemos outros sentimentos, alguns menos confortáveis, como medo, tristeza, decepção e mágoa. Em outras palavras, é provável que a tarefa dos pais gere uma série de sentimentos e pensamentos, alguns indesejados ou desconfortáveis.

Felizmente para a nossa espécie, a maioria dos seres humanos parece acreditar que ter e criar filhos agrega significado e valor à sua vida. Uma maneira pela qual sabemos que a paternidade e a maternidade são significativas é que isso fica claro em como nos sentimos. Não há como falar sobre as recompensas da paternidade e da maternidade sem falar sobre os sentimentos que temos como pais e mães. Os pais testemunham o milagre do parto e ficam radiantes. As mães seguram suas crianças limpas e recém-saídas do banho, respiram o cheiro doce das cabecinhas de seus filhos e sentem amor e carinho ilimitados. Uma família brinca junta no parque, e todos experimentam explosões de surpresa e alegria. Os filhos crescem, compartilham, cantam, brincam, aprendem, realizam e se apaixonam — tudo enquanto assistimos, deliciando-nos com o orgulho que apenas um pai e uma mãe podem sentir. Os sentimentos são uma vantagem fundamental para criar filhos. É claro que eles também são uma desvantagem comum para a criação. Isso é especialmente verdadeiro em famílias com filhos obstinados, em que a criação pode parecer uma série interminável de batalhas emocionais.

Emoções para Iniciantes

A escritora Elizabeth Stone tinha razão quando disse que escolher ser mãe e pai é decidir ter seu coração andando fora do seu corpo para sempre. Então, se vamos discutir como a saúde pode afetar a criação dos filhos, devemos falar sobre emoções. Aqui está uma definição formal de *emoções*: as emoções são estados subjetivos de excitação que combinam (a) nossa percepção inicial de um evento, (b) a reação inicial do corpo e do cérebro a essa percepção e (c) a avaliação secundária do cérebro sobre o que aconteceu e como reagimos a isso. Como seres humanos, somos programados para perceber quase instantaneamente se um evento é uma ameaça, um objeto desejado, um obstáculo em nosso caminho, ou algo completamente novo e diferente. O sistema de alerta precoce do corpo desencadeia uma resposta inicial que envolve o rosto, bem como o sistema nervoso autônomo, a parte do nosso corpo que nos prepara para lutar ou fugir. Seguindo logo atrás dessas reações de alerta inicial está a tentativa da mente de dar sentido ao que está acontecendo. Chamamos essa experiência de disparo rápido de emoção ou sentimento. Normalmente, depois de alguns minutos, o sentimento desaparece. Aqui estão os 10 fatos mais úteis sobre as suas emoções:

1. As emoções contêm informações que podemos usar.
2. As emoções contêm informações que outros podem usar.
3. Podemos sentir uma emoção e não agir de acordo com ela.
4. Podemos agir emocionalmente e não perceber.
5. As emoções são consequências imprevisíveis das nossas ações.
6. As emoções negativas são desagradáveis e perfeitamente normais.
7. As emoções não causam problemas; evitá-las sim.
8. As emoções são subjetivas e temporárias.
9. Admitir medo, tristeza e vergonha é útil; desabafo, preocupação e ruminação são menos úteis.
10. Gerir emoções e gerir relacionamentos andam de mãos dadas.

Estes são fatos que os pais podem usar todos os dias, e discutiremos cada um com mais detalhes a seguir.

As emoções contêm informações que podemos usar

Em nossa experiência, a noção de que as emoções contêm informações que podemos usar é um segredo bem guardado. As pessoas prontamente acolhem emoções positivas, como alegria ou amor, mas muitas vezes somos programados para nos afastar de sentimentos de tristeza, medo, decepção e outras emoções "negativas". Essas experiências internas não são convidadas nem desejadas; nós as interpretamos como problemas que exigem eliminação ou fuga imediata. No entanto, uma das verdades mais bem estabelecidas em saúde mental é que evitar emoções tende a causar mais problemas do que sentir nossos sentimentos (ver Fato 7).

Experimente este breve exercício. Feche os olhos, respire fundo algumas vezes e tente se lembrar de um evento específico relacionado à criação dos seus filhos, algo que aconteceu e ficou com você porque ainda dói, ou o deixou com dúvidas ou medos incômodos. Tente visualizar a sua memória deste evento nos olhos da sua mente: imagine onde ocorreu, quem estava lá e o que você e os outros estavam fazendo e vestindo. Preste atenção a quaisquer detalhes e imagens que apareçam na sua mente. Recordar esse tipo de memória pode significar "re-sentir" as emoções do evento. Se isso acontecer, tente aceitar e permanecer um pouco com essas emoções. Veja se pode esperar o tempo suficiente para experimentar o que acontece quando não está tentando escapar do impacto emocional de um evento. A ideia deste exercício é praticar estar aberto às emoções que vêm com os eventos de nossas vidas. Poucos de nós fazem isso rotineiramente. Em vez disso, se não gostamos de como nos sentimos depois de um evento, tentamos mudar como nos sentimos, muitas vezes rapidamente. Mas considere o que aconteceria se você aceitasse as experiências emocionais desagradáveis, esperando para ver quais emoções apareceriam. A esta altura, presumimos que você esteja se perguntando: "Por que alguém em sã consciência faria isso?"

A resposta está no fato de que as emoções, mesmo as desagradáveis, contêm informações que podemos usar. O medo "diz" a um pai que é perigoso seu filho de 3 anos correr por um estacionamento, por isso é importante observar os carros. A raiva "diz" a uma mãe que é errado sua filha de 15 anos chamá-la de p*!$^, por isso é importante discutir isso com ela. Mas nem todas as situações da criação de filhos carregam mensagens emocionais claras. Mais comum é experimentar uma mistura confusa de sentimentos, muitas vezes empilhados como camadas rochosas, com a emoção mais intensa ou mais familiar sentada no topo, convidando à ação. Os pais podem responder rapidamente quando estão com raiva, mas mais tarde reconhecem que havia outros sentimentos que faziam parte daquela confusão de emoções. Estes podem ser mágoa, decepção, tristeza ou mesmo vergonha. E como reagimos quando estamos feridos ou tristes, provavelmente, será muito diferente de como reagiremos se estivermos com raiva. É por isso que é tão útil aceitar as nossas emoções e aprender com elas. Pode parecer bobo, especialmente se você é uma mãe ou um pai que, muitas vezes, se sente ansioso ou estressado, mas a evidência científica aqui é bastante clara. Quando tiramos um tempo para sentir nossos sentimentos (em vez de gastar energia para suprimi-los), podemos acessar informações que poderíamos usar para sermos pais e mães melhores.

Tenha em mente que a informação que recebemos de nossos sentimentos é bastante limitada, ou seja, não é suficiente para planejar completamente como devemos agir. Mas se adicionarmos informações emocionais ao que já sabemos e ao que aprendemos no passado, podemos agir com mais sabedoria. Os sentimentos são apenas empurrões que nos arrastam para uma direção ou outra. Com as informações que obtemos deles, podemos fazer um trabalho melhor ao nos relacionarmos com aqueles que amamos. Às vezes, nossa resposta emocional é tão forte que mudamos imediatamente para o modo de luta ou fuga, o mecanismo primitivo do corpo para nos manter seguros diante de uma ameaça. Sentimentos que vêm com uma resposta de luta ou fuga são mais como um grande empurrão do que um empurrão sutil, e são mais difíceis de ignorar. Mas, com a prática, podemos aprender a usar a informação em nossas emoções, em vez de deixar que elas nos usem, e podemos fazer um trabalho melhor ao nos relacionarmos com aqueles que amamos. Imagine ser a mãe cuja filha adolescente a chamou de p*!$^. Como se sentiria se fosse você? Brava? Machucada? Chocada? Confusa? Desapontada? Todas as opções são possíveis, dependendo do relacionamento que você tem com a sua filha, e não é provável que um único sentimento solitário apareça. Em vez disso, é provável que seja um pacote variado de sentimentos. No entanto, ao passar só algum tempo permitindo-se sentir seus sentimentos, você pode descobrir os que são mais atraentes. Você pode encontrá-los "escondidos" sob a sua raiva ou por trás do seu choque, sentimentos que chegam mais rapidamente e falam mais alto. Isso significa que você terá que se sentir zangada ou chocada antes de poder chegar a essas emoções importantes subjacentes. Sua resposta à sua filha adolescente, neste cenário, irá variar dependendo da emoção que você usa. Talvez você se concentre em se sentir magoada, triste ou mesmo com medo do que esse evento significa para o seu relacionamento daqui para frente. Se você se concentrou em sentir-se triste ou com medo em vez de com raiva, como suas palavras para ela podem ser diferentes? O que podemos dizer ao nosso filho se nos sentimos tristes ou assustados, em vez de simplesmente com raiva? Qual emoção, provavelmente, levará ao tipo de palavras que beneficiam sua filha e seu relacionamento com ela?

As emoções contêm informações que outros podem usar

Charles Darwin (1859) teorizou que, antes da linguagem humana, as expressões faciais nos ajudavam (e aos animais não humanos) a sobreviver como espécie porque comunicavam alarme e outras informações úteis aos outros. Quando Zé das Cavernas cuspiu um pedaço de comida e fez uma careta que chamaríamos de "nojo", outras pessoas das cavernas sabiam que deveriam evitar a comida contaminada. Hoje, temos o dom da linguagem falada e escrita, mas, de certa forma, não somos muito melhores em comunicar nossos sentimentos. A indústria de cartões comemorativos sabe disso muito bem. Considere os tipos de cartões comercializados para os homens; quase todos começam com o emissor admitindo que ele não é bom em transformar sentimentos em palavras. Talvez esses cartões sejam atraentes porque lembram os parceiros românticos de não esperar muito no que tange aos sentimentos (e, é claro, Feliz Aniversário ou Feliz Aniversário de Casamento). No entanto, os homens transmitem informações emocionais de outras maneiras — uma mandíbula apertada, uma voz tensa, olhos lacrimejantes ou sair disparado pela porta. Claro, não são apenas os homens que fazem essas coisas. Mulheres, meninos e meninas, e sim, pais e mães também.

Se os pais quiserem usar suas emoções para informar os outros, incluindo seus filhos, eles devem primeiro aprender a usar as emoções para se informar (como discutido anteriormente). Quando os pais sentem seus sentimentos e buscam as informações contidas ali, eles podem, de forma mais eficaz e gentil, transmitir informações emocionais importantes para os filhos. Mas, quando a informação emocional é "vazada", talvez não verbalmente, a mensagem para os filhos não é muito clara. Ela pode chegar truncada, misturada ou incompleta. Em vez de saber que a mamãe se sentiu magoada e desvalorizada quando seu filho fez uma bagunça na cozinha, ele só ouve raiva e rejeição. Em vez de saber que o papai está preocupado com a segurança de sua filha quando ela volta a se relacionar com um ex-namorado questionável, ela só ouve críticas e sermões. Mensagens emocionalmente carregadas, como: "Eu não consigo acreditar que você seja tão estúpida!" ou "Droga! Eu avisei que isso aconteceria!" podem ser transformadas em mensagens mais suaves como estas: "Eu te amo. De verdade. Mas, agora, estou realmente frustrado", ou "Sinto muito. Fiquei tão desapontado. Deixe-me explicar."

Observe o que há de diferente nessas mensagens emocionais "transformadas": elas não são declarações pré-programadas focadas no *eu* e ditas roboticamente depois de contar até 10 (embora essa não seja uma opção terrível). Essas mensagens são um relato honesto do que os pais sentiram, mas disseram depois de passar um tempo sentindo seus sentimentos. Um pai ou mãe narrando todo esse processo pode soar assim:

> Não gosto do que estou sentindo agora. Estou sentindo uma mistura de emoções e estou sendo empurrado em muitas direções diferentes. Parte de mim quer botar tudo isso para fora, mas eu também sinto vontade de chorar, desistir e ferir de volta.

Pais sábios leem suas emoções como um termostato na parede e encontram uma maneira de contar aos outros o que aprenderam de maneira não prejudicial. Especialmente úteis são as declarações focadas no *eu* que descrevem o que *eles* estão sentindo e o que isso significa para os outros. Os pais que praticam esses passos estão dando um tremendo presente para si mesmos, para seus filhos e para o relacionamento pais-filho. Compartilhar informações sobre emoções com precisão não eliminará os momentos em que as elas tiram o melhor de você, mas certamente ajuda a ter opções para limitar os efeitos prejudiciais de uma criação de filhos forte e motivada por emoções.

Podemos sentir uma emoção e não agir de acordo com ela

Você provavelmente já ouviu o termo *controle da raiva*, que foi cunhado em meados da década de 1970. Um equívoco comum é que a raiva causa agressão e outras formas de violência, portanto, para reduzir a agressão, devemos reduzir a raiva. Mas não há uma correspondência simples e direta entre raiva e agressão. Todos nós somos capazes de sentir raiva sem sermos agressivos. Sim, as pessoas que estão com muita raiva são mais propensas a agir agressivamente do que as que não estão com raiva, mas esse sentimento raramente é uma *causa* única e poderosa de agressão. A raiva pode preparar o terreno para a agressão, mas não ficamos tão incapacitados por ela a ponto de perdermos todo o controle sobre nossas ações. Considere o filho cuja raiva "fora de controle" leva a portas batidas e paredes danificadas, mas não a ferir os membros da família. A capacidade de ter um sentimento e não agir quanto a ele não se limita à raiva e não se limita aos filhos. As emoções podem definitivamente afetar o quão *bem* ou *mal* fazemos algo, mas elas não nos transformam em robôs hipnotizados. Em quase todos os casos, mantemos a opção de sentir a emoção sem agir quanto a ela. Aqui está um lembrete útil para pais e filhos: só porque você está ______________(zangado, triste etc.), não significa que você pode _________(fazer algo prejudicial).

Podemos agir emocionalmente sem perceber

Os seres humanos são grandes imitadores, e uma das coisas que podemos imitar é uma reação emocional — mesmo que não haja uma experiência emocional subjacente real. Atores profissionais são pagos para fazer isso, talvez com base em experiências emocionais passadas para retratar uma reação emocional "presente". Mas os atores não são os únicos que aprendem a representar uma emoção que não é totalmente sentida. Alguns de nós aprendemos a usar essa estratégia: "Estou caindo aos pedaços e não aguento mais, então é melhor você me resgatar." Outros aprendem essa estratégia: "Estou realmente bravo e vou machucar alguém, então é melhor você fazer o que eu digo." Essas não são emoções "falsas" usadas com a intenção de enganar, mas sim *emoções instrumentais* que, provavelmente, começaram como uma maneira de gerenciar sentimentos fortes, mas depois se transformaram em uma ferramenta para influenciar os outros. Com o tempo, torna-se mais difícil perceber a diferença entre emoções instrumentais e emoções autênticas. Em geral, os outros percebem melhor do que nós se nossas reações emocionais estão sendo usadas como uma ferramenta de influência, embora os membros da família sejam geralmente mais suscetíveis às estratégias de influência baseadas em emoções do que pessoas que não são da família.

As famílias podem sofrer quando demandas irracionais são embaladas em exibições emocionais fortes. Já é ruim o suficiente quando as crianças fazem isso; é particularmente tóxico quando os pais fazem isso. Imagine uma mãe incomodada com o plano da filha de ir para a casa da amiga. Apesar de sua filha ter feito um plano e ter obtido consentimento prévio, esta mãe está respondendo à inconveniência com uma demonstração de raiva que assusta a filha, fazendo-a ficar em casa. Ou talvez esta mãe mostre mágoa e tristeza que deixem a filha se sentindo culpada por não ficar em casa. De qualquer forma, não será fácil para a filha reconhecer e atender às exigências irracionais de sua mãe. Poucas crianças podem dizer: "Mãe, eu sei que é inconveniente que eu vá à casa da minha amiga, e vejo que você está magoada e com raiva. Mas você vai ficar bem, e concordamos mais cedo que estou fazendo algo razoável." Um parceiro coparental *talvez* seja capaz de entregar essa mensagem a um pai ou mãe, mas mesmo isso correria o risco de ser visto como um atentado à autoridade parental.

Se você acha que é um pai que usa as emoções para influenciar injustamente seus filhos, converse com um adulto que o conheça bem e peça um feedback honesto e construtivo. Você pode dizer: "Você já me viu usar as emoções para conseguir o que quero, talvez parecendo triste, fazendo os outros se sentirem culpados ou assustando-os com a minha raiva?" Em segundo lugar, pense em momentos em que você mostrou raiva, medo ou tristeza perto de seus filhos. Procure quaisquer padrões no uso dessas exibições emocionais. Você pode até perguntar-lhes como é quando eles o veem zangado, receoso ou triste. Se você sentir que pode estar usando exibições emocionais como uma ferramenta de influência, considere como colocar em palavras o que sente, quer ou precisa nessas situações.

As emoções são consequências imprevisíveis das nossas ações

Nossas ações, geralmente, levam a certas consequências, algumas previsíveis, ouras não. Quando nosso comportamento leva consistentemente a consequências positivas, tendemos a repeti-lo. Quando nosso comportamento leva a consequências que são consistentemente negativas, é menos provável que o repitamos. Nossas emoções são uma consequência das nossas ações, subprodutos do que fazemos e do que dizemos, para onde vamos e com quem nos encontramos. Gostamos quando nossas ações e nossas palavras levam a emoções positivas, como alegria, orgulho ou afeto, mas nem sempre podemos saber quais emoções aparecerão por causa de nossas ações. Claro, todos nós temos estratégias para gerar emoções positivas (por exemplo, telefonar para um amigo) e para tentar minimizar emoções negativas (por exemplo, beber álcool), mas, em última análise, nossas emoções não estão inteiramente sob controle consciente. Não podemos, imediata e intencionalmente, produzir emoções positivas e não podemos, imediata e intencionalmente, descartar emoções negativas, apesar do nosso desejo de fazê-lo. Ouvimos os pacientes dizerem: “Não há razão para eu me sentir assim” ou “Eu só quero ser feliz”, intrigados com o fato de alguns sentimentos chegarem sem aviso prévio e indesejados. Algumas pessoas passam a vida inteira procurando maneiras seguras de experimentar emoções positivas ou escapar de emoções negativas. Mas tentar controlar nossas emoções é muitas vezes ilusório e prejudicial.

As emoções negativas são desagradáveis e perfeitamente normais

Em seu livro de autoajuda amplamente lido, Harold Kushner perguntou: “Por que coisas ruins acontecem com pessoas boas?” Kushner (2007) ofereceu uma abordagem teológica para entender a expressão “coisas acontecem” e transmite um lembrete sincero de que o sofrimento é uma parte normal da existência humana. Infelizmente, às vezes, vemos a mágoa e o sofrimento como anormais, como algo a ser consertado, curado ou resolvido. Por causa dos avanços na ciência, tecnologia e engenharia, tornamo-nos muito bons em consertar, curar e resolver, então por que devemos sofrer se há uma solução possível? O contra-argumento é o seguinte: só porque não estamos mais ameaçados por tigres-dentes-de-sabre, peste bubônica ou ataques em hordas não significa que podemos escapar da dor e do sofrimento pessoais. Muitas vezes, não há solução para o sofrimento humano. Muitas coisas podem acontecer, desde grandes tragédias até pequenos aborrecimentos. Odiamos ter que esperar na fila, não gostamos do nosso colega de trabalho, estamos estressados com questões familiares ou não suportamos nos sentir ansiosos e preocupados. Não gostamos de como os outros nos tratam, seja o tom de voz dele ou o sarcasmo dela. Por que teríamos que tolerar pessoas rudes, e por que estar incomodados ou infelizes, mesmo que por pouco tempo, se podemos fazer algo a respeito? Em suma, a suposição permanente de muitos é que a felicidade é “normal” e esperada; tudo o mais é errado e anormal.

De fato, a dor, o sofrimento e as experiências emocionais negativas são uma parte normal da vida. São as consequências naturais de estar vivo neste mundo. Na verdade, estamos programados para experimentar mais emoções negativas do que positivas. Das seis emoções básicas experimentadas pelos humanos, quatro são negativas (raiva, tristeza, medo e nojo) e apenas duas são positivas (alegria e surpresa, embora as surpresas nem sempre sejam positivas). O papel dominante das emoções negativas faz sentido quando você considera que essas experiências emocionais provavelmente mantiveram nossos ancestrais fora de perigo; aqueles que ignoravam emoções negativas, como o medo, eram menos propensos a sobreviver. Hoje, ignorar ou fugir de sentimentos negativos não o matará imediatamente, mas é uma maneira insalubre de passar a vida. O que mudaria se você e sua família vissem todas as emoções como um aspecto essencial da vida? O que mudaria se você, como pai ou mãe, desenvolvesse a capacidade de tolerar emoções negativas, de sentir seus sentimentos e aprendesse a usar as informações contidas em suas emoções? Quantos itens você poderia riscar da sua lista de tarefas se escapar das emoções negativas não fosse mais um objetivo essencial? O que você faria com o seu tempo se saísse da sua cabeça e entrasse no mundo?

Nosso objetivo não é descartar o sofrimento emocional de indivíduos que enfrentam circunstâncias de vida difíceis ou sérios problemas psiquiátricos. Poucos terapeutas, e certamente não nós, esperariam que os pacientes que sofrem de uma doença mental debilitante simplesmente a superassem e seguissem em frente porque um terapeuta os viu como "normais". De fato, para muitos pacientes, tanto suas circunstâncias de vida quanto suas reações emocionais são incomuns e não "normais", no sentido de que sua capacidade de gerenciar suas circunstâncias é limitada financeiramente e sua capacidade de resolver é limitada biologicamente (mais rápida para reagir, mais difícil de acalmar, mais lenta para se recuperar) em comparação com os outros. O ponto em que os pacientes (e terapeutas) podem se enganar, no entanto, está em como eles abordam a meta do gerenciamento de emoções. Se o nosso único foco é erradicar as emoções negativas e o desconforto emocional, deixaremos de reconhecer que uma vida saudável envolve agir com sabedoria e de acordo com nossos valores, mesmo que não possamos controlar o que sentimos.

As emoções não causam problemas; evitá-las sim

O poder e a proeminência das emoções negativas são realidades da existência humana, mas isso não significa que devemos nos esconder em um abrigo emocional antibomba. Psicólogos que discordam sobre quase tudo concordam ao afirmarem que evitar persistentemente emoções negativas é a principal causa de problemas psicológicos. Isso porque há um paradoxo interessante aqui: quando tentamos evitar emoções negativas (e pensamentos indesejados), elas só ficam maiores e mais persistentes. Esse ricochete psicológico está bem documentado e não deve ser ignorado. Pense desta forma: sentimentos ruins e pensamentos desagradáveis são como criaturas alienígenas que ganham força quando tentamos controlá-los ou suprimi-los. Eles se alimentam da energia que usamos para tentar escapar deles!

O melhor exemplo disso é o transtorno do pânico, que envolve ataques de pânico recorrentes. Os *ataques de pânico* são eventos desagradáveis em que o sistema de alarme do nosso corpo é ativado a todo vapor: suamos, nosso coração bate rapidamente, não conseguimos respirar e ficamos enjoados ou tontos. Podemos experimentar visão de túnel, nossa pele pode formigar, ou podemos nos convencer de que estamos enlouquecendo ou vamos morrer. Para algumas pessoas, ter um ataque de pânico pode levar ao *transtorno do pânico*, que é essencialmente o medo de ter outro ataque de pânico. Pessoas com transtorno do pânico tentam desesperadamente evitar quaisquer sentimentos que sugiram pânico; com o tempo, eles se tornam muito bons em imaginar várias sensações e situações que podem sinalizar um ataque de pânico. Qualquer pontada muscular ou vibração no peito é interpretada como o início de outro ataque de pânico e a batalha para evitá-lo começa. A boa notícia é que a maioria dos casos de transtorno do pânico pode ser tratada com sucesso em apenas algumas sessões. A má notícia é que os pacientes têm que estar dispostos a *gerar* as sensações de pânico de que estão fugindo. Com ajuda, eles podem aprender a viver com sentimentos negativos e sensações que podem sinalizar pânico. Eles aprendem a se afastar dos pensamentos catastróficos sobre o que *poderia* acontecer se tivessem um ataque de pânico. Em outras palavras, eles aprendem que uma resposta saudável ao pânico é encará-lo, inclinar-se em direção a ele.

O mesmo é válido para problemas familiares que trazem muita emoção. Ocasionalmente, trabalhamos com famílias depois que algo realmente ruim aconteceu, como uma grande briga ou um acidente trágico. Nosso trabalho é ajudá-las a enfrentar tudo o que aconteceu com os olhos abertos. Não são sessões agradáveis. Os membros da família entram no consultório lentamente, mal suportando o peso emocional dos eventos recentes. Depois de um pouco de silêncio, permitimos que todos se concentrem e estejam presentes psicologicamente. Então, começamos pelos fatos. O que aconteceu? Quem se feriu? O estrago foi muito grave? Quem o feriu? O que levou ao sofrimento? O que se passou desde o acontecimento? Foi algo incomum ou parte de um padrão?

Pedimos fatos, mas muitas vezes também obtemos opiniões, especialmente sobre quem é o culpado ou o que deve ser feito. Tentamos manter as opiniões fora da discussão. A cada poucos minutos, reafirmamos os fatos para sermos bem claros sobre o que é conhecido. Quando todos os fatos são revelados, oferecemos uma observação resumida, uma simples validação do que eles enfrentaram. Podemos começar por dizer algo assim: "Isto é tudo muito triste (ou trágico)" ou "Uau, isto é difícil". Em seguida, analisamos alguns dos detalhes do que é conhecido. É comum haver muita comoção envolvida nas famílias que relatam esses fatos e na nossa reafirmação de tais fatos. Mas, uma vez que terminamos, a respiração vem mais fácil, a tensão na sala cai e os sorrisos se tornam prováveis. Levamos as famílias "de volta à cena" de coisas que elas gostariam de esquecer e as reconectamos a sentimentos que elas não querem ter. Fazemos com que as famílias passem por este exercício porque a experiência carrega uma lição importante: as famílias são maiores e mais fortes do que as emoções negativas. Essa é uma lição importante. Como Carl Rogers disse uma vez: "Os fatos são sempre amigáveis", o que significa que não somos recompensados por ignorá-los. Com os fatos em mãos, as famílias podem se concentrar e abordar comportamentos que levam a eventos prejudiciais. Eles podem começar a trabalhar juntos para promover o comportamento responsável e relacionamentos saudáveis. Eles podem se concentrar nas coisas que podem controlar. Eles podem aprender a andar em direção ao cão latindo para eles de forma ameaçadora.

As emoções são subjetivas e temporárias

As emoções são um subproduto das nossas experiências e da nossa interpretação dessas experiências. Emoções são a primeira forma segundo a qual nossa mente e nosso corpo registram o impacto de um evento. Como pais, enfrentamos as emoções diárias que vêm de sustentar, conviver e cuidar de nossos filhos. Quando os acontecimentos de suas vidas são grandes e assustadores, nossas emoções podem ser muito intensas: nossa fisiologia é impactada, pensamos menos claramente e podemos até ter dificuldades para realizar as tarefas mais familiares. Tudo isso é muito real e, no entanto, a realidade de nossas emoções, mesmo que muito intensa, não reflete totalmente a realidade do que percebemos. As emoções são subjetivas. Isso significa que duas pessoas podem experimentar o mesmo evento e não se sentir da mesma maneira sobre isso. Há também espaço para erros; como pais, podemos uma ter uma percepção ruim de algo que acabou de acontecer. Talvez o mais importante seja que podemos estar interpretando mal os motivos do comportamento de nossos filhos. As pesquisas encontraram fortes conexões entre como os pais interpretam o comportamento ruim dos filhos e sua criação excessivamente severa. Os pais que veem o mau comportamento da criança como intencional, hostil e abertamente desafiador tendem a ser excessivamente severos, o que aumenta o risco de coerção infantil e outros delitos. Então, quando procuramos informações nos sentimentos que surgem durante as discussões, devemos lembrar que é uma informação incompleta e não uma prova de que nossos filhos simplesmente querem dificultar nossa vida.

As emoções também são temporárias. As emoções não são condições permanentes. Os psicólogos se referem a elas como *estados*. Como seres humanos, entramos e saímos de vários estados emocionais, dependendo dos eventos que vivemos e de nossa resposta a esses eventos. Entrar e sair de um estado emocional raramente são atos deliberados. As emoções chegam e devemos esperar que desapareçam. Para alguns pais, é difícil superar o curso natural de uma onda emocional; em vez disso, eles preferem fugir ou suprimir suas experiências emocionais desagradáveis. Isto é particularmente verdadeiro quando as emoções desagradáveis são ansiedade, medo ou raiva. Tentar evitar ou fugir de emoções desagradáveis não é uma estratégia que funciona, e tem o lado negativo de limitar nossa oportunidade de experimentar outras emoções, incluindo as de que podemos gostar. Os pais que não esperam que as emoções desagradáveis desapareçam ou que evitam de forma consistente e ativa esses sentimentos não aprenderam que as emoções desaparecem com o tempo. A experiência deles os deixou desconfiados. Falta, no entanto, a experiência de testemunhar a mudança natural em nossos sentimentos ao longo do tempo, bem como que uma tendência a evitar ou suprimir emoções mantém as emoções desagradáveis por mais tempo e as torna ainda mais fortes. De fato, pais que são extremamente relutantes em experimentar emoções negativas podem correr o risco de desenvolver uma ansiedade diagnosticável ou transtorno depressivo. Felizmente, essas condições podem ser efetivamente tratadas sem medicação (Instituto Nacional de Saúde Mental, 2022).

Admitir medo, tristeza e vergonha é útil; desabafar, preocupar-se e ruminar são menos úteis

Algumas emoções são ditas ser emoções de “recuo”: elas nos encorajam a recuar ou a nos fecharmos. Exemplos incluem o medo, a tristeza e a vergonha. O medo diz que nem tudo é seguro e que precisamos evitar o perigo potencial. A tristeza é um sinal de que algo ou alguém foi perdido e não pode ser recuperado. A vergonha é uma emoção complexa, misturando vários sentimentos com pensamentos de autoaversão e dor do passado. É o que sentimos quando nos dizem constantemente (os outros e nós mesmos) que estragamos tudo e não pertencemos àquele contexto. A vergonha é, muitas vezes, um forte impulso para ficar quieto, para se esconder ou para manter distância. Não é fácil dar voz para emoções de recuo. É desconfortável falar sobre o que nos assusta ou sobre o que nos deixa tristes. E a vergonha nos incita a nunca mostrar o nosso rosto. Admitir abertamente esses sentimentos para alguém em quem confiamos significa aceitar o que tememos, deixar de lado o que perdemos e admitir fatos que preferimos esquecer. Mas, quando podemos fazer isso, ficamos mais saudáveis. Ficamos mais próximos de nos *sentirmos bem*, em vez de tentarmos nos *sentir bons*. Aprendemos que uma vida *cheia* de experiências emocionais — positivas ou negativas — não é uma vida governada *por* experiências emocionais.

A raiva é uma emoção negativa, mas, ao contrário do medo, é uma *emoção de aproximação*. As emoções de aproximação nos empurram para a frente. Quando estamos com raiva, sentimos um desejo de nos movermos em direção a quem nos menosprezou ou ao que está em nosso caminho. Sigmund Freud sugeriu que uma liberação catártica de raiva — desabafar, por assim dizer — é uma boa maneira de lidar com a raiva. Essa ideia tem apelo popular, mas a ciência mostrou de forma bastante convincente que não é útil. Na verdade, pode ser contraproducente. Um forte desabafo de raiva pode, na verdade, nos fazer sentir mais irritados *e* mais propensos a agir de forma agressiva. É mais preciso pensar no desabafo como modo de praticar nossa demonstração de raiva e se preparar para atacar. Há também informação incorreta sobre o controle da raiva, que mencionamos anteriormente. Essa estratégia é comumente pensada como a capacidade de acalmar ou interromper a raiva no calor do momento. Mas o controle da raiva é menos sobre interromper a raiva e mais sobre a prevenção do risco de um episódio de raiva. Na verdade, gerir a raiva é essencialmente gerir o estresse na nossa vida. Quando estamos sobrecarregados pelo estresse, o risco de um episódio de raiva é elevado. É como se estivéssemos acendendo uma fogueira em uma floresta seca; basta uma pequena faísca para acender um discurso inflamado.

Outra estratégia defeituosa para gerenciar emoções negativas é se inquietar ou se preocupar. Preocupar-se é um assunto relativamente privado, mas a preocupação geralmente é percebida por aqueles que nos rodeiam. Independentemente do que usamos, é importante ter clareza sobre o que estamos fazendo, ou não, quando nos preocupamos. Ajuda estar alerta, interessado e planejar tarefas ou problemas futuros. Isso é fazer bom uso da ansiedade e da preocupação e o verdadeiro motivo para termos essa capacidade. Mas a preocupação infinita não é produtiva nem saudável; é uma maneira ineficaz de evitar a ansiedade e oferece uma falsa sensação de controle. Preocupação excessiva pode dar a sensação de que estamos cuidando de negócios urgentes, mas não estamos.

Um cuidado final é sobre um tipo de rebobinamento mental chamado *ruminação*. Você pode ter ouvido este termo usado para descrever o que as vacas fazem quando mastigam várias vezes sua comida. A versão mental da ruminação envolve repetir em nossa mente erros passados, arrependimentos antigos ou perdas anteriores. A ruminação é adaptativa *se* pudermos descobrir o que deu errado e *se* pudermos identificar uma solução viável. Mas alguns problemas (por exemplo, a morte de um cônjuge) não podem ser resolvidos e, para aqueles propensos à depressão, há uma tendência a acreditar que *nós* somos a causa de nossos problemas. Nesses casos, a ruminação é uma tentativa ineficaz de (a) mudar o passado ou (b) absolver-se de erros passados. Como a preocupação, a ruminação é apenas uma breve distração da dor, perda, vergonha ou arrependimento.

Gerir emoções e gerir relacionamentos andam de mãos dadas

Nossos relacionamentos mais importantes e significativos (aqueles que temos com membros da família, amigos íntimos e parceiros românticos) nos proporcionam uma mistura de experiências emocionais. Outras coisas na vida também podem produzir sentimentos fortes — testemunhar um desastre, ouvir uma música favorita, encontrar um rato em nosso armário — mas muito do que sentimos dia após dia pode ser rastreado até nossos relacionamentos. O resultado emocional de um relacionamento significativo pode ser positivo ou negativo. Quando partilhamos a nossa vida com os outros, veremos as suas lutas, sentiremos o seu estresse e conheceremos as suas necessidades. Quando escolhemos estar em suas vidas e coordenar nossa vida com a deles, é provável que encontremos a "sobrecarga" emocional de estar nesse relacionamento. Às vezes, os objetivos deles não são os mesmos que os nossos, o que pode levar a conflitos e perguntas difíceis sobre quem consegue o que quer. Estresse e conflito aumentam os custos emocionais de estar em um relacionamento. Algumas pessoas não querem essa sobrecarga, então elas evitam relacionamentos próximos ou rapidamente fogem quando os custos emocionais ficam muito altos. Os pais responsáveis não podem e não abandonam a relação pais-filho. Os pais responsáveis ficam e sofrem as consequências do estresse parental e do conflito entre pais e filhos. Eles encontram maneiras de gerenciar a sobrecarga emocional.

A boa notícia para os pais é que aprender a administrar o estresse e o conflito é uma ótima maneira de apoiar o relacionamento entre pais e filhos. E há mais de uma maneira de os pais administrarem o estresse e o conflito. Alguns preferem gerir o estresse ao serem solucionadores de problemas, colocando tempo e energia em consertar o que está causando a sua angústia. Por exemplo, se você descobre que o seu filho está tendo problemas na escola, você pode encontrar-se com o seu professor, pesquisar na web para obter informações úteis, e conversar com o seu pediatra sobre possíveis dificuldades de aprendizagem. Outros pais podem preferir gerir o estresse, atentos às consequências emocionais que vêm com eventos estressantes. Eles podem conversar com amigos ou familiares que irão ouvi-los e apoiá-los, ou podem tomar um banho longo e quente para acalmar a mente e o corpo. Há, ainda, outros pais que preferem adotar uma abordagem mais filosófica para lidar com o estresse, procurando lições a serem aprendidas, um lado positivo ou o "verdadeiro" significado subjacente do evento estressante.

Os pais também podem diferir na forma como lidam com conflitos interpessoais. Algumas pessoas saltam direto para o conflito, sem se intimidarem com os perigos da emoção forte, avançando para "melhorar o clima". Outros evitam o conflito, confiando que o tempo vai curar todas as feridas. Há até pessoas que podem elaborar uma abordagem didática para a resolução de conflitos: elas declaram calmamente seus pontos de vista no início, ouvem pacientemente o que os outros têm a dizer, trabalham de forma colaborativa para gerar possíveis soluções e se comprometem com um plano para o futuro. Já lemos sobre essas pessoas!

Visto que há mais de uma maneira de gerir o estresse ou lidar com o conflito, é possível que a sua abordagem não seja a maneira preferida de seu parceiro coparental ou de seus filhos. Resolver disputas familiares pode ser complicado se a estratégia preferida de um dos pais para gerenciar o estresse ou o conflito se chocar com a de outros membros da família. Você pode querer corrigir problemas na hora, mas o seu parceiro prefere falar sobre o quão mal eles se sentem. Seu filho adolescente pode querer discutir as coisas e acabar com a tensão familiar, mas você pode temer ter uma discussão franca que possa levar a mais conflitos e emoções mais fortes. Não é que um caminho esteja certo e o outro errado. Estas são apenas diferenças de estilo ou abordagem. Aprender a conviver com essas diferenças pode ser um desafio, e a parte mais difícil é reconhecer que essas diferenças existem e não são intencionais. É apenas durante momentos de estresse e agitação que é provável que vejamos como diferentes membros da nossa família lidam com o estresse e o conflito.

Nossa preferência pessoal pelo gerenciamento de estresse e conflitos pode se formar muito cedo na vida, principalmente por meio de experiências na primeira infância. Por exemplo, alguns filhos aprendem que os pais são uma fonte confiável de conforto e segurança e desenvolvem disposição e capacidade de confiar nos outros. Outros filhos crescem se perguntando se seus pais estarão disponíveis quando mais precisarem, o que muitas vezes leva a maneiras mais intensas e mais barulhentas de alertar os pais sobre sua angústia; quando adultos, esses indivíduos podem achar difícil se sentir seguros e próximos em seus relacionamentos. Se os pais são distantes ou relutantes e não são uma fonte confiável de conforto, os filhos podem aprender a resolver o problema com as próprias mãos, não se preocupando mais em sinalizar angústia ou mesmo se empenhar pelo conforto dos outros. Quando angustiados, esses indivíduos tendem a se afastar e isolar. Diferenças na forma como usamos os relacionamentos para lidar e gerenciar o estresse podem ser levadas adiante em relacionamentos futuros e ativadas durante períodos de estresse ou conflito. Isso significa que podemos nos surpreender quando nosso parceiro gentil reage ao estresse ou ao conflito de uma maneira que nunca vimos antes.

Identifique Suas Estratégias e Preferências de Enfrentamento

Todos os pais lidam com o estresse; alguns apenas lidam melhor do que outros. Uma vez que encontramos uma estratégia ou estilo de enfrentamento que parece funcionar, tendemos a nos acomodar com ela. Os pesquisadores, muitas vezes, agrupam o enfrentamento em várias categorias.

Ponto de vista do Tim
Trabalhei com um pai que era muito eficaz em usar habilidades de resolução de problemas para lidar com o próprio estresse. Sua esposa era mais focada na emoção e preferia estar com os entes queridos, especialmente o marido. Normalmente, a diferença em seus estilos de enfrentamento não era um problema. Mas, em uma noite particularmente estressante, quando tudo parecia estar dando errado para esta família, o pai não queria nada além de ficar sozinho enquanto sua esposa queria ficar ao seu lado!
Felizmente para este casal, a maioria dos eventos estressantes com os quais se depararam não chegou de uma só vez. Por outro lado, a crescente tendência da filha de ser desafiadora e desrespeitosa forçou-os a reexaminar como eles tinham que trabalhar juntos como uma equipe em tempos de estresse.

As categorias mais importantes são estratégias que funcionam e estratégias que não funcionam. Uma estratégia de enfrentamento funciona se ajudar você a suportar um evento estressante sem muito desgaste e não criar problemas adicionais. Uma estratégia não funciona se o evento estressante basicamente o parar ou produzir problemas adicionais e significativos. Podemos chamar essas duas categorias de *enfrentamento adaptativo* e *enfrentamento desadaptativo*. Outra categorização básica é entre o enfrentamento ativo e passivo. O *enfrentamento ativo* envolve uma tentativa direta de controlar o evento estressante ou minimizar seu impacto. O *enfrentamento passivo* é geralmente menos eficaz e muitas vezes pode envolver evasão emocional ou comportamental. Aqui estão três outras maneiras de categorizar o enfrentamento:

- *O enfrentamento focado no problema* é projetado para resolver o problema que está causando estresse em primeiro lugar. Aqui está um exemplo: Se você está estressado porque seus filhos não fizeram suas tarefas e a casa está uma bagunça, uma abordagem focada no problema pode envolver reunir todos e fazer um plano para fazer as tarefas em tempo hábil.
- *O enfrentamento focado na emoção* é projetado especificamente para gerenciar sentimentos fortes e desagradáveis causados por eventos estressantes. Por exemplo, se você está enlouquecendo porque chegou em casa e percebeu que as tarefas não haviam sido feitas e a casa estava uma bagunça, uma abordagem focada na emoção pode levá-lo a deitar-se por 10 minutos antes de chamar todos e discutir suas preocupações.

- *O enfrentamento focado na avaliação* é o que envolve "ver" ou avaliar eventos estressantes de uma maneira mais positiva. Por exemplo, um pai usaria o enfrentamento focado na avaliação caso se concentrasse no fato de que as tarefas não foram feitas porque as crianças estavam fazendo a lição de casa, e isso não era uma coisa tão ruim.

É útil quando os pais podem usar mais de um tipo de estratégia de enfrentamento. Isso porque há momentos em que uma situação pede uma abordagem de enfrentamento específica. Por exemplo, alguns problemas são bastante práticos ou de natureza logística, e os pais podem resolvê-los diretamente. Outros problemas não podem ser resolvidos, então o desafio é gerenciar as consequências emocionais, procurar significados alternativos ou encontrar uma interpretação positiva para o que está acontecendo. Por exemplo, quando um avô ou avó morre, os pais podem guiar os filhos através de seus sentimentos de luto e perda ou usar a ocasião para discutir as crenças de sua família sobre a morte e seu papel na experiência humana.

Alguns pais dependem de uma estratégia única e preferida de enfrentamento. Por exemplo, algumas pessoas são apenas agentes: elas gostam de se manter ocupadas e se concentrar em fazer algo ou consertar qualquer que seja o problema. Mas, mesmo quando o problema não é corrigível, eles ainda estão consertando e fazendo... alguma coisa, qualquer coisa. Considere, por exemplo, a maneira como as pessoas lidam com a morte de um ente querido. Alguns se lançam em uma série de tarefas, como escrever um obituário, ajudar com arranjos funerários, transportar parentes, cozinhar, verificar aqueles que estão com dificuldades e assim por diante. Não é uma maneira ruim de lidar com a situação, mas é limitante se aqueles que preferem o enfrentamento focado no problema nunca saírem do luto. Outros pais podem confiar em formas de enfrentamento focadas na emoção ou focadas na avaliação, que, novamente, são úteis, às vezes. Tendemos a preferir uma estratégia de enfrentamento que seja familiar, mas isso não significa que seja uma estratégia que nos sirva bem em todas as situações. Além disso, algumas formas de enfrentamento focado na emoção ou focado na avaliação são claramente desadaptativas. Por exemplo, comer demais, abusar do álcool, fumar, fazer compras de modo impulsivo e adotar um comportamento sexual irresponsável podem ser vistos como formas ruins de enfrentamento focado na emoção. Como observamos anteriormente, evitar experiências emocionais negativas só aumenta os problemas em nossa vida.

Uma última maneira de categorizar diferentes formas de enfrentamento é baseada no modo como lidamos sozinhos ou com a ajuda de outras pessoas. Alguns pais querem ficar sozinhos quando se sentem estressados; outros querem seus entes queridos ao seu lado. Ambos os estilos interpessoais são úteis, e nenhum deles está errado, mas o estilo de um dos pais pode ser diferente do de seus parceiros coparentais ou outros membros da família. O Anexo 3.1 ilustra as diferentes opções de enfrentamento disponíveis para os pais. Qual opção (ou opções) descreve seu modo típico de enfrentamento? Se você tem um parceiro parental, verifique se concorda com o seu método preferido de enfrentamento. Não é incomum que os parceiros parentais difiram na forma como enfrentam as situações.

ANEXO 3.1. Categorias de enfrentamento

Resolver o problema sozinho	**Sentir-se melhor sozinho**	**Pensar de forma diferente sozinho**
Resolver o problema com outras pessoas	**Sentir-se melhor com outras pessoas**	**Pensar de forma diferente com outras pessoas**

Diversificar o Seu Portfólio de Autocuidado

O que há no seu portfólio de autocuidado? Usamos o termo *portfólio* para descrever o conjunto completo de estratégias que você pode usar para autocuidado e enfrentamento — todas as ferramentas que pode usar para beneficiar sua saúde e bem-estar. Nos negócios, esse termo é usado para descrever sua lista de investimentos e pode ser vantajoso ter um portfólio diversificado. O mesmo vale para a gestão da nossa saúde: pode ser útil usar uma mistura diversificada de estratégias para o autocuidado e enfrentamento de situações. Como observamos anteriormente, muitas vezes, temos preferência por usar um tipo particular de estratégia de autocuidado, o que significa que tendemos a ignorar opções menos familiares para nós. Por exemplo, um pai que gosta de resolver problemas por conta própria pode descartar o conselho sábio e o apoio emocional oferecido por seu cônjuge. Outro pai pode estar fisicamente apto e acreditar que é saudável, mas também se sente emocionalmente desesperado e socialmente isolado. Se o seu modo de criar filhos é afetado por preocupações relacionadas à saúde — emocional ou física —, considere como você pode diversificar seu portfólio de autocuidado. O Anexo 3.2 lista as opções que vale a pena considerar. Na primeira coluna, estão *habilidades e hábitos* que podem ser usados repetidamente para ajudá-lo a enfrentar problemas ou melhorar sua saúde e bem-estar. Na próxima coluna, estão várias *táticas* que podem ser usadas uma vez ou ocasionalmente para beneficiar sua saúde e bem-estar. Você pode conhecer outras opções que pode usar, sozinhas ou combinadas com uma delas.

ANEXO 3.2. Opções para o autocuidado

Habilidades e hábitos para uso repetido	Táticas para uso ocasional
Competências organizacionais	Encontrar amigos novos e acolhedores
Habilidades de gerenciamento de tempo	Estabelecer uma noite de encontro semanal
Habilidades de respiração profunda	Tirar férias
Habilidades de assertividade	Contratar uma babá
Habilidades de resolução de problemas	Ligar para um parente ou velho amigo
Atenção/consciência plena	Participar de uma comunidade de fé
Praticar exercícios	Simplificar a sua agenda
Habilidades profissionais	Mudar-se para uma comunidade diferente
Habilidades de gestão financeira	Consultar o seu médico
Habilidades para buscar ajuda	Pedir ajuda financeira
Habilidades de socialização	Encontrar um emprego mais prazeroso
Habilidades de liderança	Verificar a sua visão
Oração ou meditação	Fazer trabalho voluntário ou doar para uma instituição de caridade
Passatempos	Procurar ajuda de uma agência local ou governamental
Hábitos de sono saudáveis	Juntar-se a um clube
	Visitar o seu dentista

Ponto de vista do Tim

Pema Chödrön (1991), que escreveu vários livros sobre atenção plena, ofereceu uma imagem intrigante para aqueles que procuram entender esse paradoxo:

> Poderíamos aprender a parar quando o sol se põe e quando o sol nasce. Poderíamos aprender a ouvir o vento; poderíamos aprender a perceber que está chovendo ou nevando ou chovendo granizo ou garoando. Poderíamos nos reconectar com o clima que somos nós mesmos, e poderíamos perceber que é triste. Quanto mais triste é, e quanto mais vasto, mais o nosso coração se abre. Podemos parar de pensar que o bom hábito é quando é suave e calmo, e o hábito ruim é quando é bruto e escuro. Se pudermos segurar tudo em nossos corações, então poderemos fazer uma xícara de chá adequada. (p. 81)

ATENÇÃO PLENA

Uma habilidade que vale a pena destacar neste capítulo é a atenção plena. Isto é especialmente válido para os pais que estão preocupados com a sua saúde emocional e seu bem-estar. Quase tudo o que discutimos neste capítulo pode estar ligado à capacidade dos pais para a atenção plena, e os cientistas estão aprendendo cada vez mais sobre os benefícios de criar filhos conscientemente. Uma maneira de descrever a criação de filhos consciente é descrever seu oposto, que é a criação irracional. A palavra *irracional* não significa estúpido ou burro; ela é usada aqui para significar algo automático e sem pensamento deliberado. Na verdade, como discutimos no Capítulo 2, sobre metas, grande parte da criação de filhos é irracional e automática — e isso geralmente é uma coisa boa porque permite que os pais gerenciem várias tarefas simultaneamente. A desvantagem da criação automática e irracional é que alguns hábitos parentais são impulsionados por objetivos ocultos e baseados em emoções que podem afetar negativamente a criação e as nossas relações pais-filho (ver Capítulo 2).

Antes de discutirmos a criação de filhos consciente, vamos primeiro defini-la. Em seu livro de 2017, *The Art and Science of Mindfulness*, as psicólogas Shauna Shapiro e Linda Carlson definiram *atenção plena* como "a consciência que surge através do atendimento intencional de maneira aberta, atenciosa e perspicaz" (p. 8). Com esse tipo de consciência, que também é conhecida como *consciência do momento presente*, experimentamos a vida de momento a momento sem tentar mudar imediatamente essa experiência. Falando de modo prático, isso não é uma coisa fácil de fazer; nem é algo que podemos ou devemos fazer o tempo todo. Nossas mentes estão programadas para se concentrar no que vem a seguir ou no que acabou de acontecer. Antecipar o futuro e aprender com o passado têm mantido a raça humana viva por eras. Como resultado, nossas mentes fazem isso bem e possivelmente sem parar. Mas com a prática, podemos aumentar a capacidade de estar intencionalmente atentos.

O Paradoxo da Atenção Plena

A capacidade de estar atento e presente no momento vem com benefícios significativos para a saúde — tanto físicos quanto psicológicos. Mas esses benefícios podem ser evasivos porque a atenção plena é uma maneira radicalmente diferente de usar nossa mente, contrária às nossas tendências mentais habituais. Ela envolve apertar o botão de pausa nessas tendências e estar presente no aqui e agora, sem julgamento e sem objetivo além de experimentar e observar. A Dra. Shapiro e sua equipe (2018) descreveram a atenção plena como um paradoxo, uma mistura de coisas verdadeiras e aparentemente contraditórias. Por exemplo, atenção plena é sobre aceitação *e* mudança: A atenção plena não muda necessariamente o que experimentamos na vida, mas pode mudar e aprofundar a forma como a experimentamos. Isso é útil diante do estresse e da adversidade porque a tendência da nossa mente é resistir à chegada e ao impacto de circunstâncias adversas, o que faz sentido quando uma solução clara está disponível, mas nem sempre é esse o caso. Como observaram a Dra. Shapiro e seus colegas, ao que resistimos psicologicamente tende a persistir; assim, nossa pressa em mudar as coisas, às vezes, pode causar sofrimento prolongado. Mudamos para melhor quando estamos abertos e aceitamos o que está acontecendo no momento presente, quando inserimos uma breve pausa antes de agir. Outros paradoxos associados à atenção plena são que ela envolve (a) fugir *e* se envolver, (b) esforçar-se *e* não se esforçar, e concentrar-se no eu *e* não no eu. Basta dizer que, se você desenvolver a capacidade de atenção plena, terá aprendido algo que é útil, mas também um pouco estranho, pelo menos no sentido de que não é o que costumamos fazer com a nossa mente.

Ponto de vista do Tim

Quando meus pacientes começam a praticar a atenção plena peço-lhes que assistam a três vídeos curtos. Todos são gratuitos e estão no YouTube. Dois são animados e muito divertidos. Um é sobre meditação e outro é sobre atenção plena (pesquise no YouTube por "Meditation 101" e por "Why Mindfulness Is a Superpower"). O terceiro vídeo é um trecho de 12 minutos de uma palestra que Jon Kabat-Zinn deu aos funcionários da Google Corporation (procure no YouTube por "Mindfulness Meditation Taster with Jon Kabat-Zinn"). É a melhor introdução à atenção plena que conheço. Além disso, assisti-los oferece uma maneira de praticar a atenção plena porque o vídeo inclui um período de 3 minutos em que Kabat-Zinn faz com que todos a pratiquem silenciosamente.

A Prática da Atenção Plena

Costuma-se dizer que a atenção plena é simples, mas não fácil. Essa, com certeza, tem sido a nossa experiência como terapeutas. Nossos pacientes, muitas vezes, confundem-se quanto ao que é atenção plena, como praticá-la, e como saber se eles estão fazendo isso "certo". Nossa sugestão é começar aos poucos, experimentando e brincando com esse tipo de *conscientização*, um termo usado pelo Dr. Jon Kabat-Zinn, principal responsável por tornar a atenção plena uma prática de saúde bem conhecida. Ele vê a atenção plena como maior do que o pensar, porque envolve estar consciente do pensamento. Algumas pessoas meditam para praticar a atenção plena, mas isso não é necessário ou essencial. Além disso, o objetivo, pelo menos para nós e para este livro, não é ajudá-lo a se tornar um meditador, mas ajudá-lo a ser pai ou mãe conscientemente.

A prática da atenção plena é muito parecida com a construção ou manutenção do core do nosso corpo (o tronco com todos os músculos na frente, nas costas e nos lados). Quando nosso corpo tem um core forte, temos melhor postura, costas mais saudáveis, melhor equilíbrio e maior capacidade de realizar várias tarefas físicas. Da mesma forma, praticar a atenção plena é uma maneira de fortalecer nosso core *psicológico*, o que aumenta nossa capacidade de "segurar" e "carregar" experiências emocionais difíceis, manter o foco na tarefa em questão, sermos mais gentis conosco, estarmos mais sintonizados com os outros e tratarmos os outros (incluindo nossos filhos) com cuidado e respeito. Talvez a coisa mais importante a notar é que a atenção plena *não* envolve esvaziar a mente ou parar o nosso pensamento. Isso é impossível. Na verdade, a atenção plena não é nem mesmo tentar acalmar a mente ou relaxar o corpo, embora alguns se sintam mais calmos depois de praticá-la. Em vez disso, o objetivo com a atenção plena é simplesmente perceber ou observar o que está sendo experimentado — sem julgamento e sem qualquer esforço para mudá-lo.

Você pode começar a praticar a atenção plena aqui e agora. Tente este exercício de 1 minuto (com os olhos abertos ou fechados):

1. Seja sentado, em pé ou deitado, observe e sinta o que o seu corpo está tocando.
2. Analise mentalmente o seu corpo, começando pelos seus pés e movendo-se lentamente para a cabeça.
3. Ao fazer isso, observe o ar entrar e sair durante a respiração.
4. Atente-se para o momento em que expirar o ar e tente perceber o momento pouco antes de inspirar.
5. Observe quaisquer pensamentos que você esteja tendo e, em seguida, volte para a sua respiração.
6. Acompanhe a próxima expiração. Solte o ar.

Se você fez o exercício, como foi? Você se sentiu desconfortável enquanto o experimentava? Como se sentiu *depois* de tentar? Você pode imaginar fazer este exercício por 5 minutos, todos os dias, durante um mês inteiro? Uma breve prática a cada dia pode ajudar muito.

Criação de Filhos Consciente

Uma nova área de estudo animadora é chamada de *criação de filhos consciente*. As pesquisas nessa área só começaram recentemente, mas as descobertas até o momento apontam para benefícios importantes quando os pais podem adotar uma abordagem mais consciente para interagir com seus filhos. Por exemplo, pesquisadores nos estados americanos de Vermont e da Geórgia (McKee et al., 2018) estudaram cerca de 600 famílias para ver se a capacidade de atenção plena dos pais ou a falta dela (por exemplo, "acho difícil manter o foco no que está acontecendo no presente") previu a funcionalidade dos filhos em três estágios de desenvolvimento:

segunda infância (3–7 anos), terceira infância (8–12 anos) e adolescência (13–17 anos). Em todos os três estágios, a equipe de pesquisa descobriu que níveis mais altos de atenção dos pais levavam os jovens a ter menos problemas emocionais e menos problemas comportamentais. É importante ressaltar que a associação entre a capacidade dos pais de atenção plena e o funcionamento de seus filhos parecia operar por meio do que os pesquisadores chamaram de criação de filhos consciente. Aqui está um exemplo de um elemento que avalia a criação consciente: "Quando estou chateado com meu filho, percebo como estou me sentindo antes de agir." A criação de filhos consciente previu níveis mais altos de criação positiva (por exemplo, "Eu encorajo meu filho a falar sobre seus problemas") e níveis mais baixos de criação negativa (por exemplo, "Eu perco a paciência quando meu filho não faz algo que eu peço"). No entanto, apenas a criação negativa foi um preditor significativo do funcionamento dos filhos. Essas descobertas sugerem que a criação de filhos consciente pode levar a melhorias na criação positiva e negativa, mas uma redução na criação negativa é mais útil. Em 2021, os parceiros parentais Jon e Myla Kabat-Zinn publicaram um artigo intitulado *Mindful Parenting: Perspectives on the Heart of the Matter*, no qual ofereceram este comentário sobre criar filhos de forma consciente:

> A criação de filhos consciente não é um projeto para criar filhos "melhores" ou "ótimos" (o que quer que isso signifique), ou para ser pais "melhores" ou "ótimos", mas para abraçar a consciência, momento a momento, da melhor forma possível, todo o empreendimento de educar nossos filhos em uma mutualidade de amor e descoberta e não saber. (p. 266)

DEVER DE CASA: SAÚDE

Não há apenas uma maneira de ser um pai ou uma mãe saudável. Nem todo mundo precisa ir à academia, perder peso ou comer farelo de aveia para ser fisicamente saudável. Nem todos precisam consultar um terapeuta, fazer retiros ou praticar ioga para serem emocionalmente saudáveis. Você não precisa ter o casamento perfeito ou mil amigos para ter relacionamentos saudáveis. E você não precisa entrar para uma igreja ou orar para ter uma vida significativa e uma apreciação pelo transcendente. Pais bons e saudáveis vêm em todas as formas. Seja você... e seja saudável.

1. Preencha o inventário de saúde e discuta-o com alguém disposto a ouvir seu histórico de saúde.
2. Escreva uma lista com as suas formas preferidas de enfrentamento e como você pode diversificá-la.
3. Experimente uma nova habilidade ou tática que possa melhorar a sua saúde e bem-estar.
4. Pratique 5 minutos de atenção plena, todos os dias, durante 1 mês.

CAPÍTULO 4

ESTRUTURA:

OS 4 Rs PARA SER UMA FAMÍLIA

Criar filhos é como cuidar de uma planta, no sentido de que o crescimento e o desenvolvimento de um filho se desdobram lentamente ao longo do tempo. Temos de esperar para ver como as coisas vão acabar. Não podemos saber imediatamente se os esforços para *aceitar* nossos filhos os ajudaram a administrar melhor suas emoções e a se verem positivamente. Devemos esperar antes de saber se os esforços para *conter* o mau comportamento ajudaram nossos filhos a se tornarem cidadãos responsáveis e cumpridores da lei. E, quando *lideramos*, não podemos ver impactos imediatos nos valores e crenças fundamentais dos filhos. Em outras palavras, a influência que temos sobre os nossos filhos é mais indireta do que direta. O solo, a água e a luz solar fazem o trabalho de nutrir as plantas, de modo que a tarefa do jardineiro é garantir que esses elementos estejam disponíveis e não regar demais ou de menos as nossas plantas. Da mesma forma, os pais devem evitar excessos ou faltas na criação, mas qual é o seu jardim? Em nosso modelo holístico e de longo prazo de criação boa o bastante, o relacionamento pais-filho é o contexto mais importante, mas outros contextos também merecem o tempo e a atenção dos pais. Nosso foco neste capítulo é sobre como os pais podem usar a estrutura para abordar os importantes contextos de desenvolvimento de família, irmãos e colegas.

Este capítulo tem como objetivo ajudá-lo a

- entender como a estrutura se relaciona com a criação dos filhos,
- aprender os 4 Rs da estrutura,

- estabelecer rotinas familiares úteis,
- definir papéis-chave da família,
- saber quando e como usar as regras da família,
- compreender e usar rituais familiares, e
- aprender o valor de realizar uma reunião de família.

O QUE A ESTRUTURA PODE FAZER POR VOCÊ?

A estrutura familiar é um aspecto útil, mas muitas vezes negligenciado, da criação de filhos. Em famílias e lares que não têm estrutura adequada, a criação é mais difícil. Aqui estão apenas algumas razões pelas quais a estrutura é tão útil.

A Estrutura Torna a Criação Mais Eficiente

Famílias bem estruturadas encontraram uma maneira de transformar práticas de criação bem-sucedidas em hábitos que beneficiam toda a família. Como grande parte do comportamento dos pais é feito automaticamente, eles podem usar a estrutura para garantir que o que fazem em tempo real ou sem muito pensamento deliberado seja positivo e produtivo. A estrutura ajuda os pais a trabalhar de forma eficiente, mesmo quando não estão no seu melhor momento, e permite que eles dediquem mais tempo ao autocuidado e ao relacionamento pais-filho.

A Estrutura Protege Contra o Estresse

Eventos estressantes podem ter um efeito negativo no desenvolvimento dos filhos e prejudicar a criação. Para algumas famílias, o impacto negativo do divórcio, da pobreza, da violência na vizinhança, do conflito conjugal ou da saúde ruim dos pais é profundo e duradouro. Mas nem todas as famílias sofrem com o estresse. Nesses lares, a estrutura é usada para proteger e preservar a criação dos filhos durante períodos de agitação e mudança. É importante ressaltar que o estresse nem sempre é aleatório e, às vezes, as famílias operam de maneiras que realmente aumentam o estresse em suas vidas. Famílias organizadas e estruturadas tendem a gerar menos estresse.

A Estrutura Ajuda os Pais a Gerenciar Outros Contextos Concorrentes

No Capítulo 1, afirmamos que a melhor maneira de combater a influência de contextos não tão positivos na vida de seus filhos (por exemplo, colegas perigosos, sites não saudáveis) é competir, competir bem, e que um forte relacionamento pais-filho é a melhor estratégia para essa competição. Agora acrescentamos que a forma como você organiza a sua família também é muito importante. Famílias saudáveis são mais do que uma coleção de indivíduos isolados ou relacionamentos separados; famílias são sistemas que têm ordem, propósito e identidade. E os pais podem usar a estrutura para moldar a ordem, o propósito e a identidade de sua família.

OS 4 Rs

Uma maneira conveniente de pensar e lembrar maneiras de estruturar sua casa e família são os 4 Rs: Rotinas, Responsabilidades, Regras e Rituais.

Rotinas

A *rotina* de uma família é sua programação diária, semanal ou mensal de quem faz o quê, quando e onde. Quer se trate de jantar, fazer a lição de casa, pagar contas, dobrar a roupa, relaxar ou se preparar para dormir, sua família se beneficiará quando houver um certo grau de regularidade em sua rotina. Como terapeutas familiares, conhecemos várias famílias cujas casas não têm rotina. Cada dia traz perguntas sobre se e quando as tarefas básicas serão feitas e por quem. Famílias bem administradas tendem a ter períodos mais limitados em que não têm rotina (por exemplo, as últimas 2 semanas das férias, quando as crianças terminam as atividades de verão e apenas saem para passear). Sem a estrutura de uma rotina definida, mesmo as famílias bem administradas são propensas a ter conflitos e a ferir sentimentos durante esses períodos desestruturados. Quando a escola começa e eles recuperam sua rotina, as coisas geralmente voltam ao normal.

As rotinas são um bom indicador de organização familiar. Em famílias saudáveis e bem organizadas, as tarefas diárias (por exemplo, levantar-se, fazer lição de casa), atividades de fim de semana (por exemplo, compras de supermercado) e eventos mensais (por exemplo, pagar contas) são previsíveis e estruturadas. Os filhos geralmente se sentem mais seguros e menos ansiosos quando sabem o que esperar a cada dia. Isso porque eles, como todos os seres humanos, acham que a imprevisibilidade crônica é desagradável (até mesmo assustadora). Rotinas estruturadas guiam nosso comportamento e nos dão um senso de ordem e previsibilidade. Um horário regular para atividades diárias, como jantar, hora de dormir e tempo de estudo, é particularmente importante. Em comparação com os pais que vivem em lares caóticos, aqueles que vivem em lares com uma boa rotina provavelmente se sentirão mais estabelecidos e capazes de pensar com mais clareza diante do estresse.

As rotinas devem ser um indicador do que é importante para uma família, mas esse nem sempre é o caso. Algumas famílias gastam muito tempo em atividades que realmente prejudicam a coesão familiar ou adicionam pouco ao desenvolvimento saudável das crianças. Horas e horas de TV, falta de planejamento para as refeições, nenhum horário ou lugar definido para a lição de casa e horários de dormir imprevisíveis são alguns dos hábitos imprudentes em que as famílias podem cair. Algumas famílias não têm rotina porque se comprometem demais com atividades (por exemplo, equipes esportivas itinerantes, equipes de dança competitiva) que exigem quantidades significativas de tempo e energia. Algumas altamente funcionais podem gerenciar uma agenda lotada *e* muitas atividades, mas outras se arrependem de assumir compromissos tão custosos.

Aqui está um exercício útil: Faça uma lista do que é mais importante para a sua família. Concentre-se nas coisas que vocês realmente valorizam e nas crenças que são mais centrais para quem vocês são como família. Em seguida, escreva seus horários diários, semanais e mensais. Se a sua família realmente não tem um cronograma, considere criar um; comece com as coisas que *precisam* ser feitas e depois trabalhe na construção de uma rotina a partir daí. Compare seus valores e crenças com o que está nos seus horários diários, semanais e mensais. Quando examiná-los lado a lado, considere se a sua rotina familiar atual é um bom reflexo do que é importante. Se não for, considere como pode ser melhorado.

Passos para melhorar a rotina familiar

1. **Decida se a rotina da sua família precisa mudar.** Se você se sentir desorganizado — que cada semana traz níveis imprevisíveis e altos de estresse — ou sua rotina não reflete os valores da família, talvez seja hora de mudá-la.
2. **Comece mudando uma coisa de cada vez.** Rotinas familiares podem ser difíceis de mudar. Vá devagar e não tente revisar toda a programação de uma só vez: a sua família vai se revoltar!
3. **Decida qual parte da sua rotina terá o maior efeito cascata.** Aqui estão três opções que você pode considerar: (a) o horário de jantar, porque muitas vezes é uma maneira de começar a noite e uma chance para as famílias passarem tempo juntas; (b) o número total de atividades ou organizações em que os membros da família estão envolvidos; e (c) o número total de noites e horas que a TV fica ligada a cada semana.
4. **Seja realista e não exagere.** Pais e filhos precisam de tempo para fazer a transição de uma atividade para outra, e precisam de momentos para ficar sozinhos e descansar. Estes momentos podem ser perdidos quando as famílias preenchem seus horários com muitas atividades. Algumas atividades funcionam muito melhor se agendadas com menos frequência.
5. **De vez em quando, recalibre as suas rotinas.** Às vezes, as famílias podem escorregar de volta para rotinas antigas e insalubres. As famílias também precisam mudar sua rotina de tempos em tempos à medida que suas necessidades, interesses e atividades mudam.
6. **Divirta-se e seja criativo.** Você não precisa manter o mesmo cronograma antigo só porque ele representa a maneira como você *sempre* fez isso. A TV não precisa estar ligada *todas* as noites, algumas tarefas podem ser feitas em dias *alternados*, as refeições noturnas não *precisam* ser quentes e a hora do banho não *precisa* ser à noite.

Responsabilidades

Como pai ou mãe, você é a pessoa responsável, a figura de autoridade em casa. Alguns equiparam isso a ser o disciplinador, mas essa é uma perspectiva muito restrita; há muitas maneiras pelas quais os pais podem ser uma figura de autoridade, e a disciplina é apenas uma delas. Pais saudáveis, confortáveis com a responsabilidade de ser a figura de autoridade, têm algum grau de separação psicológica de seus filhos. Eles vivem do outro lado de uma fronteira geracional firme que os diferencia de seus filhos. Essa afirmação pode confundir os pais que acham difícil imaginar serem separados de seus filhos por qualquer tipo de limite. Eles insistem que é importante ter uma ligação próxima com os filhos e não querem comprometer esse relacionamento de forma alguma. Mas os vínculos mais saudáveis são derivados de uma criação sensível e cuidadosamente sintonizada com as necessidades dos filhos, o que pode incluir momentos de distância psicológica e emocional. Na verdade, filhos *seguramente* apegados ficam confortáveis estando sozinhos *e* perto dos outros. Eles também são, geralmente, mais capazes de gerir as suas emoções e as suas relações interpessoais do que aqueles que estão conectados aos pais de forma insegura. Eles não desmoronam quando separados dos entes queridos e não fogem da intimidade. Os pais que rotineiramente se intrometem no espaço psicológico dos filhos e atravessam as fronteiras geracionais são mais propensos a ter filhos com um senso inseguro de apego.

Para ajudá-lo a avaliar os limites geracionais de sua família, criamos a Planilha 4.1. Cada questão pergunta: “De quem é esta responsabilidade?“ Você pode usar essas perguntas para avaliar se você ou seus filhos estão cruzando fronteiras geracionais de maneiras não saudáveis. Recomendamos preencher a planilha e depois discuti-la com o seu parceiro na criação dos filhos (se você tiver um) ou com amigos que são pais.

Um limite geracional firme ajuda a prevenir as formas mais tóxicas de criação, as que envolvem inversões de papéis ou alianças insalubres. Os filhos podem sofrer danos psicológicos quando seus pais os usam como sua principal fonte de apoio emocional. A tendência a “*parentificar*” os filhos, ou seja, passar para eles funções emocionais que deveriam ser dos pais, é mais comum entre aqueles emocionalmente imaturos, doentes ou dependentes químicos. Esses pais *precisam* que seus filhos sejam não apenas leais, mas também emocional e fisicamente disponíveis. Quando filhos parentificados tentam afirmar independência, é provável que o pai ou mãe emocionalmente carente desmorone ao mesmo tempo em que fica com raiva; eles ficam assustados e magoados com o “egoísmo” e a insensibilidade de seus filhos. Este tipo de forte reação negativa pode fazer com que os filhos se sintam culpados e confusos. Com o tempo, a culpa e a confusão se transformam em frustração e raiva, que podem se tornar muito intensas. Filhos mais explosivos e raivosos são muitas vezes parentificados. Eles passaram muitos anos numa situação familiar que os levava a pensar: "estou errado sempre". Eles querem independência, mas têm pouca oportunidade de praticá-la. E o custo de sua independência — magoar *e* perder os pais — é simplesmente muito alto.

PLANILHA 4.1. Metas ocultas que podem prejudicar a criação dos filhos

De quem é esta responsabilidade?	Circule todos que se aplicam				
Penteado do pai/da mãe	Filho(a)	Pai/mãe	Irmãos	Avô/avó	Outros
Dentes do(a) filho(a)	Filho(a)	Pai/mãe	Irmãos	Avô/avó	Outros
Contas mensais	Filho(a)	Pai/mãe	Irmãos	Avô/avó	Outros
Romance dos pais	Filho(a)	Pai/mãe	Irmãos	Avô/avó	Outros
Mau comportamento do(a) filho(a)	Filho(a)	Pai/mãe	Irmãos	Avô/avó	Outros
Tarefas escolares do (a)filho(a)	Filho(a)	Pai/mãe	Irmãos	Avô/avó	Outros
Punição do(a) filho(a)	Filho(a)	Pai/mãe	Irmãos	Avô/avó	Outros
Sofrimentos dos pais	Filho(a)	Pai/mãe	Irmãos	Avô/avó	Outros
Quarto do(a) filho(a)	Filho(a)	Pai/mãe	Irmãos	Avô/avó	Outros
Notas do filho(a)	Filho(a)	Pai/mãe	Irmãos	Avô/avó	Outros
Raiva dos pais	Filho(a)	Pai/mãe	Irmãos	Avô/avó	Outros
Roupas dos pais	Filho(a)	Pai/mãe	Irmãos	Avô/avó	Outros
Amigos do(a) filho(a)	Filho(a)	Pai/mãe	Irmãos	Avô/avó	Outros
Trabalho dos pais	Filho(a)	Pai/mãe	Irmãos	Avô/avó	Outros
Passatempos dos filhos(as)	Filho(a)	Pai/mãe	Irmãos	Avô/avó	Outros
Penteado do(a) filho(a)	Filho(a)	Pai/mãe	Irmãos	Avô/avó	Outros
Dentes dos pais	Filho(a)	Pai/mãe	Irmãos	Avô/avó	Outros
Sofrimentos dos filhos(as)	Filho(a)	Pai/mãe	Irmãos	Avô/avó	Outros
Amigos dos pais	Filho(a)	Pai/mãe	Irmãos	Avô/avó	Outros
Quarto dos pais	Filho(a)	Pai/mãe	Irmãos	Avô/avó	Outros

Alguns pais podem afrouxar os limites geracionais de tempos em tempos ou fazer uma pequena pausa no papel de figura de autoridade, mas eles não devem fazer isso por muito tempo. Às vezes, esses deslizes acontecem após interrupções familiares, como o divórcio dos pais. Quando os pais vivem separados, a estrutura de poder da família é temporariamente abalada e os filhos podem ficar confusos sobre quem está no comando e até onde vai a jurisdição dos pais (por exemplo, a casa da mãe, a casa do pai, ambos?). Dependendo de quão cooperativos ou amargos eles são entre si, os pais divorciados podem tornar isso um breve período de confusão ou estendê-lo muito, até mesmo muitos anos após o divórcio. Especialmente prejudiciais são as lutas de poder em que os filhos são colocados no meio de pais divorciados. Isso pode envolver pedidos para que os filhos sejam leais a apenas um dos pais, mantenham segredos do outro pai ou "espionem" e "fofoquem" com o outro pai.

Em algumas famílias, há uma forte aliança psicológica entre um pai e um filho que é mais forte do que a relação entre os pais. Isso pode sinalizar insatisfação conjugal de longa data: quando os pais se separam, é bastante comum buscar uma conexão mais forte com seus filhos, mas em casos extremos, com pais emocionalmente imaturos ou psicologicamente instáveis, isso pode envolver "alianças profanas" que levam a maus resultados nos filhos e possíveis abusos.

Outro cenário arriscado pode ser chamado de "dividir e conquistar". Nessa situação, um dos pais tende a ficar do lado e "resgatar" um filho de interações negativas com o outro pai. O pai que resgata está inclinado a remover o filho daquela situação ou repreender seu parceiro por ser muito duro e estar fora de controle. Não surpreendentemente, o outro pai se sente enfraquecido e talvez traído, o que só alimenta o ressentimento. Isso significa que as interações futuras com o filho provavelmente serão ainda mais tempestuosas. É claro que, quando isso acontece, o pai resgatador está completamente convencido de que o parceiro está fora de controle e está prejudicando o filho. Para proteger o filho "vitimizado", o pai resgatador tenta bloquear qualquer tentativa do parceiro de disciplinar, por medo de uma escalada no conflito. Neste ponto, o filho agora tem um poder incrível, incluindo o poder de ignorar ou dispensar o pai "irritado". Com o tempo, esse cenário pode fazer com que dois pais que uma vez se amaram e concordaram com a maioria dos aspectos da criação dos filhos se transformem em caricaturas exageradas de seus eus originais. Há o pai monstro furioso que está convencido de que o filho é um pouco manipulador e há o pai protetor assustado, convencido de que manter seu filho seguro significa afastá-lo de seu parceiro parental furioso.

Filhos que permanecem muito tempo neste arranjo de poder distorcido correm o risco de aprender alguns hábitos pouco saudáveis. O pior é aprender que desmoronar e ser excessivamente emocional ajuda você a escapar do conflito e das demandas indesejadas dos outros. Não há o aprendizado de aceitar as consequências das suas ações. Esses filhos são como carros minúsculos com motores enormes: eles têm muito mais poder do que podem controlar. E, quando reconhecem o poder que têm, podem usá-lo deliberada e repetidamente para dividir e conquistar. A tendência dos pais nesse cenário é fazer mais do mesmo — sendo mais do perfil resgatador ou mais agressivo/exigente. Um dos pais está trabalhando duro para evitar que o parceiro "machuque" o filho, enquanto o outro trabalha duro para ser o adulto da família e responsabilizar o filho. Ambos estão certos de alguma forma, mas saber disso não ajuda. A estratégia recomendada é contraintuitiva: voltar-se um para o outro, reconstruir a aliança parental e restabelecer uma fronteira geracional entre pais e filhos. Nenhum dos pais está "ganhando", e ambos querem o que é melhor para um filho que agora está em sério risco por causa do padrão de divisão e conquista. Voltar-se um para o outro, por mais desagradável que isso possa parecer, firmará o limite geracional e enviará uma forte mensagem de que os pais agora estão trabalhando juntos como uma equipe. Esta é a melhor e mais rápida maneira de corrigir a distorção no poder e lembrar as crianças do seu papel adequado na família.

A seguir, fornecemos 10 dicas para promover limites saudáveis e prevenir alianças insalubres. Também pode ajudar se você e seu parceiro desenharem o "organograma" da sua família para, depois, compará-los. Se os seus filhos tiverem idade suficiente, peça-lhes para desenhar um também. Quem eles acham que é o "chefe" da família? Quem é o próximo chefe depois dessa pessoa? Que membros da família fazem parte de uma equipe e quantas equipes existem? Às vezes, os terapeutas fazem essas perguntas estranhas para que os membros da família pensem sobre seu papel.

10 maneiras de estabelecer e manter limites na sua família

1. Respeite a privacidade dos filhos e insista para que eles respeitem a sua.
2. Faça uma regra para bater nas portas antes de entrar em quartos.
3. Feche (e tranque) a sua porta para manter a privacidade. Permita que crianças (com mais de 5 anos) façam o mesmo, desde que estejam seguras e não abusem do privilégio.
4. Não discuta questões que são inadequadas ou avassaladoras para as crianças (por exemplo, preocupações com finanças ou parceiros românticos).
5. Faça coisas distintamente diferentes e especiais com cada um dos seus filhos.
6. Comente sobre características positivas que diferenciam um filho de seus pais e irmãos.
7. Separe um tempo a cada dia ou semana para estar sozinho. Anuncie-o com frequência.
8. Separe um tempo a cada semana ou mês para você e o seu parceiro ficarem sozinhos juntos. Anuncie-o com frequência.
9. Preserve bem pelo menos um passatempo ou interesse pessoal. Anuncie-o com frequência.
10. Tome decisões necessárias (possivelmente impopulares) em nome de toda a família.

Regras

As regras domésticas mantêm a vida ordenada quando várias pessoas vivem sob um mesmo teto e compartilham recursos. Nas famílias, as regras também ajudam os filhos a lidar com situações perigosas ou avassaladoras. As regras da família são mais formais do que as instruções porque estão em vigor o tempo todo, não apenas quando os pais as dizem em voz alta. Aqui estão alguns exemplos: "Não brincar na rua." "Não comer fora da cozinha." "Nada de bater ou empurrar." Algumas regras são específicas para questões particulares recorrentes, como quando os pais estão ao telefone ou quando a família está no mercado. Idealmente, esses tipos de regras específicas dizem aos filhos o que fazer nessa situação (por exemplo, "Quando estiver ao telefone, você deve assistir TV ou brincar no seu quarto"). Se a regra for nova, pode ajudar que os filhos digam a regra imediatamente antes ou logo quando a situação ocorre; os pais podem então elogiá-los por se lembrarem dela e segui-la.

Algumas regras sobre as regras

Há várias coisas a ter em mente ao criar e aplicar regras:

- As regras funcionam melhor quando usadas com moderação.
- As regras não devem ser impostas às pressas, mas somente após bastante observação, reflexão e planejamento.
- As regras devem ser facilmente compreendidas pelos filhos e ter consequências claramente definidas se eles não as seguirem.
- As regras devem ser adequadas ao desenvolvimento ("Mantenha seu quarto limpo" pode ser muito vago para uma criança de 3 anos, mas razoável para um adolescente).
- As regras devem ser algo que os pais possam impor consistentemente (não uma expectativa irrealista como "A regra é que vocês dois se darão bem e nunca discutirão um com o outro").

Aqui está um exemplo de uma regra mal estabelecida: uma mãe leva seus dois filhos para o parque e depois fica com raiva quando eles se recusam a parar de brincar quando é hora de sair. Por frustração, ela anuncia sua nova regra: "De agora em diante, não iremos mais ao parque!" Esta regra foi estabelecida às pressas, por raiva, sem a contribuição de seus filhos e é improvável que seja aplicada. Além disso, foi uma consequência por não ouvir na primeira vez, e a consequência foi pouco clara e imprevisível para as crianças. Esta regra também não resolve o problema real (especificamente, dificuldade em terminar a brincadeira no parque) e só vai minar a autoridade da mãe se e quando a família for ao parque novamente, pois suas regras podem ser vistas como meras mudanças temporárias no humor da mãe.

Mas esse mesmo cenário pode ser usado para ilustrar uma abordagem mais eficaz para estabelecer regras. Se a mãe tivesse segurado sua raiva um pouco mais, percebendo o que a incomodava e se permitindo considerar o que fazer sobre isso, ela teria sido mais propensa a reconhecer que seus filhos precisavam de ajuda para fazer a transição de uma atividade muito divertida para uma atividade sem diversão. Ela poderia dizer aos filhos que está tentando resolver o problema da *família*: brincar no parque por muito tempo. Enquadrar a situação desta forma se encaixa muito bem com o modelo colaborativo de resolução de problemas do Dr. Ross Greene (2010). Nesse modelo, acredita-se que os "maus comportamentos" dos filhos se dão por eles não terem habilidades para lidar com situações que são um problema recorrente. Quando visto dessa maneira, o objetivo está menos relacionado a controlar o comportamento das crianças por meio da disciplina e mais relacionado a equipá-las com as habilidades ou a estrutura de que precisam para que a situação seja mais fácil de gerenciar. Nossa recomendação para estabelecer uma regra é um exemplo desta última.

Para tornar a situação colaborativa, essa mãe pode envolver os filhos na identificação de uma regra útil. Dependendo da idade deles, ela pode fazer com que eles sugiram regras (para filhos mais velhos) ou pode escolher uma regra, mas pedir-lhes para comentar a respeito (para os mais novos). Por exemplo, ela pode fazer uma regra que diz: "A tarefa da mamãe no parque é anunciar quando restam apenas 5 minutos e quando resta apenas 1 minuto para brincar." A mãe poderia, então, pedir aos seus filhos ideias criativas sobre como ela deveria fazer esses anúncios ("Ei, pessoal! Eu estou levantando cinco dedos porque só temos 5 minutos para brincar!"). Assim, eles podem sentir que é a regra *deles* também e não apenas "regra da mãe". As crianças poderiam até dar um nome à regra (por exemplo, a Regra da Hora de Ir Embora), estabelecendo-a ainda mais como um acessório doméstico.

Regras para gerenciar conflitos entre irmãos

Se as regras ajudam os pais a estruturar situações potencialmente problemáticas e frequentes, então dois contextos que devem se beneficiar das regras familiares são aqueles que envolvem irmãos e colegas. Os filhos se beneficiam da interação com irmãos e colegas, mas essas interações também podem ter uma influência negativa. As *interações entre irmãos* podem ser um problema se envolverem (a) o uso de agressão para resolver conflitos ou (b) a modelagem de comportamentos arriscados e problemáticos por um irmão mais velho. As *interações entre colegas* podem ser um problema se envolverem (a) muito tempo sem supervisão com colegas que valorizam comportamentos arriscados e insalubres ou (b) oportunidades frequentes para os filhos se envolverem em comportamentos arriscados e insalubres.

É comum que seus filhos discutam muito com os irmãos. Pesquisadores que foram às casas das pessoas para estudar a vida familiar documentaram isso. A maioria das discussões entre irmãos é leve, mas alguns conflitos são feios e barulhentos, e o que pode se transformar em violência física. É perturbador para os pais verem os filhos com raiva e tentarem machucar uns aos outros. Ironicamente, o conflito pessoal também é uma oportunidade para que eles aprendam lições valiosas sobre resolução de conflitos. O conflito existe em quase todos os relacionamentos, e lidar responsavelmente com conflitos interpessoais significa aprender a ser assertivo, civilizado e não violento. Como o conflito entre irmãos acontece com muita frequência, ele pode ser uma pedra no sapato dos pais, *ou* uma chance para os filhos aprenderem a resolver conflitos juntos. Isso exigirá regras claras.

A regra mais importante é que a agressão e a violência são estratégias inaceitáveis para acabar com o conflito. A próxima regra mais importante é que os filhos devem resolver o conflito usando palavras faladas diretamente ao irmão. Quando os filhos acabam com o conflito entre irmãos batendo, empurrando ou agarrando o outro, eles correm o risco de aprender que a violência ou a ameaça de violência é uma maneira poderosa de ganhar uma discussão. Quando eles têm permissão para acabar com o conflito reclamando com um pai que os resgata, eles correm o risco de aprender que os outros falarão por eles e não há necessidade de ser assertivo. Em ambos os cenários, a chance de aprender a falar diretamente e agir de forma não agressiva é perdida.

Às vezes, os pais se sentem presos entre duas estratégias diferentes quando se trata de conflito entre irmãos. Uma delas é uma abordagem prática em que os pais permitem que os irmãos usem todos os meios possíveis, incluindo a luta física, para acabar com o conflito. Os perigos dessa estratégia devem ser óbvios: os filhos podem aprender que a agressão funciona. Quando usado repetidamente, ao longo do tempo, isso pode até abrir a possibilidade de um irmão abusar do outro. Uma pequena vantagem dessa abordagem é que, quando os filhos recebem rédea solta quanto à resolução de seus conflitos, muitas vezes surge uma hierarquia estável, o que geralmente leva a menos conflitos de forma geral. Claro, isso significa que um irmão provavelmente estará preso em um papel submisso; infelizmente, isso pode levar a consequências negativas para um filho, como baixa autoestima, dificuldades em ser assertivo e sentir-se alienado da família. Uma estratégia mais comumente usada é que os pais intervenham ao primeiro sinal de qualquer disputa entre irmãos. Com essa abordagem, o desconforto do conflito entre irmãos é rapidamente interrompido, os filhos não podem se agredir e são protegidos de irmãos nocivos. A desvantagem é que há poucas oportunidades para eles praticarem a resolução de conflitos e os pais serão envolvidos em muitos deles.

Uma abordagem intermediária começa com a intervenção sempre que haja violência física, mas treinando os filhos para a resolução de conflitos. Isso evita lições não intencionais sobre o valor do uso de agressões, protege os filhos do abuso de um irmão e permite que eles aprendam a resolver conflitos por conta própria. As diretrizes para ser um "coach" de conflitos estão resumidas a seguir.

Treinando os filhos por meio de conflitos entre irmãos

Defina objetivos principais

- Ajudar os filhos a aprender a resolver conflitos por conta própria sem violência.
- Gerenciar o ruído do conflito entre irmãos separadamente da resolução do conflito.

Crie objetivos avançados

- Uma vez que seus filhos estejam melhores em se comunicar, ajude-os a resolver conflitos por meio de revezamentos e concessões.

Identifique quando interromper o conflito entre irmãos

Há apenas duas razões para os pais pararem o conflito entre irmãos:

1. violência física (bater, agarrar, quebrar coisas) e
2. formação de times (dois ou mais filhos unidos contra um).

Se houver violência

Imponha uma sanção (por exemplo, perda de privilégios; consulte o Capítulo 6) sempre que houver evidências claras de filhos usando violência.

Se houver um time sendo formado

Lembre os seus filhos de não formarem um time contra outros. Lembre-os de que os únicos times na família são os dos pais e o dos filhos. ***Se o conflito é apenas barulhento (brigas em alto tom, mas sem violência ou formação de times)***

Permita que seus filhos resolvam os conflitos por conta própria, usando as suas palavras. Você pode lidar com o barulho

- indo para outro cômodo ou colocando fones de ouvido,
- dizendo a eles para irem para outra sala ou para um "local de discussão" designado, ou
- dizendo para abaixarem o tom de voz.

(Continua) ›

(Continuação)

Se um filho fala mal dos irmãos, é hora de treiná-lo

Quando os filhos falarem dos outros pelas costas, dê-lhes palavras e comportamentos que possam usar para resolver conflitos por conta própria — sem violência. Aqui estão alguns exemplos:

- "Ishan, diga à sua irmã que ela está sendo má e que você não gosta disso. Olhe diretamente para ela e diga isso clara e lentamente."
- "Debra, sei que você fica brava quando o Robert pega as suas coisas, mas não posso deixar que bata nele. Nós não machucamos os outros nesta família. Se você está nervosa, use estas palavras: 'Robert, eu não gosto quando você pega as minhas coisas. Eu quero que você pare com isso.'"

Essas diretrizes podem ajudar seus filhos a se sentirem seguros e apoiados à medida que aprendem as habilidades de resolver conflitos interpessoais efetivamente. Treiná-los com segurança por meio do conflito entre irmãos requer um limite estrito no uso da violência. Uma vez que essa base esteja estabelecida, deve haver poucos momentos em que os pais devem intervir. No entanto, isso significará separar o "barulho" do conflito da resolução do conflito. Na verdade, muitas vezes, é a confusão barulhenta e dramática do conflito entre irmãos que obriga os pais a intervirem. Para lidar com essa parte do conflito, os filhos podem ser instruídos a baixar a voz, a levar sua discussão para fora de casa ou para outro cômodo. Os pais também são livres para buscar sua própria tranquilidade longe do barulho do conflito. Uma mensagem para diminuir o barulho pode ser tão simples quanto: "Ei, pessoal. Falem mais baixo. Obrigado." Com o tempo e com as oportunidades de prática que você oferece, seus filhos aprenderão maneiras mais avançadas e menos ruidosas de resolver disputas interpessoais (por exemplo, revezando-se, fazendo acordos).

É mais útil para os pais serem *treinadores* do que *árbitros* de conflitos, e isso é ainda mais válido quando os filhos reclamam dos irmãos. Isso geralmente é um sinal de que eles precisam de ajuda para aprender a falar diretamente com o irmão. Pense nisso como um jogador de futebol indo para a linha lateral para ouvir do treinador a estratégia para a próxima jogada; o treinador oferece orientação, mas permanece na linha lateral. Da mesma forma, os pais podem orientar os filhos que tendem a reclamar de seus irmãos, mas evitam falar diretamente com eles. Considere uma situação em que um menino reclama com o pai que a irmã mais velha está trapaceando numa brincadeira. Ser um treinador de conflitos, neste caso, *não* envolve o menino entregar uma mensagem *de* seu pai; em vez disso, o objetivo é treinar o menino para entregar *a própria* mensagem. Por exemplo, o pai pode dizer: "Lamento que a sua irmã não esteja jogando limpo. Use estas palavras na próxima vez que isso acontecer: 'Eu não gosto quando você trapaceia. Não é justo. Quero que pare.'" Observe como o pai usa esse evento para fornecer ao filho uma lição básica sobre como ser assertivo. Ele está modelando o uso de declarações focadas no eu e um roteiro específico (não gosto quando você______. Isso me deixa_____. Eu quero que você_____.) mostrado para ajudar os filhos a gerenciar conflitos de forma positiva. Assim, a reclamação pelas costas foi transformada em uma oportunidade para seu filho aprender uma lição valiosa na resolução de conflitos e, como seu treinamento está acontecendo em tempo real, a lição é muito mais significativa.

Regras para gerenciar a influência de colegas

As interações dos filhos com colegas, incluindo amigos e namorados, podem ter um efeito substancial no seu desenvolvimento. Alguns pais minimizam a influência dos colegas, e outros veem a pressão dos colegas como uma ameaça grave para seus filhos. Alguns pais esquecem que o impacto da pressão dos colegas pode ser positivo ou negativo (ou ambos). Colher os benefícios da pressão positiva dos pares é provável quando os filhos estão envolvidos com colegas pró-sociais e atividades positivas dos jovens. Quando os filhos não podem ter acesso a esses tipos de colegas e atividades, os pais devem buscar em sua comunidade oportunidades que ofereçam atividades positivas de desenvolvimento juvenil. Exemplos incluem Boys and Girls Clubs ou Big Brothers Big Sisters (que são organizações que oferecem atividades pós-escolares), equipes esportivas e grupos de artes cênicas.

Também vale a pena notar que a influência negativa dos "colegas" pode acontecer em sua casa. Estamos nos referindo ao irmão mais velho e legal que é desafiador e desrespeitoso com os pais, ignora as regras da família e se envolve em atividades desviantes variadas, mas é admirado pelos irmãos mais novos. Esta é uma situação particularmente perigosa para os pais, porque é difícil competir com um irmão mais velho visto como poderoso, atraente e descolado. Pais sábios não ignoram a natureza convincente deste exemplo de mau comportamento em casa. Se a atitude negativa persistir, mesmo que por um curto período, os irmãos mais novos podem começar a imitá-la. Pode ser de grande ajuda reconhecer que isso está acontecendo enquanto também ressalta que o comportamento do irmão mais velho está em desacordo com o que a família acredita e valoriza.

Uma forte relação pais-filho e um sistema familiar saudável são ferramentas úteis quando se compete contra a tentação da pressão dos colegas. Os pais podem errar se fizerem uma campanha muito forte contra os colegas e suas atividades. Isso poderia minar o bom trabalho que eles têm feito para promover um relacionamento sólido com seu filho ou filha. Mas também é ingênuo pensar que o relacionamento com seus filhos ou seus laços com a família os protegerá de toda a influência negativa dos colegas. Mesmo as crianças que amam e respeitam seus pais podem se beneficiar quando os pais monitoram e estruturam as atividades sociais de seus filhos. Também vale limitar o acesso das crianças a atividades arriscadas relacionadas a colegas. Muitos pais proíbem sabiamente pré-adolescentes e adolescentes de namorar, de ir a casas de amigos se não houver pais no local ou de ir a qualquer lugar com amigos que não conheçam. Quando os filhos se tornam adolescentes, há regras familiares adicionais a serem consideradas. Aqui estão alguns exemplos:

- Não dirigir com mais de um passageiro.
- Não andar com motoristas inexperientes ou embriagados.
- Não ir a encontros românticos sozinho com alguém desconhecido dos pais.
- Não frequentar casas onde o álcool é servido a menores.

Essas regras podem ajudar, mas não garantem que seus filhos estejam protegidos da influência negativa dos colegas. Na verdade, às vezes pode ser difícil saber exatamente o que os filhos e seus amigos estão fazendo. É por isso que é importante acompanhar de perto as interações dos filhos com colegas e supervisioná-las quando possível. Os pais terão dificuldade em estabelecer regras sobre o envolvimento dos colegas se tudo o que souberem for baseado em medo ou conjectura. As pesquisas são claras ao mostrar que os jovens que se associam com colegas desviantes têm comportamento pior, mas isso é porque aqueles que se comportam mal influenciam outros jovens ou é porque aqueles que se comportam mal selecionam amigos que também se comportam mal? Os cientistas encontram embasamento para ambas as hipóteses. Eles também descobriram que, quando os pais sabem pouco sobre as atividades de seus filhos com amigos, é mais provável que os filhos estejam mais envolvidas em comportamento desviante. Isso ocorre porque os filhos são mais propensos a se comportar mal quando os pais não os supervisionam adequadamente ou é porque filhos que frequentemente se comportam mal são menos propensos a dizer aos pais o que estão fazendo ou para onde estão indo? Mais uma vez, há embasamento científico para ambas as hipóteses.

O que os pais podem fazer se seus filhos não querem que eles saibam onde estão, com quem estão ou o que estão fazendo? Os pais devem simplesmente confiar nos filhos? Quanta liberdade os pais devem dar a eles? Não podemos ser testemunhas de tudo o que nossos filhos ouvem, veem e fazem. Nem sempre saberemos quando alguém lhes oferecer cerveja, cigarros ou drogas. Nem sempre saberemos se eles foram tentados a fazer sexo. Essa falta de conhecimento pode ser assustadora. Alguns pais encontram consolo na crença de que anos sendo bons pais podem ter preparado seus filhos para fazer escolhas sábias — por conta própria. As pesquisas apoiam essa noção, especialmente se a relação pais-filho for sólida e os filhos se sentirem conectados e ouvidos por seus pais. Mas, se os pais realmente quiserem saber mais sobre as atividades relacionadas aos filhos, provavelmente terão que passar algum tempo interagindo com eles e os amigos deles. Isso pode significar abrir sua casa para pequenas hordas de crianças que jogam videogames, comem tudo que está à vista e, às vezes, danificam os móveis. Também pode significar conhecer os pais dessas outras crianças. Não tenha vergonha de conversar com os pais do melhor amigo do seu filho. Lembre-se, é preciso um esforço conjunto para criar um filho.

Considere, também, definir regras sobre manter os pais informados sobre o tempo gasto com os amigos, sobre conhecer seus amigos e os pais de seus amigos. Estabeleça uma regra de que os novos namorados estarão sujeitos a um escrutínio cuidadoso, mas cordial. Tenha uma regra sobre computadores em uma área comum e seja transparente sobre isso: explique que isso facilita o monitoramento do que eles estão fazendo no computador. Ninguém é enganado e ninguém ganha quando os pais tentam se esgueirar para reunir informações sobre as atividades de seus filhos com amigos e colegas. Seja o mais aberto e transparente possível ("Eu sei que você não gosta desta regra, mas li em algum lugar que é uma boa ideia"). Com os adolescentes, é útil você ter uma atividade semanal que o ajude a manter-se informado. As melhores atividades são divertidas e dão ao seu filho adolescente uma razão para passar tempo com você (por exemplo, ir ao seu restaurante favorito de fast-food). Considere deixar o seu filho adolescente convidar um amigo, o que pode tornar a atividade divertida para todos e aumentar as chances de aprender coisas novas sobre ele. O objetivo é ser uma presença engajada, curiosa, mas não intrusiva em suas vidas, pronta para aprender sobre eles quando lhes for dada a oportunidade.

Rituais

Os *rituais* são os sinais de pontuação da vida. Eles marcam ocasiões, sinalizam transições, nos ajudam a gerenciar emoções fortes que acompanham grandes eventos e nos lembram do que é realmente importante. Quase todos os rituais — aniversários, formaturas, casamentos, funerais — vêm com roteiros que nos guiam por esses eventos significativos e muitas vezes comoventes. Mas eles também podem ser usados para promover o senso de aceitação ou pertencimento de um filho. Se as regras são "ordens permanentes" para como os filhos devem se comportar, então os rituais são "convites permanentes" para que eles façam parte da família. Alguns pais têm dificuldade em passar uma mensagem consistente de aceitação. Talvez eles não sejam muito calorosos ou talvez seus filhos não cooperem. Talvez existam fatores de estresse significativos na vida (questões de dinheiro, problemas de trabalho, doenças familiares) que atrapalhem a entrega de uma mensagem de aceitação. Os rituais são uma maneira prática de fortalecer o relacionamento entre pais e filhos e fazer com que os filhos se sintam amados, mesmo quando os pais não estão se sentindo muito amorosos.

Pequenos e grandes rituais

Os rituais familiares não precisam ser grandiosos ou elaborados para serem úteis. Algumas famílias incorporam rituais simples em sua rotina diária ou semanal. A hora do jantar, a hora de dormir, os passeios de carro e as idas ao supermercado são oportunidades para um *pequeno ritual* que torna a atividade um pouco mais divertida e especial. Exemplos incluem dar dois abraços e um beijo todos os dias antes de as crianças entrarem no ônibus escolar, desenhar rabiscos na embalagem do lanche das crianças ou ler um livro antes de dormir. Geralmente é mais fácil estabelecer rituais quando os filhos são mais jovens, mas mesmo os adolescentes podem entrar no espírito de um divertido ritual familiar. Um bom exemplo de um pequeno ritual é a hora do jantar. Algumas famílias aproveitam o jantar como um momento em que todos contam como foi o seu dia ou como a sua semana está indo. Algumas famílias compartilham pontos altos e baixos no seu dia. Outras se revezam fazendo uma oração antes da refeição. Claro, muitas vezes pode ser difícil encontrar um momento em que todos possam se sentar juntos para uma refeição. Se for esse o caso, então o ritual pode ser a razão para a família se reunir. Exemplos incluem uma noite de fazer sua própria pizza, noite de cinema em família, noite de fast-food ou noite de jogos em família.

Destaque de Pesquisa

Estudos mostraram que as famílias que jantam juntas têm filhos que se saem melhor academicamente, têm taxas mais baixas de depressão e ansiedade, usam menos substâncias, têm menor risco de gravidez na adolescência e desfrutam de níveis mais altos de autoestima e resiliência. Há também evidências de que, para famílias em que um dos pais sofre de alcoolismo, manter rituais familiares pode reduzir a probabilidade de seus filhos desenvolverem problemas com bebidas (Wolin et al., 1988).

Ironicamente, um dos rituais familiares mais valiosos não envolve os filhos, pelo menos não diretamente. Estamos nos referindo a oportunidades regulares e previsíveis para os pais fazerem uma pequena pausa na responsabilidade e no peso emocional da criação dos filhos. Em nossa experiência, esse tipo de pequeno ritual pode beneficiar toda a família. É uma maneira confiável de melhorar a saúde e o bem-estar dos pais, é uma estratégia eficaz para manter um limite geracional firme e pode ser incorporada à rotina semanal ou mensal de uma família. Simplesmente saber que há uma pausa regularmente programada da tarefa de criar os filhos pode ser um grande impulso para o moral dos pais. Quando eles aproveitam breves pausas programadas, reduzem o risco de esgotamento e criam uma maneira confiável de renovar sua energia, força e comprometimento. E, ao se separarem regular e brevemente dos filhos, os pais e as mães enviam uma mensagem clara sobre seu papel como líderes da família e sobre a importância de sua própria saúde e bem-estar.

Infelizmente, este presente incrível para o funcionamento da família é muitas vezes esquecido pelos pais que o veem como desnecessário ou inacessível. Alguns pais esperam até que estejam no limite antes de fazer uma pausa no cotidiano da criação; outros esperam por uma pausa mais longa e especial, como uma viagem de férias planejada para o ano seguinte. Os pais que não fazem pausas curtas (1–3 horas) regularmente programadas são menos propensos a conhecer e apreciar seu valor incrível. O valor real dessas pausas não é ser uma solução para o esgotamento dos pais causado pela criação dos filhos, mas ser uma ferramenta para evitar tal esgotamento. Os pais que fazem pausas breves e regulares não estão esperando que seu "tanque" fique vazio antes de pararem e reabastecerem.

Para ser justo, alguns pais gostariam de fazer pausas regulares, mas acham que essas pausas são difíceis de fazer logística ou financeiramente. Os obstáculos podem ser reais, significativos e numerosos. Exemplos incluem a necessidade de cuidados infantis, o custo de fazer o que está planejado (por exemplo, jantar) e o desafio de encontrar um dia e hora viáveis para uma pausa. Como terapeutas, pensamos com os pais sobre maneiras breves, gratuitas ou de baixo custo de fazer uma pausa na criação dos filhos. Alguns se juntam a uma "cooperativa" de pais, na qual compartilham as responsabilidades de cuidar dos filhos com outros pais que eles conhecem e em quem confiam. Outras opções de baixo custo para pausas para pais incluem ligar para um amigo, sentar-se calmamente com um livro ou dar um passeio no parque. Outras barreiras são mais emocionais e incluem sentir-se culpado por se separar brevemente dos filhos ou se preocupar que eles não estarão seguros se deixados sob os cuidados de outra pessoa. Se os pais puderem contornar esses obstáculos e colocar em sua agenda (todas as semanas ou meses) uma pequena pausa na criação dos filhos, eles terão criado um recurso rico que pode ajudá-los por anos.

Os *rituais grandes* tiram as famílias de sua rotina e devem ser especiais. Esses rituais são menos frequentes e mais formais do que os pequenos e são, normalmente, usados para marcar transições ou realizações importantes. Aniversários, casamentos, funerais e formaturas são ocasiões comuns para grandes rituais, assim como feriados religiosos e seculares e reuniões familiares Esses eventos, geralmente, trazem emoções fortes e um pouco de incerteza sobre o que acontecerá durante o evento ou o que isso pode significar para o futuro da família. Os grandes rituais, geralmente, têm um padrão ou roteiro que os participantes devem seguir, e esses roteiros ajudam a nos guiar por meio de todos os sentimentos que muitas vezes vêm com tais rituais. Por exemplo, a alegria de ver o filho se casar é muitas vezes uma mistura de ansiedade sobre como agir durante a cerimônia, alegria pelo amor que está sendo compartilhado e medo pelo futuro do filho. Os pais também podem sentir-se tristes ou nostálgicos quando veem seu filho crescido e seguindo o próprio caminho. Felizmente, as cerimônias de casamento, como outros rituais importantes, vêm com conhecimento compartilhado e expectativas sobre o papel de todos, o que nos ajuda a passar por elas enquanto sentimos todas as sensações.

Começar ou ajustar um ritual familiar

Algumas famílias têm rituais bem estabelecidos e que devem ser valorizados e preservados. Em outras famílias, os rituais são escassos ou não funcionam bem. Mudar ou criar um ritual familiar pode exigir um pouco de planejamento e criatividade (ou empréstimos criativos). Descobrimos que as famílias ficam felizes em falar sobre seus rituais favoritos, então considere perguntar por aí para obter algumas ideias que possam funcionar para sua família. O que importa para o sucesso de um ritual familiar é se ele ajuda os seus filhos a se sentirem valorizados e as famílias a se sentirem como uma família. Os pais devem ter esses objetivos em mente ao planejar um novo ritual. Por exemplo, se a sua família gosta de comemorar aniversários, pense em atividades que ajudem a transmitir ao aniversariante uma mensagem sincera de amor e pertencimento. Isso pode significar um bilhete manuscrito personalizado, seu tipo favorito de bolo ou um brinde especial durante uma refeição de aniversário.

Alguns rituais familiares são assuntos elaborados que custam muito tempo e dinheiro, mas não fornecem aos filhos uma mensagem de aceitação ou uma sensação de coesão. Na verdade, não é incomum que os pais fiquem irritados e cansados depois de todo o planejamento e preparação. Quando isso acontece, parte da alegria que vem com esses momentos especiais é perdida. Na verdade, não é incomum que grandes rituais deixem alguns membros da família arrependidos de terem participado. Aproveitar o potencial de um ritual familiar exigirá algum planejamento, bem como uma certa disposição para assumir um risco e tentar algo novo. Isso não deve ser um problema se pai e mãe estiverem confortáveis no papel de líderes da família, mas alguns podem se recusar a iniciar um novo ritual porque temem retrocessos.

Ponto de vista da Lauren

Reserve um momento para listar todos os pequenos rituais da sua família. Peça a outras pessoas da família que verifiquem a sua lista. Se você espera fazer novos rituais, desenvolva algumas ideias com seu filho (esse processo pode ajudar a aumentar a adesão de um adolescente). Em seguida, faça uma lista dos grandes rituais que a sua família faz. Considere, para cada um desses rituais, o que funcionou e se há coisas que não funcionaram. Quão bem os seus rituais familiares promovem sentimentos de aceitação e conexão? Concentre-se em maneiras de torná-los mais agradáveis e sustentáveis.

Por exemplo, todos os anos, nos Estados Unidos, grandes quantidades de comida são preparadas e as casas são abertas para visitas de familiares e amigos para celebrar o Dia de Ação de Graças. O que faz um feriado de Ação de Graças ser "bem-sucedido"? Alguns podem apontar para a qualidade ou quantidade de comida que comem, mas suspeitamos que a maioria diria que é uma chance (a) de agradecer pelo que têm e (b) de visitar amigos e familiares. Se isso for verdade, então a próxima pergunta é quanto tempo deve ser dedicado a esses aspectos importantes do Dia de Ação de Graças?

Suspeitamos que, em muitos lares, um planejamento muito pequeno seja feito nessas frentes. Compare isso com o tempo gasto na preparação de alimentos e bebidas. Como resultado, o que geralmente acontece é que os visitantes são recebidos, todos comem o suficiente, alguns bebem demais e depois todos vão embora. Claro, algumas famílias consideram o Dia de Ação de Graças um sucesso quando ninguém se machuca e a polícia não é chamada! Mas e se agradecer e se reconectar com os outros fossem as principais prioridades do dia? Como isso mudaria a aparência e a estrutura das reuniões de Ação de Graças? Muitas famílias têm tradições criativas e memoráveis que fazem parte de cada Dia de Ação de Graças: um jogo de futebol anual, um quebra-cabeça de um dia inteiro, um jantar com o prato favorito de todos ou uma longa caminhada em família após o jantar. Determinadas famílias valorizam especialmente os agradecimentos antes que todos ataquem o peru assado. Em algumas famílias, todos — adultos e crianças — são convidados a dizer pelo que são gratos. Outras literalmente partem o pão juntas, passando um pedaço de pão do qual cada pessoa tira um pedaço enquanto agradece.

Aqui está uma lista de sugestões que você pode usar ao mudar ou criar rituais familiares. Considere seus próprios rituais ou encontre novos para priorizar para a sua família.

Guia "Faça Você Mesmo" para rituais familiares

- Os rituais são uma oportunidade para os filhos se sentirem aceitos pelos pais e para as famílias se sentirem como uma família.
- Os rituais são (a) maneiras especiais pelas quais as famílias fazem coisas comuns (como hora de comer ou de dormir) ou (b) maneiras especiais de marcar eventos que só acontecem uma vez por ano ou menos (como formaturas ou casamentos).
- Mudar um ritual familiar ou começar um novo pode parecer estranho, mas também pode ser divertido. Experimente um novo ritual antes de decidir mantê-lo.
- Converse com outras famílias sobre os seus rituais e pegue emprestado o que quiser.
- *Qualquer* ritual, não importa quão pequeno, pode ser um sucesso se o tom ou o humor for caloroso e agradável. Como pai ou mãe, é sua tarefa definir esse tom. Como os membros da família tratam uns aos outros durante um ritual é a atividade mais importante.
- *Qualquer* ritual, não importa quão grande ou extravagante, pode ser um fracasso se o clima for frio ou hostil. Não trabalhe muito duro em um grande ritual se ele for parecer um grande desastre para todos. É melhor mantê-lo pequeno, significativo e positivo.
- Não comece muitos rituais. Os melhores rituais se encaixam na sua agenda e não são muito difíceis de manter.
- Tenha estas perguntas em mente ao mudar ou criar um ritual familiar:
    - Qual é o foco ou atividade deste ritual (por exemplo, hora de dormir, aniversários, fazer e comer tacos?)

(Continua) ›

(Continuação)

- Quem faz o que e quando neste ritual?
- Com que frequência esse ritual ocorrerá (por exemplo, diariamente, semanalmente, mensalmente, anualmente)?
- Existe um nome para esse ritual?
- Que parte deste ritual promove a aceitação?
- Que parte deste ritual promove a coesão familiar?
- O que posso fazer ou dizer para tornar este ritual especial e positivo? O que eu quero que este ritual signifique para o meu filho e para a minha família?

Reuniões de família

Um tipo de ritual familiar que é raramente usado, mas é especialmente útil, é a *reunião familiar*. Nem todas as famílias têm reuniões, mas quase todas as famílias podem se beneficiar delas. Como terapeutas familiares, guiamos os pais durante sua primeira reunião familiar, muitas vezes realizada enquanto estávamos presentes em uma sessão de terapia. Organizar e liderar uma reunião de família pode fazer com que alguns pais e mães se sintam desconfortáveis. Significa estar na frente e no centro como líder da família. No entanto, não é hora de os pais serem mandões. Reuniões bem administradas envolvem todos os participantes, buscam a contribuição de todos e produzem um resultado que todos podem endossar. As reuniões de família são particularmente úteis quando as apostas são altas, como planejar férias em família, discutir uma mudança para uma nova casa ou uma comunidade diferente, compartilhar notícias sobre o novo emprego ou horário de trabalho dos pais ou informar aos filhos que seus pais estão planejando se separar ou se divorciar. De certa forma, o propósito da reunião de família é menos importante do que a reunião em si. Imagine convocar uma reunião de família, cumprimentar a todos no início, compartilhar o motivo da reunião, pedir a contribuição de todos e, em seguida, terminar com uma decisão compartilhada sobre os próximos passos. O que significaria para a sua família se você organizasse tal reunião, onde todos se sentissem ouvidos e dedicados com relação ao resultado? Para nós, seria a sensação de uma família!

Reuniões de família

- Decida o objetivo principal da reunião (pense pequeno).
- Decida quanto tempo será necessário e agende de acordo com essa duração estimada.
- Crie uma atmosfera positiva (por exemplo, com lanches, refrigerantes).
- Defina as regras básicas para se comunicar, inclusive para falar (Quanto tempo? Como você sabe quem tem a palavra?) e ouvir (Sem interromper. Revezem-se. O pai ou mãe apresenta um resumo).
- Siga estas etapas de resolução de problemas:
  - Definir o problema.
  - Gerar soluções (pensamento coletivo).
  - Avaliar as possíveis soluções.
  - Escolher uma solução para tentar.
  - Decidir como sua família determinará se a solução funcionou.

DEVER DE CASA: ESTRUTURA

A estrutura de uma família é a maneira como seus membros vivem juntos e como eles se relacionam uns com os outros e com aqueles de fora. Neste capítulo, discutimos como os 4 Rs — Rotinas, Responsabilidades, Regras e Rituais — tornam a criação dos filhos eficiente e servem para amortecer a criação contra o estresse e a agitação.

- Reserve um tempo para rever os materiais e orientações incluídas neste capítulo.
- Pense cuidadosamente em maneiras de estabelecer rotinas, responsabilidades, regras e rituais mais eficazes em sua família.
- Pratique agendar e executar uma reunião de família.

CAPÍTULO 5

ACEITAR:

MENOS É MAIS

Nosso modelo holístico e de longo prazo de criação de filhos combina aspectos que apoiam e são *fundamentais* para o relacionamento pais-filho — Metas, Saúde e Estrutura — com recursos *essenciais* para que esse relacionamento seja saudável e forte. Os três "ingredientes" essenciais são a capacidade dos pais de Aceitar, Conter e Liderar. Abordamos cada um separadamente, mas é importante ter em mente que esses três convergem em um único todo — uma relação pais-filho capaz de orientar seu filho para se tornar um adulto saudável e produtivo.

Ponto de vista do Tim

Eu cresci no sul da Luisiana, onde há dois usos para o termo "santa trindade". Um é o tipo que você aprende na escola católica. O outro é o apelido de aipo, cebola e pimentão - três ingredientes adicionados a um roux ao cozinhar gumbo ou qualquer outro prato Cajun. Aqui está mais uma versão da santa trindade - três ingredientes essenciais que compõem um relacionamento saudável entre pais e filhos: Aceitar, Conter e Liderar.

Os pais precisam de uma maneira prática e sustentável de combinar todas as três condições de relacionamento. Há uma tendência, quando os filhos são difíceis ou determinados, a ir e voltar entre disciplina excessivamente rigorosa e ampla permissividade, tendo em vista que os pais tentam o primeiro, mas depois desistem e mudam para o último quando já estão cansados ou frustrados. Nenhuma das abordagens é particularmente útil. A boa notícia é que os pais que aceitam, contêm *e* lideram criam um caminho mais saudável e adaptável para o crescimento e desenvolvimento de seus filhos. Então, vamos primeiro aprender sobre aceitação.

Este capítulo tem como objetivo ajudá-lo a

- aprender o que significa aceitar seus filhos,
- entender por que isso é importante, e
- aprender a adotar uma postura de aceitação.

O MODO PADRÃO DE CRIAÇÃO DOS FILHOS

Aceitar é transmitir uma mensagem de pertencimento. Quando colocada em palavras, a mensagem soa assim: "Você é meu filho e parte desta família. O que você pensa, sente e faz não vai mudar isso." Embora estejam relacionados, aceitar não é o mesmo que amar o seu filho. A principal diferença é que o amor é muito maior e multifacetado. Tudo o que você faz pelos seus filhos é feito porque você os ama: estabelecer regras, alimentá-los com café da manhã, colocá-los de castigo, verificar suas notas escolares ou levá-los ao médico. Estas são maneiras de mostrar o seu amor por eles. Sabemos disso e vocês também, mas os filhos não conseguem enxergar e saber disso com facilidade. Assim, os pais também precisam mostrar aceitação — intencional, sincera e repetidamente.

O que significa para os filhos serem aceitos? Responderemos a esta pergunta com uma pergunta: Como é ser seu filho? Você acha que os seus filhos demonstram os sentimentos abertamente? Eles partilham os seus pensamentos com você? Eles parecem relaxados e confortáveis ao seu redor, ou parecem cautelosos, ou relutantes em falar muito? Eles precisam fazer uma pausa e ficam preocupados se o que estão prestes a dizer ou fazer será tranquilo para você? Filhos que se sentem aceitos são mais propensos a compartilhar seus pensamentos, opiniões e emoções com os pais. Eles se sentem confortáveis consigo e livres para mostrar o seu verdadeiro eu ao redor dos pais e dos outros. É claro que alguns são naturalmente tímidos e inibidos, e é improvável que compartilhem muito de si, mesmo quando se sentem seguros e aceitos. Para esses filhos, é útil pensar em termos relativos — como eles se sentem aceitos por seus pais em comparação com outros adultos.

O que "aceitar" significa para os pais? Pode significar pelo menos três coisas. Primeiro, significa reservar tempo e fazer um esforço para conhecer os filhos como eles realmente são. Em segundo lugar, significa acreditar, amar e valorizar o filho como um todo — personalidade, sentimentos, peculiaridades, paixões, sonhos, talentos, limitações, tendências irritantes, medos e assim por diante. É não ser exigente com as partes que você aceita. Em terceiro lugar, significa entregar uma mensagem consistente de pertencimento e fazer um esforço persistente para entender. Desta forma, os filhos têm poucas dúvidas sobre seu lugar com você. Idealmente, aceitar se tornará o seu modo padrão de criação de filhos, o que você usará rotineiramente, na maioria das vezes, quando não estiver fazendo uma tarefa específica, como alimentar, consertar ou agitar.

Uma mensagem de pertencimento é melhor entregue de forma sincera e consistente. O que isso significa? Se você pensou: "Ouvir bastante?", acertou. Os pais geralmente são pessoas ocupadas gerenciando várias tarefas, portanto, voltar-se para os filhos, concentrando-se neles, apenas neles, e simplesmente estar *com* eles, mesmo que por um curto período, pode ser um desafio. Mas não precisa ser nada grande ou elaborado. Na verdade, uma característica fundamental da aceitação é que *menos é mais*. Na verdade, ir aos poucos e mover-se lentamente em seu esforço para aceitar pode torná-lo ainda mais poderoso. Para ajudá-lo a entender esse conceito bastante elusivo de aceitação, oferecemos a seguinte fábula. É brega, mas ilustra bem o que significa agir a partir de uma posição de aceitação.

A História da Pequena Guaxinim e a Árvore em Pé

A Árvore em Pé ouviu Roxie, a pequena guaxinim, chorar bem antes de vê-la. Era um lamento triste e sofrido, que puxava as raízes da Árvore em Pé, raízes enterradas nas profundezas da terra. Ela também estava surpresa com o quão pequena Roxie era, pequena demais para carregar tanta tristeza, ela pensou.

— Pequena guaxinim — disse a Árvore em Pé, gentilmente —, você é muito pequena, mas muito triste.

Roxie olhou para a árvore imponente e disse:

— Eu *estou* triste, pois não tenho mãe. Ela foi morta pelo Lobo Cinzento que vive na floresta ao lado.

O coração de Árvore em Pé se compadeceu de Roxie. Ela sentiu o peso de seu luto e disse:

— Você é tão jovem e tão triste porque não tem mãe. Agora sei por que você estava chorando.

— Desculpe-me. Eu fiz muito barulho? Vou seguir em frente se o meu choro te incomodar.

(Continua) ›

(Continuação)

A História da Pequena Guaxinim e a Árvore em Pé

— Não precisa ir embora, pequenina — disse Árvore em Pé com sua voz mais suave. — Chorar é o que você faz quando o seu coração está partido. Além disso, sou um carvalho alto que passou por muitos problemas; compreendo a tristeza e o choro. Então, não tenha pressa. Estarei aqui se precisar de mim.

Roxie chorou por muito tempo e depois adormeceu, encolhida ao lado de Árvore em Pé.

Na manhã seguinte, Roxie acordou e viu que a Árvore em Pé estava por perto, como havia prometido.

Roxie olhou para cima e disse:

— Olá. Eu não te disse o meu nome. É Roxie.

— Olá, sou a Árvore em Pé.

— Obrigada por me deixar ficar. Fico sozinha e assustada sem a minha mãe. Quem me dera que ela estivesse aqui.

— Você sente falta dela e gostaria que ela estivesse aqui com você agora, para não se sentir assustada e sozinha.

— Isso mesmo — respondeu Roxie. — Se ela estivesse aqui, correríamos, escalaríamos e pescaríamos peixinhos. E ela me abraçaria e diria que está tudo bem.

— Sim, é isso que as mães fazem. Lamento que a sua mãe tenha partido. O que você vai fazer agora?

— Espero encontrar uma nova mãe, alguém que possa fazer todas as coisas que a minha mãe fazia. Então eu nunca me sentirei solitária, triste ou assustada.

A Árvore em Pé não disse nada. Ela olhou melancolicamente nos olhos de Roxie e percebeu o que a pequena guaxinim estava pensando.

De repente, Roxie anunciou:

— Acho que vou pedir à Ursa Parda para ser minha mãe. Ela vive numa bela caverna quente, e tem muito mel doce.

A Árvore em Pé desejou o melhor a Roxie e observou enquanto ela se dirigia para encontrar a Ursa Parda.

Quando chegou à caverna da Ursa Parda, Roxie se inclinou e cumprimentou-a. A Ursa Parda a convidou a entrar, dizendo:

— Eu te conheço. Você é Roxie, a pequena guaxinim que perdeu a mãe.

— Isso mesmo — respondeu Roxie. — Posso, por favor, morar aqui com você?

A Ursa Parda era uma criatura carinhosa que rapidamente respondeu:

(Continua)

(Continuação) ▾

A História da Pequena Guaxinim e a Árvore em Pé

— Mas é claro que você pode morar aqui. Minha caverna é segura e quente, e eu tenho bastante mel. Podemos estar seguras e aquecidas juntas, e você nunca mais precisará ficar triste.

Roxie se sentia segura e aquecida na caverna da Ursa Parda. Mas a Ursa Parda também era muito protetora. Todos os dias ela avisava Roxie sobre o Lobo Cinzento, o Leão faminto e o rio perigoso, dizendo:

— Você nunca sabe o que pode acontecer. Fique aqui comigo. Você pode estar em segurança e nunca mais se sentirá triste, solitária ou assustada.

Roxie estava agradecida pela bondade da Ursa Parda, mas sentiu que não poderia ficar. Ela não tinha certeza para onde iria na manhã seguinte, quando saiu da caverna da Ursa Parda, mas continuou andando, perdida em sua tristeza e desejando a mãe. Ela logo chegou ao local onde conheceu a Árvore em Pé. Ela sorriu, lembrando-se de como o imponente carvalho havia dito que estaria tudo bem se Roxie se sentisse triste ou chorasse.

— Olá, sou eu, Roxie!

— Ora, se não é você. Olá, Roxie! Como está a Ursa Parda?

— Ela é muito simpática e me manteve segura e me alimentou com mel doce, mas... Não sei... Quero correr, escalar e pescar peixinhos. Acho que preciso de uma mãe diferente.

— Lamento que as coisas não tenham dado certo. O que você vai fazer agora? — perguntou Árvore em Pé suavemente.

Roxie pensou por um tempo e disse:

— Eu gosto de brincar junto ao rio. Acho que vou pedir à Castora Ocupada para ser minha mãe.

A Árvore em Pé esperava que a pequena guaxinim encontrasse o que estava procurando. Ela lhe desejou o melhor e a observou marchar animada em direção ao rio e à casa da Castora Ocupada. A Castora Ocupada deu as boas-vindas a Roxie, dizendo animadamente:

— Seria ótimo ter você aqui. Quanto mais, melhor, eu digo! Na verdade, você pode começar imediatamente ajudando a construir a nossa barragem.

Roxie adorava estar ao ar livre e gostava de aprender a juntar ramos e galhos. Ela se orgulhava de ajudar a construir a barragem, que agora estava bastante grande. Na verdade, Roxie se perguntou quando elas teriam tempo para brincar.

Ela se aproximou da Castora Ocupada e perguntou:

— A represa está grande o suficiente para termos um feriado?

A Castora Ocupada riu e disse:

— Pobre menina. Há muito trabalho a ser feito. Nunca teremos a maior barragem do rio se desperdiçarmos nosso tempo brincando.

(Continua) ▸

(Continuação)

A História da Pequena Guaxinim e a Árvore em Pé

Na manhã seguinte, Roxie saiu da toca dos castores e se dirigiu para o local onde sabia que encontraria a Árvore em Pé. Roxie sentiu-se atraída de alguma forma pelo pé do reconfortante carvalho.

A Árvore em Pé olhou docemente para a pequena guaxinim e lentamente ergueu seus galhos, apenas o suficiente para deixar Roxie saber que ela estava segura e era bem-vinda. A Árvore em Pé permaneceu em silêncio e sorriu. Roxie soltou um suspiro pesado e se deitou ao lado dela.

Nenhuma das duas falou por muito tempo. Estava tudo tranquilo, pacífico, e parecia certo para Roxie. Ela finalmente tinha encontrado sua nova mãe.

Ponto de vista do Tim

Meus pacientes me escutam dizer: "Somos o que praticamos." É um lembrete de que as dificuldades psicológicas são, muitas vezes, o resultado da *prática* de comportamentos que não nos são úteis (por exemplo, evitar ou suprimir nossos sentimentos). É também um lembrete de que os benefícios da terapia vêm de aprender e *praticar* maneiras novas, diferentes e mais adaptativas de se comportar. Para alguns, isso é como aprender a tocar um instrumento musical ou aprender um novo idioma; exigirá prática ao longo do tempo.

Esta curta fábula ilustra uma maneira distinta de interagir com uma criança. O tema central da fábula era a capacidade de Árvore em Pé permanecer imóvel e aceitar, mesmo ao discutir os aspectos desagradáveis da situação de Roxie que levariam a maioria dos adultos a tentar consertar ou ajudar. A Árvore em Pé permaneceu presente de uma maneira que transmitia aceitação, ao mesmo tempo em que mantinha um certo nível de respeito e distância, emocional e psicologicamente. A imagem de uma árvore ajuda a enfatizar que menos é mais quando se trata de aceitação dos pais. Nossa esperança é que esta curta fábula o ajude a apreciar esse aspecto fundamental.

APRENDER A ACEITAR

Algumas maneiras pelas quais os pais transmitem aceitação são fáceis de aprender e relativamente fáceis de colocar em prática; outras são mais complicadas. Mas *tudo* pode ser aprendido, se praticado. As seções a seguir detalham as características importantes de formas simples versus formas mais complicadas de aceitação dos pais e fornecem exemplos de cada uma.

Ponto de vista da Lauren

Quando estou reclamando de algo, digamos, um mal-entendido constrangedor ou alguma política irritante do meu banco, amigos e entes queridos às vezes respondem com comentários como "Você tentou isso?" ou "Por que você não fez isso?" Suas respostas imediatas para *consertar* o meu problema podem vir de uma boa intenção, mas na verdade me faz sentir mais frustrada. Às vezes, eu só quero que alguém ouça e entenda. Sou bem capaz de me ajustar, me adaptar e me desculpar, mas preciso me sentir *ouvida* antes de seguir em frente. Isso também pode valer para os nossos filhos. Da mesma forma, quando estamos verdadeiramente presentes e abertos para ouvir nossos filhos, nós os capacitamos e fornecemos a eles um "espaço" seguro para que compartilhem seus pensamentos e sentimentos. Não subestime o poder de ficar quieto e simplesmente ouvir. Lembre-se, menos é mais.

Formas Simples de Aceitação

Maneiras simples de transmitir uma mensagem de pertencimento aos seus filhos incluem ficar quieto, ouvir e acompanhar, usar expressões faciais, descrever o que você vê e repetir ou parafrasear. Descrevemos cada uma a seguir.

Ficar parado e quieto

Por mais estranho que pareça, a maneira mais simples de transmitir uma mensagem de pertencimento é fazer muito pouco. Se você é um pai ou mãe fortemente dedicado ao cuidado e à gestão do seu filho, pode ser difícil reduzir a intensidade da sua criação. A criação dos filhos muito ativa pode fazer você se sentir melhor, mas, para os filhos, às vezes, pode ser limitante ou até mesmo invalidante. Uma alternativa útil é simplesmente ficar parado e quieto. Pode parecer que você não está fazendo nada, mas, por dentro, não vai haver a sensação de não fazer nada. E a sua presença tranquila certamente não será vista como nada para o seu filho ou filha. Na verdade, seus filhos podem querer uma explicação se não estiverem acostumados a passar um tempo com você. É fácil tornar o momento menos estranho. Você pode ler uma revista enquanto se senta nas proximidades, ou pode confessar estar curioso sobre eles: "Eu só quero passar um tempo com você. Talvez eu aprenda algo que não sei, como por que você gosta deste programa de TV."

Ouvir e acompanhar

A próxima opção envolve uma mensagem mais aberta de pertencimento. Ela envolve ouvir e acompanhar seu filho — momento a momento — rastreando o que é dito ou feito e o que ele pode estar pensando ou sentindo. Com esta opção, você investe mais plenamente neste momento com o seu filho. E, juntando-se aos filhos, em seu mundo, os pais aprendem e passam a apreciá-los como eles são. Simplesmente, não há melhor maneira de transmitir uma mensagem de aceitação aos filhos do que passar tempo ouvindo e acompanhando.

Ponto de vista da Lauren

Pode ser confuso quando os filhos estão chateados com coisas que não achamos que deveriam incomodá-los. Mas devemos ter cuidado ao tentar explicar ou dar sentido às emoções deles. Nós os ajudamos mais quando trabalhamos para entender o *que* eles sentem e não *por que* eles sentem.

Usar expressões faciais

Há muitas maneiras de melhorar o tempo que você reserva para ouvir e acompanhar seus filhos. Uma maneira de mostrar que está atento e acompanha o que eles estão fazendo e dizendo é através das expressões faciais. Tente corresponder emocionalmente ao que está acontecendo ou ao que eles estão falando. Isso requer desligar o telefone ou parar o que estiver fazendo e olhar para os seus filhos enquanto falam. O resto exige que você apenas ouça e tente ter empatia com o que eles sentem.

Descrever o que você vê

Outra estratégia é descrever o que você vê o seu filho fazendo. É como ser o locutor ao vivo em um jogo de futebol: você simplesmente descreve o que está acontecendo. Desta forma, os filhos sabem que você está realmente prestando atenção. Aqui estão alguns exemplos:

- "Você está usando o lápis de cor rosa para colorir o seu dragão."
- "Parece que você está fazendo frações no dever de casa de matemática."
- "Você deve gostar muito deste programa! Você está rindo tanto."

Papagaiar ou parafrasear

Você também pode demonstrar aceitação ouvindo e repetindo palavra por palavra o que o seu filho está dizendo (papagaiando). Papagaiar é uma das habilidades usadas na *escuta reflexiva*, uma ferramenta básica para a construção de relacionamentos. A escuta é "reflexiva" na medida em que você é como um espelho, refletindo o que o seu filho acabou de dizer. Isso é útil porque os filhos podem duvidar se você está realmente ouvindo, mas haverá pouca dúvida se eles o ouvirem repetir as suas palavras. Aqui está um exemplo:

Filho(a): A escola é um saco e o Sr. Pinkerton é um idiota. Por que ele tinha que ser meu professor?

Você: A Escola é um saco e o Sr. Pinkerton é um idiota. Por que ele *tinha* que ser seu professor?

Narrar os acontecimentos e repetir como um papagaio parecerá estranho e mecânico no início, mas, com o tempo, seus filhos apreciarão seus esforços para ouvi-los e conhecê-los. Torne isso menos estranho repetindo apenas parte do que foi dito. Aqui estão alguns exemplos:

Filho(a): A escola é um saco e o Sr. Pinkerton é um idiota. Por que ele tinha que ser meu professor?

Você: A escola é um saco. ***ou***

O Sr. Pinkerton é um idiota. ***ou***

Por que ele tinha que ser seu professor?

Uma maneira ainda melhor de evitar a estranheza de papagaiar é *parafrasear* o que seu filho diz. Em vez de repetir o seu filho na íntegra, use suas próprias palavras para devolver o que ouviu (ou pensou que ouviu). Aqui está um exemplo:

Filho(a): A escola é um saco e o Sr. Pinkerton é um idiota. Por que ele tinha que ser meu professor?

Você: Você odeia a escola e gostaria de nunca ter sido colocado na classe do Sr. Pinkerton. ***ou***

Então, hoje *não* foi um bom dia na escola.

Formas Mais Complexas de Aceitação

Há também formas mais avançadas de transmitir aceitação, como resumir, rotular sentimentos, afirmar e admirar, fornecer carinho e afeto e se envolver em brincadeiras entre pais e filhos. Algumas são maneiras um pouco mais complexas de mostrar que você está prestando atenção, e outras adotam uma abordagem diferente para transmitir uma mensagem de pertencimento. Estas são descritas a seguir.

Resumir

Resumir periodicamente o que você vê os seus filhos fazendo é uma ótima maneira de mostrar que está prestando atenção e tentando compreendê-los. Não é uma habilidade difícil de usar; só é difícil lembrar-se de usá-la. Aqui estão alguns exemplos:

- "Percebi que você quase nunca fala com seus amigos ao telefone; acho que prefere trocar mensagens de texto."
- "Você costuma fazer tarefas de matemática antes das de soletrar."
- "Percebi que você se senta nesta cadeira quando assiste à TV."
- "Quando os seus amigos estão aqui, você joga *Call of Duty*. Mas quando está sozinho, joga outros jogos."

Você também pode resumir o que o seu filho *diz*. Resumir é particularmente valioso ao ouvir seus filhos contarem uma história ou explicarem um problema que é longo, complicado ou dramático. Mais uma vez, resumir não é algo difícil de fazer; só é difícil lembrar de fazê-lo. Aqui está um exemplo de um pai que parafraseia e depois resume no final:

Filho(a): A escola é um saco e o Sr. Pinkerton é um idiota. Por que ele tinha que ser meu professor?

Você: Então, não foi um bom dia na escola.

Filho(a): Não. De jeito nenhum! Qual é o problema do Sr. Pinkerton? Por que é que ele é tão idiota?

Você: Você não gosta *mesmo* dele.

Filho(a): Ele é rude, tem favoritos, e implica comigo. Não me pergunte o porquê.

Você: Isso não parece nada legal.

Filho(a): Não, não é. Tenho que ir para a escola amanhã? Odeio a escola!

Você: Uau. Deixe-me ver se entendi tudo: Você não gosta do Sr. Pinkerton, não gosta da forma como ele trata os alunos, e agora odeia a escola e não quer mais ir.

Rotular sentimentos

Uma maneira mais avançada de mostrar que você está ouvindo e tentando entender é procurar rotular os sentimentos do seu filho. Há várias vantagens em fazer isso; por enquanto, a questão é que isso pode mostrar o quanto está acompanhando e tentando entendê-lo. Mas seus rótulos devem ser muito cautelosos, meros palpites baseados em experiências que podem estar certos ou errados. E não é tão importante se você está certo ou errado. O principal é que você está ouvindo, prestando atenção e tentando conhecer os seus filhos. Aqui estão exemplos de pais que rotulam os sentimentos de seus filhos:

- "Você acha engraçado que eu digite tão devagar!"
- "Você está bravo porque não conseguiu resolver o último problema de matemática."
- "Você parece triste. Está com saudades dos seus amigos?"
- "Você parecia nervoso ao entrar no consultório do dentista."

Afirmar e admirar

Quando usadas de forma consistente e sincera, a afirmação e a admiração são ótimas para mostrar aos filhos que eles são valorizados e pertencem plenamente à família. Aqui estão exemplos de pais que usam afirmação ou admiração:

- "Você é incrivelmente rápido com as suas mensagens de texto!"
- "Estou muito orgulhoso de quanto você está se esforçando em matemática."
- "É divertido ver você rindo das coisas engraçadas desse programa de TV."
- "É muito legal da sua parte brincar com o seu irmão mais novo."

- "Sabe, você é muito educado quando fala com adultos que não conhece."

Carinho e afeto

Abraços, um tapinha no ombro, um beijo na cabeça, ou deitar e folhear uma revista juntos são maneiras úteis de dizer: "Você é importante para mim." É claro que nem todos os pais são calorosos, e nem todos os filhos querem que os pais sejam assim. Há também momentos em que você não sente vontade de abraçar ou beijar seus filhos. Esse é certamente o caso quando os filhos estão sendo desafiadores e desrespeitosos ou ferindo os outros e quebrando coisas. Ainda assim, calor e carinho, como afirmação e admiração, são opções úteis para transmitir uma mensagem de pertencimento.

Brincadeiras entre pais e filhos

Para os pais de crianças pequenas, um momento ideal para transmitir uma mensagem de aceitação é quando eles estão brincando. Na verdade, as intervenções baseadas na ciência para crianças pequenas com problemas de comportamento (por volta dos 2–7 anos) pedem rotineiramente aos pais que reservem um tempo todos os dias ou semanas para as brincadeiras entre pais e filhos. O objetivo é construir uma relação forte, o que significa que o objetivo não é que os pais brinquem com seus filhos, mas que estejam *com* eles enquanto brincam. Durante este tipo de brincadeira, a tarefa de um pai é seguir a deixa de seu filho. Esqueça ensinar, pregar e corrigir. Imagine fazer isso regularmente — criar um momento de brincadeira especial para o seu filho e uma chance para você ouvir e acompanhar enquanto o seu filho brinca (veja as diretrizes sugeridas para este tipo de brincadeira). Os pais com filhos mais velhos podem precisar encontrar outras maneiras de passar

Ponto de vista da Lauren

O poder da brincadeira entre pais e filhos é resultado dos presentes de atenção e tempo. Para algumas crianças, a única maneira de obter esses presentes preciosos é se comportando mal. Muitas vezes, peço aos pais de crianças pequenas que percebam o que acontece depois que seus filhos se comportam mal. Por exemplo, o que eles fazem depois de jogar um brinquedo ou derrubar algo de uma mesa? Será que eles olham para os seus pais esperando uma reação? As pesquisas mostram que a atenção dos pais é muitas vezes a recompensa "ganha" por crianças malcomportadas.

tempo juntos (por exemplo, resolver questões fora de casa, fazer café da manhã no sábado, fazer pizza caseira a cada semana), mas os mesmos princípios se aplicam: ouvir, seguir e aceitar. Considere criar um pequeno ritual (ver Capítulo 4) que você possa colocar em sua programação semanal ou mensal como um lembrete para passar o tempo com cada um dos seus filhos. Há poucos presentes mais valiosos para eles. Se isso for feito regularmente, em pequenas doses (porque é tudo do que eles precisam e tudo o que você pode fazer), seus filhos passarão a apreciar o tempo e a atenção que você lhes dá.

Diretrizes para brincadeiras entre pais e filhos

Antes de brincar

- Agende um horário regular em que possa estar com o seu filho enquanto ele brinca. Planeje cerca de 30 minutos, mas pode ser menos tempo se for de forma consistente.
- Desligue todas as distrações (por exemplo, TV, música, telefones).
- Traga brinquedos e jogos escolhidos especialmente para o momento.
    - Encontre brinquedos que sejam bons para diversão e criatividade (por exemplo, massa de modelar, blocos, bonecas, fantoches).
    - Ao se envolver em atividades mais estruturadas (por exemplo, jogos de tabuleiro), lembre-se de que seguir a criança é mais importante do que seguir as regras do jogo.
    - Evite brinquedos e jogos que as crianças achem muito envolventes, independentemente de seus pais estarem presentes (por exemplo, videogames).
- Use um timer.
- Se você estiver tenso, lembre-se de fazer algumas respirações profundas (inspirando pelo nariz por 4 segundos, em seguida, expirando pela boca por 5 segundos ou mais).

Durante a brincadeira

- Aqui está um roteiro útil para começar: "Este é o nosso momento especial de brincadeira. Enquanto estivermos brincando, você pode escolher o que jogar e o que dizer. Se houver algo que você não possa fazer, eu aviso."
- Sente-se perto ou ao lado do seu filho, mesmo que isso signifique sentar-se no chão.
- Olhe, ouça e siga o exemplo dele quando começarem a brincar.

(Continua) ›

(Continuação)

Diretrizes para brincadeiras entre pais e filhos

- Use expressões faciais para mostrar que está ouvindo e vendo a brincadeira dele.
- Segure a vontade de corrigir, criticar, ajudar ou alterar o jogo, mesmo que as regras sejam ignoradas.
- Use habilidades de escuta reflexiva.
    - Descreva (passo a passo) o que o seu filho está fazendo: "Você está usando os blocos para fazer uma torre."
    - Repita o que o seu filho disse.

      Filho(a): Isso é muito difícil.

      Pai/mãe: Isso é *mesmo* muito difícil.
    - Resuma o que o seu filho disse.

      Filho(a): Brincar com massinha é divertido, mas suja as minhas mãos. Eu quero brincar com os blocos, mas a massinha ainda está nas minhas mãos. Eu gosto de empilhar meus blocos *muito* alto e depois derrubá-los, mas eles caem antes que eu consiga empilhá-los *super* alto!!

      Pai/mãe: A massinha e os blocos são divertidos, mas os dois são diferentes.
    - Comente sobre o que o seu filho pode estar sentindo: "Parece que você está muito frustrado porque a torre continua caindo antes que você possa derrubá-la."
- Se o seu filho o machucar ou danificar alguma coisa, dê calmamente uma advertência de que a brincadeira terminará se acontecer novamente. Se acontecer novamente, termine a brincadeira daquele dia.
- Quando o timer tocar, anuncie: "Temos mais 5 minutos para brincar."

Após a brincadeira

- Quando chegar a hora de terminar, anuncie: "O tempo da brincadeira acabou".
- Se o seu filho não quiser parar de brincar, reflita os sentimentos dele ("Você está triste porque a brincadeira acabou. Também me diverti muito com você!").
- Comece a guardar os brinquedos (não insista na ajuda dele, mas elogie-o se ajudar!).

Uma Postura de Aceitação

Se a aceitação deve se tornar o seu modo padrão de criação, então ela não pode ser usada com moderação, esporadicamente, ou apenas quando o seu filho está tendo problemas emocionais ou comportamentais. Aceitação não funciona assim. Ela é uma maneira fundamental de *ser pai* e de *estar com seu filho*. Para que os filhos recebam uma mensagem de pertencimento, ela deve ser parte integrante de quem você é e de como interage com eles. Não pode ser uma coisa usada de vez em quando e é divertida e emocionante, mas talvez também confusa. Uma mensagem de pertencimento deve ser entregue sincera e consistentemente por meio dos pontos difíceis da criação — mau comportamento dos filhos, turbulência no desenvolvimento, conflito familiar e todo o resto. Em suma, se a aceitação for o seu modo padrão de criação dos filhos, você precisará adotar uma *postura de aceitação.*

Para alguns pais e mães, uma postura de aceitação pode significar uma maneira radicalmente diferente de pensar, sentir e criar os filhos. Significa não pensar mais que a sua tarefa é consertar todos os erros ou evitar todas as coisas ruins que podem acontecer ao seu filho, seja ajudá-lo a encher um copo de leite, corrigir suas pronúncias erradas, lembrá-lo de escovar os dentes ou mediar a discussão de dois irmãos. Quando você adota uma postura de aceitação, sua suposição permanente é que intervir será a exceção e não a regra. É claro que a idade, o temperamento e o contexto determinarão onde você definirá seu limite para intervir e assumir o controle. Mas tenha cuidado ao presumir que *seu* filho é uma exceção à regra de aceitação, que ele precisa de mais ajuda, mais correção e mais orientação do que outras crianças. Isso pode ser verdade, mas também há o risco de ficar preso em uma rotina de ficar rondando os filhos e se exceder na criação deles. Considere um estudo em que os pesquisadores observaram pais e crianças do jardim de infância jantando juntos (Orrell-Valente et al., 2007). Os resultados mostraram que 85% dos pais tentaram fazer com que os filhos comessem mais e 83% das crianças comeram mais do que teriam comido sem a intervenção dos pais. Parecia que eles inadvertidamente treinavam as crianças para comer além de suas sugestões internas de fome. Com base nessas descobertas, os pesquisadores sugeriram que as crianças, e não os pais, deveriam decidir o que e quanto comer. Isso é válido para muitas coisas na vida dos filhos.

> **Ponto de vista do Tim**
> Um dos meus alunos de pós-graduação fez um estudo em que analisamos diferentes maneiras de treinar os pais para usarem a brincadeira a fim de serem mais receptivos. Os participantes eram mães e seus filhos (4 a 6 anos). Um grupo assistiu a um vídeo sobre como brincar com uma criança usando uma postura de aceitação. Outro grupo fez isso e praticou fazê-lo com feedback de sua performance. Um terceiro grupo fez tudo isso e teve a chance de "processar" (discutir com o treinador) o que eles pensavam e sentiam enquanto brincavam daquela maneira com o filho. Apenas o último grupo mostrou diferenças reais em relação às mães que não tinham treinamento. Parece que, para alguns pais, uma postura de aceitação pode ser uma coisa difícil de entender.

Uma postura de aceitação significa o fim do hábito que pais têm de rondar os filhos. Visualize o seguinte: imagine que você se levanta, afasta-se do seu filho e vai cuidar de suas tarefas. Você está preparado para intervir, mas apenas quando e se for necessário. Uma postura de aceitação também significa lidar com quaisquer sentimentos que apareçam quando você está lutando contra o desejo de ajudar ou intervir. Como discutimos no Capítulo 3, muito do que fazemos como pais está a serviço de nossas próprias emoções. Ajudamos uma criança a servir um copo de leite porque não gostamos de nos sentir ansiosos com a possível bagunça que ela poderia fazer. Corrigimos uma pronúncia incorreta porque nos preocupamos com que isso leve nosso filho a ser provocado por colegas. Lembramos nossos filhos de escovar os dentes porque nos sentimos melhor quando marcamos esses itens como concluídos em nossa lista de tarefas noturnas. Uma postura de aceitação significa encontrar uma maneira diferente de estar com seus filhos e uma maneira mais adaptável de gerenciar as emoções dos pais. Nossa esperança é que algumas dessas maneiras incluam fornecer aos seus filhos mensagens explícitas e consistentes de pertencimento. A gama de opções é ampla, então você deve ser capaz de encontrar uma que ofereça cobertura mínima, mas a máxima sustentabilidade para a sua mensagem de pertencimento.

Alguns pais operaram com facilidade e naturalidade a partir de uma postura de aceitação, mas outros verão isso como um afastamento desconfortável do status quo. Também pode ser um conceito difícil de entender e implementar, e alguns pais têm dificuldade em se permitir recuar o bastante e por tempo suficiente para aceitar. Considere estes comentários de um estudo de pais que acabaram de completar sua 20ª aula de criação de filhos. No primeiro comentário, um pai vê a importância de dar espaço ao seu filho — uma lição sobre aceitação que ele aprendeu não tanto com o treinamento, mas com o instrutor qualificado.

> Sabe, algo de que não falamos especificamente nesta aula de criação de filhos, embora esteja em tudo o que foi falado, é respeitar os filhos e seu espaço no mundo. Você sabe que eles devem ser tratados como seres humanos — isso não significa não estabelecer limites e coisas do tipo. Mas significa que você sabe que eles são seres humanos e são tão merecedores de respeito quanto você.

No próximo comentário, uma mãe também menciona dar espaço à filha, mas acrescenta um ponto sobre olhar nos olhos da filha:

> Nas últimas 3 semanas, notei uma síntese de todas as sessões que tivemos e eu me peguei basicamente mudando a maneira como interajo com Hannah (minha filha) de uma maneira dramática — espontaneamente. Agora, quando interajo com ela, tendo a olhar nos olhos dela e percebo que não me lembro de meus pais fazerem isso. Estou dando a ela mais espaço e tempo — mais espaço para cometer erros, estragar tudo e fazer bagunça. Tento lhe dar mais independência; quando ela quiser fazer alguma coisa, deixá-la fazer isso em vez de dizer que vai derramar o leite pelo chão. Tudo bem se ela derramar o leite; ela aprenderá o que acontece. E temos nos dado muito bem.

Estes são insights impressionantes sobre a postura de aceitação. Esses pais perceberam que a aceitação não é simplesmente criar momentos positivos e felizes; trata-se de mudanças sustentadas na forma como eles se relacionam com os filhos. À medida que você se torna mais confortável e consistente no uso de várias opções de aceitação, experimentará uma mudança semelhante na forma como "enxerga" seu filho e como vivencia seu relacionamento com ele.

POSSÍVEIS OBSTÁCULOS

Às vezes, alguns obstáculos atrapalham os pais que querem ser mais receptivos. Geralmente, encontramos dois tipos deles. Um envolve pais que usam substitutos ruins para o ato de aceitar, e o outro envolve pais que questionam o valor de aceitar. Um exemplo do primeiro tipo de obstáculo é quando os pais confundem aceitação com eventos realmente divertidos, passeios especiais (por exemplo, ir a um parque de diversões) ou presentes caros. Alguns pais usam ações grandes e vistosas para convencer os filhos de que são valorizados ou para suavizar sua própria culpa por não dar a eles mais tempo e atenção. Tenha cuidado ao investir em grandes atividades ou coisas caras. É muito melhor investir totalmente no seu filho e no seu relacionamento com ele.

Outro substituto comumente usado para a aceitação é recompensar os filhos por certos comportamentos. Esta é uma estratégia de criação frequentemente recomendada: os filhos recebem uma recompensa quando fazem uma coisa específica, de uma maneira determinada (vão para a cama na hora certa sem reclamar) ou um certo número de vezes (vão para a cama no horário certo por 4 dias esta semana). Muitas coisas podem ser recompensas: elogios (você fez um trabalho incrível ouvindo!), privilégios (15 minutos extras de brincadeira ao ar livre antes de dormir) ou prêmios (cone de sorvete, livro). Usar recompensas dessa maneira é altamente eficaz para ajudar as crianças a aprender e praticar comportamentos novos, difíceis ou ambos. Exemplos podem ser terminar o dever de casa, ficar na cama à noite e fazer tarefas domésticas. Mas há diferenças importantes entre recompensar os filhos pela forma como se comportam e transmitir a eles uma mensagem sincera de aceitação e pertencimento. A aceitação não depende de certos comportamentos. É o modo padrão de criar filhos. Está presente 24 horas por dia, 7 dias por semana. Não tem de ser merecida. Este ponto fará mais sentido quando discutirmos a contenção no Capítulo 6.

O outro obstáculo comum à adoção de uma postura de aceitação é duvidar de seu valor. Trabalhamos com vários pais para os quais as discussões sobre aceitação devem ter soado como se estivéssemos falando em uma nova língua. É mais provável que isso aconteça com pais cuja infância não teve aceitação ou foi marcada por abuso, negligência ou controle psicológico. Pode ser difícil —, mas não impossível — ver sentido e transmitir aceitação se você não experimentou isso quando criança. Se é o seu caso, encorajamos você a começar devagar, talvez partindo de opções mais simples para transmitir aceitação, como ficar parado e quieto com seu filho. Praticar a aceitação é muito mais útil do que tentar racionalizar o seu caminho até ela. Também não recomendamos esperar para se *sentir* mais receptivo em relação aos filhos. Em vez disso, dê pequenos passos e treine seu *comportamento* para uma postura duradoura de aceitação. Também será útil praticar estratégias para gerenciar as emoções que acompanham a criação dos filhos (Capítulo 3).

Alguns pais questionam o valor da aceitação. Eles a veem como algo bobo ou contraproducente, e nem sempre estão errados. Por exemplo, se os filhos são frequentemente violentos e prejudicam outros membros da família, a aceitação deve esperar até que outras medidas sejam tomadas para interromper ou reduzir as ações violentas. Também devemos observar que, para filhos com atraso no desenvolvimento ou transtorno invasivo do desenvolvimento (por exemplo, autismo), uma mensagem de aceitação pode parecer diferente da usada com outras crianças. Por exemplo, seu filho pode não querer que você lhe diga exaustivamente o quanto o aceita. Em vez disso, envolver-se em seu interesse específico pode ser uma ferramenta mais eficaz. Há também alguns pais que veem a aceitação como ser preguiçoso ou negligente ou como ceder e ser fraco. Isso é especialmente provável se os pais dependerem fortemente do microgerenciamento da vida dos filhos para evitar problemas emocionais ou comportamentais. Essa abordagem parece dizer: "Se todos cooperassem, não teríamos problemas e eu poderia relaxar!" Há também aqueles que acreditam que o principal trabalho dos pais é ensinar lições de vida importantes, tornar os filhos duros ou determinados, ou protegê-los de danos e dor. Se alguma dessas descrições se aplicar a você, considere que também é importante equipar os filhos com a capacidade de resolver os próprios problemas. Assim, eles precisam de oportunidades para trabalhar com problemas desafiadores, o que é mais provável quando você adota uma postura de aceitação. Nossa sugestão é procurar oportunidades em que seus filhos possam praticar a resolução de problemas por conta própria.

Tente isso na próxima vez que sua filha ou filho vier até você com um problema ou preocupação. Ouça atentamente sem interromper, diga em voz alta o que eles parecem estar sentindo (por exemplo, "Você parece triste ou talvez desapontado") e, em seguida, faça esta pergunta, com toda a seriedade: "O que você vai fazer?" Em nossa experiência, essa pergunta raramente feita é uma das mais úteis que um pai ou mãe poderia usar. Dentro dela estão várias mensagens poderosas para o seu filho. Ela diz: "Eu entendo que você está lidando com algo difícil, e acredito que consegue resolver isso por conta própria. Estarei aqui se precisar de mim, mas também estou curioso para saber o que você vai fazer." É também uma mensagem para os pais, que diz o seguinte:

> Meu filho está chateado ou confuso, e isso me preocupa. Vou lutar contra o desejo de resolver o seu problema para que eu possa dar um presente ainda maior — o de testemunhar sua persistência e celebrar seu sucesso quando o problema for gerenciado por conta própria. Pode parecer que não estou ajudando, mas a verdade é que ajudarei de uma maneira diferente e melhor.

Ponto de vista do Tim

Eu trabalhei com pais cuja infância difícil levou a lutas com emoções e relacionamentos. Quando o objetivo é educar de forma diferente de como foram criados, acho que praticar a brincadeira entre pais e filhos é mais eficaz do que falar sobre sua infância. Experimentar diretamente os pensamentos e emoções que surgem quando os pais estão aprendendo a aceitar seus filhos pode ser algo muito poderoso.

POSSÍVEIS GANHOS

Os ganhos que vêm de uma postura de aceitação são significativos e numerosos. Infelizmente, a maioria não é óbvia nem imediata. Um que pode ocorrer imediatamente é que seu filho será mais cooperativo e obediente. Vários estudos mostram que as crianças, em média, são mais obedientes depois que seus pais são treinados para serem mais receptivos. Os cientistas não sabem ao certo por que isso acontece, e não há garantia de que vá acontecer com o seu filho, mas pode acontecer! Outros ganhos que resultam de uma postura de aceitação são mais demorados, mas podem incluir essas mudanças positivas:

- aumento da autoestima,
- capacidade de controlar as emoções,
- probabilidade de adotar os valores dos pais, e
- probabilidade de entender uma mensagem de contenção.

Você já deve ter ouvido esta expressão: "Conhecer-me é amar-me." Esse nem sempre é o caso de filhos de temperamento forte cujo comportamento desafiador ou perturbador pode tornar difícil gostar deles ("Eu amo meu filho, mas não gosto dele"). Se os pais não separam um tempo para conhecê-los, seus filhos podem começar a questionar a sua autoestima. Eles podem se resignar ao "fato" de que seus pais estão muito ocupados, têm as próprias preocupações ou simplesmente não os "entendem".

Quando os pais operam a partir de uma postura de aceitação, os filhos aprendem a controlar melhor suas emoções. O uso da escuta reflexiva pelos pais é particularmente útil ao treinar os filhos em momentos emocionalmente difíceis. Imagine, por exemplo, sua filha adolescente ligando às 21h de uma sexta-feira para perguntar se ela poderia passar a noite na casa de uma amiga. Você a lembra de que a sua família tem de sair da cidade cedo na manhã seguinte para visitar os avós, por isso ela terá de voltar para casa. Ela não está feliz com a sua resposta e reclama furiosamente sobre como os pais de todas as outras amigas as deixaram ficar. Como pai ou mãe, você certamente poderia encontrar razões para se concentrar na resposta malcriada que sua filha lhe deu e em sua insensibilidade com relação às necessidades da família. Mas essa também é uma oportunidade para ajudá-la a gerenciar melhor emoções como decepção, frustração e raiva. Aqui está um exemplo de como um *pai ou mãe que não aceita* pode lidar com uma situação difícil:

Ponto de vista do Tim

Eu vejo muitos desses tipos de crianças na minha prática profissional. Algumas podem exagerar à medida que os pais são ignorantes ou indiferentes, mas o efeito é muitas vezes o mesmo. Os pais receptivos transmitem uma mensagem de estarem abertos e ansiosos para aprender sobre a vida de seus filhos. Eles criam oportunidades (por exemplo, tempo individual) e reduzem os obstáculos (por exemplo, críticas, broncas, trabalho excessivo) que os impedem de conhecê-los. Quando os pais se tornam mais receptivos, os filhos, muitas vezes, experimentam um aumento na autoestima, o que não é surpreendente: Nada é tão poderoso quanto um esforço consistente e sincero para conhecer seu filho (certamente não os bens materiais, ou mesmo elogios, abraços ou beijos). Aproveite o tempo para aprender sobre o mundo em que seus filhos vivem, como eles estão e quais são as suas dificuldades. Quando você sabe de tudo isso e ainda está lá e ainda aceita, não há presente maior.

Filha: Como assim não posso passar a noite aqui?

Você: Eu disse que não pode, e ponto final. Agora junte as suas coisas!

Filha: Mãe! Isso é tão injusto!

Você: Ah, você acha injusto, né? Eu te dou tudo e este é o agradecimento que recebo? Você está agindo como uma pirralha arrogante e mimada.

Filha: *É* injusto! Todas as outras vão passar a noite aqui. Eu sou a única que não vai!

Você: Eu não me importo! Você reclama como se isso fosse a pior coisa do mundo. Há tantas pessoas que levam uma vida muito mais difícil do que você. Pare de sentir pena de si mesma!

Filha: Você é HORRÍVEL! Eu não vou embora!

Você: Não me venha com esse tom, mocinha! Vou te buscar agora mesmo e você vai ficar sem celular pelo resto do mês! Você está sendo desrespeitosa comigo e com seus avós.

Filha: UGH! Eu te odeio! E eu odeio esta família!

Você: Estou indo te buscar agora e então veremos o que mais você tem a dizer.

Como discutimos no Capítulo 3, a raiva é uma emoção rápida que, muitas vezes, vem à tona durante situações desafiadoras. Quando somos provocados, a raiva pode intensificar-se facilmente e levar a discussões que não são úteis para o relacionamento pais-filho. Mas, se você é capaz de colocar a própria raiva de lado e também validar como o seu filho está se sentindo, é mais fácil ver as outras emoções que estão em jogo para vocês dois. Ao aceitar as emoções do seu filho, fica mais fácil se conectar uns com os outros. Agora, aqui está um exemplo de como um pai ou mãe que aceita poderia lidar com essa situação:

Filha: Como assim não posso passar a noite aqui?

Você: Simplesmente não vai dar certo hoje à noite. Partimos muito cedo pela manhã. Preciso de você em casa esta noite.

Filha: Mãe! Isso é tão injusto!

Você: Eu sei que parece injusto, mas planejamos esta viagem há um mês.

Filha: Mas todas as outras vão passar a noite aqui. Eu sou a única que não vai.

Você: Sei que está desapontada.

Filha: Você não pode me buscar amanhã cedo?

Você: Desculpe, querida. Temos muito o que fazer pela manhã para nos prepararmos. Não posso ir buscá-la amanhã.

Filha: Isso é um saco! Agora tenho que dizer a todo mundo que sou a única que precisa ir para casa. Isso é tão constrangedor.

Você: Você odeia ser a única que tem que ir embora.

Filha: Bem, sim. Só para podermos visitar os meus avós idiotas.

Você: Não parece justo, não é?

Filha: Não, não é! [*Ela começa a chorar.*]

Você: Desculpe, querida. Sei que isso é difícil para você.

Filha: Então você vem me buscar agora?

Você: Claro. Estou indo.

Apesar de desagradável, essa troca representa um importante momento de aprendizado. Considere tudo o que aconteceu neste exemplo. Esta mãe permitiu que sua filha expressasse suas emoções para que ela aprendesse a conviver com elas e aceitá-las em vez de negá-las ou evitá-las. Ela rotulou as emoções da filha para ajudá-la a reconhecer o que estava sentindo. Ela mostrou à filha que é normal e compreensível ter esses sentimentos. Por fim, ajudou sua filha a desacelerar e aprender que seus sentimentos carregam informações potencialmente úteis que podem ser usadas para fazer um plano sábio. Leva mais tempo para refletir e rotular os sentimentos dos filhos do que dizer-lhes para ficarem quietos e pararem de choramingar. Mas, quando você os treina nesses momentos sensíveis, eles aprendem habilidades valiosas que podem durar toda a vida.

Também devemos ressaltar que não há necessidade de os pais cederem ao mau comportamento apenas porque reconhecem e refletem os sentimentos dos filhos. Observe que a mãe no exemplo não foi influenciada pelas exigências da filha. (No próximo capítulo, teremos mais a dizer sobre como os pais podem combinar a escuta reflexiva e a configuração de limites comportamentais.) Pode até haver momentos em que os esforços dos pais para refletir os sentimentos dos filhos sejam recompensados pelos filhos se afastando do mau comportamento, como o desafio. Isso não vai acontecer sempre, e não é a principal razão para refletir e rotular os sentimentos dos filhos, mas é bom quando acontece. Pense desta forma: quando nossos filhos são muito jovens e desmoronam emocionalmente, nós os acalmamos abraçando-os, amamentando-os ou embalando-os. Quando são mais velhos, as estratégias para acalmar são mais verbais do que físicas. Então, se você quiser tranquilizar seus filhos com suas palavras para *possivelmente* acalmá-los, tente palavras que os informem de que você entende como se sentem, de preferência com uma voz calma, solidária e reconfortante.

Os pais que aceitam tendem a importar mais para seus filhos do que os que não aceitam. Isso significa que você fica mais propenso a fazer com que aceitem as crenças que preza e as expectativas que tem para eles. Vários estudos corroboram isso. Um deles descobriu que, quando as mães tinham uma postura de aceitação, as crianças eram mais propensas a obedecer às suas regras, mesmo quando as mães não estavam lá para impô-las. Então, se caráter é o que você faz quando ninguém está olhando, então pais que aceitam podem ter filhos com caráter moral mais elevado.

O último benefício a mencionar é que uma postura de aceitação é um contraste ideal para quando os pais mudam para o "modo de contenção". No próximo capítulo, discutiremos o tema da contenção, mas o encorajamos a reconhecer o importante vínculo entre aceitar e conter. Disciplinar é ensinar; uma lição que ensinamos aos nossos filhos é a diferença entre o certo e o errado, o que é e o que não é permitido. Quando os pais combinam uma postura de aceitação com disciplina firme, mas seletiva, seus filhos têm muito mais facilidade em distinguir entre o que é ou não permitido.

DEVER DE CASA: ACEITAÇÃO

- Reveja a seção Ouvir e Acompanhar deste capítulo.
- Faça este experimento: use habilidades simples de aceitação (repetir, parafrasear e descrever o que você vê) alguns dias por uma semana para ver como seus filhos reagem.
- Atente-se para oportunidades de rotular e refletir os sentimentos do seu filho.
- Faça anotações de quando e como você mostra (a) afirmação e admiração e (b) carinho e afeto aos seus filhos.
- Se você tem filhos mais novos, considere passar um pouco de tempo "no chão" para as brincadeiras entre pais e filhos.
- Pergunte aos seus filhos como é ter você como pai ou mãe. Use a resposta deles para avaliar se você os cria a partir de uma postura de aceitação.

CAPÍTULO 6

CONTER:

DISCIPLINA EFICAZ É DISCIPLINA SELETIVA

Costuma-se dizer que as crianças precisam de estrutura e limites para poderem aprender a diferença entre o certo e o errado. William Golding apontou isso em *O Senhor das Moscas*. Na história, a trágica reviravolta dos meninos em direção à selvageria chega ao fim quando um navio militar chega e os garotos são repreendidos por um oficial da marinha — treinado para infligir seu tipo de selvageria. A questão de saber se os seres humanos são naturalmente agressivos tem sido debatida por filósofos, teólogos e cientistas. Os psicólogos geralmente respondem à pergunta dizendo que alguns indivíduos são mais propensos à agressão do que outros, mas a maioria das crianças crescerá para se tornar membros saudáveis, não violentos e produtivos de sua comunidade. Se você é um pai ou mãe cujo filho é muito obstinado ou mesmo desafiador e desrespeitoso, um capítulo sobre a definição de limites pode ser o primeiro (ou único) que você lerá. Esperamos que não, mas, se for o caso, esteja ciente de que sua capacidade de *conter* o mau comportamento do seu filho é apenas um terço do que é necessário para um relacionamento pais-filho forte e saudável; os pais também precisam aceitar e liderar.

Este capítulo tem como objetivo ajudá-lo a

- entender o que significa conter o comportamento dos filhos,
- aprender a usar a contenção com a aceitação,
- aprender a usar o Funil Disciplinar,
- aprender os principais componentes de um roteiro de contenção adaptativa, e
- criar sua própria abordagem de quatro etapas para a contenção.

O QUE É CONTER?

Por que *conter*? Poderíamos ter usado o termo *disciplinar*, mas esse termo significa coisas muito diferentes para pais diferentes. Também queremos que você tenha curiosidade sobre este tópico porque o abordamos de maneiras distintas em relação ao que você pode ter lido ou ouvido em outro lugar. O termo *conter* transmite uma mensagem de restrição. Se falada em voz alta pelos pais, a mensagem pode soar assim: "Você é meu filho e parte desta família. E há algumas coisas que não posso deixar que faça." Você notará paralelos entre esta definição e a de *aceitar*. Isso porque ambas envolvem passar aos filhos uma mensagem clara e importante.

Em nossa pesquisa, tentamos medir o grau do senso de contenção dos jovens — a crença de que uma pessoa com autoridade (por exemplo, pai/mãe, professor) tem a capacidade de responsabilizá-los e limitar seu comportamento. Na verdade, desenvolvemos medidas tanto para crianças quanto para estudantes universitários. Ao fazer isso, presumimos que poucas crianças ou estudantes universitários acreditariam ter maior poder do que os adultos responsáveis. Aqui estão exemplos de perguntas de escalas usadas para avaliar as crenças de contenção. A primeira pergunta é da escala infantil e a segunda é da escala de estudantes universitários.

- Você quer brincar com alguns amigos lá fora. A sua mãe diz que você não pode ir. Ela pode obrigá-lo a ficar dentro de casa?
- Você está na fila expressa do supermercado Walmart. Você tem 20 itens e o máximo permitido é 15. A balconista da loja diz que você deve mudar de fila por estar acima do limite. Ela pode fazer você mudar para a fila de um caixa diferente?

A boa notícia é que a maioria das crianças estudadas, mesmo aquelas identificadas por professores e colegas como agressivas, acreditava que pais e professores estavam no comando. Além disso, para elas, uma melhor disciplina parental previa menos comportamento antissocial. No entanto, para crianças e estudantes universitários que não tinham uma sensação de contenção, havia maior probabilidade de se envolver em atos antissociais. É importante ressaltar que, para filhos com baixo senso de contenção, a disciplina dos pais pouco importava ao prever seu comportamento agressivo e antissocial: esses filhos tinham altos níveis de comportamento disruptivo, independentemente de quão bem seus pais os disciplinassem.

Em suma, esses filhos — não seus pais — estavam dando as ordens, só que suas escolhas não eram boas.

CONTENDO *COM* ACEITAÇÃO

Muito do que os filhos aprendem sobre o certo e o errado vem do que os pais permitem ou não. É um sistema que funciona bem na maioria das famílias: os pais têm certas expectativas, as crianças as atendem, todos estão bem com o arranjo e os filhos crescem e se tornam bons cidadãos. Mas algumas crianças têm mais dificuldade em aprender com a disciplina dos pais. Também é verdade que alguns pais têm mais dificuldade em ser consistentes com o que esperam dos filhos. Não surpreendentemente, esses tipos de filhos e pais são, muitas vezes, da mesma família, o que é outro exemplo de como os filhos podem influenciar os pais, e não apenas o contrário.

As pesquisas mostraram que os pais cujos filhos são frequentemente desafiadores e perturbadores tendem a alternar entre serem excessivamente punitivos e excessivamente permissivos. Os pais fazem isso porque nada parece funcionar por muito tempo. O sistema usual de ter expectativas para o comportamento dos filhos e vê-los agirem conforme o esperado não parece ser relevante; em vez disso, os pais não são claros ou consistentes em suas expectativas e os filhos não correspondem de forma confiável às expectativas dos pais. Os pais que lutam com esse dilema são frequentemente aconselhados por profissionais a usar uma disciplina *eficaz*, mas o que isso significa? O tema deste capítulo é que disciplina eficaz é disciplina seletiva. Os pais ouvem muitas vezes sobre a primeira, mas pouco sobre a última. Portanto, neste capítulo, fornecemos um caminho para o uso da disciplina seletiva. Em resumo: quando os pais acreditam que a sua principal tarefa é fazer com que os filhos sejam obedientes, eles supervalorizam a disciplina e subestimam a aceitação. Uma abordagem excessivamente ampla e dura da disciplina compromete o objetivo de combinar contenção e aceitação, que é fundamental para o nosso modelo holístico e de longo prazo de criação dos filhos.

Disciplina Seletiva

Pode-se dizer que a disciplina é *seletiva* quando os pais "escolhem suas batalhas com sabedoria". Esta é uma frase comumente usada, mas também

Ponto de vista do Tim
Eu fui árbitro de basquetebol escolar. Estranhamente, é muito parecido com ser um pai que usa disciplina seletiva. Árbitros menos experientes tendem a exagerar, antecipando faltas e violações que nunca acontecem. Árbitros experientes se acomodam e presumem que cada jogo será jogado sem a necessidade de soprar o apito. Isso não acontece, é claro, mas quando uma falta ou uma violação ocorre, vem quase como uma surpresa, algo que se destaca e é importante ressaltar. Assim, os árbitros experientes não perdem as faltas ou violações óbvias. O mesmo vale para a criação dos filhos. Confie que quando chegar a hora e a necessidade surgir, você estará pronto para conter o mau comportamento do seu filho. Não se deixe enganar pela crença de que o futuro do seu filho está em perigo, a menos que você esteja hipervigilante e pronto para ensinar e corrigir ao menor delito.

é bastante vaga e potencialmente enganosa. Não vemos a disciplina como uma batalha que os pais devem travar com os filhos, o que é mais uma razão pela qual preferimos o termo *conter*. Também não está claro como os pais devem escolher suas "batalhas" disciplinares. Considere a crença comum de que os filhos devem obedecer aos pais. Para muitos pais, essa é uma suposição básica (Verdade com V maiúsculo), mas também pode ser uma pedra no caminho para filhos que receberam o memorando de "obedeça aos seus pais". Nem todos os filhos estão predispostos a serem obedientes e cooperativos. Alguns vêm com uma tendência a desafiar os pais e têm emoções fortes; obediência não é seu ponto forte. Mesmo os filhos geralmente obedientes podem ter dias ruins ou momentos difíceis quando não são tão cooperativos. Então, a questão permanece: quais batalhas você luta e quais você deixa para lá?

Presumimos que a maioria dos pais ajusta suas expectativas para se adequar à idade e ao temperamento dos filhos. Mas também suspeitamos que isso seja feito com tentativa e erro. Por exemplo, digamos que, no primeiro dia, você peça ao seu filho para arrumar a cama, mas ele não o faça. Você, no segundo dia, pede a ele para arrumar a cama e ele não o faz, só que, desta vez, você o lembra três vezes e ele, por fim, a arruma. No terceiro dia, você se esquece de pedir que ele arrume cama e ele não arruma, embora ele "saiba" que deveria fazê-lo e você saiba que ele sabe. No quarto dia, você hesita antes de pedir que ele arrume a cama porque está tentando decidir o que fazer caso ele não obedeça: Você irá até o fim para obrigá-lo ou deixará para lá porque não vale a pena o aborrecimento? Quando você vive com crianças que são desafiadoras e perturbadoras, esse cenário pode acontecer várias vezes ao dia! É fácil para os pais se sentirem esgotados, depois de muitas derrotas ao tentar impor essa ou aquela expectativa. A disciplina seletiva envolve que os pais **reconheçam que há limites para o que podem esperar dos filhos e deixem algumas coisas de lado enquanto permanecem focados no que mais importa.** Se os pais pretendem realizar o trabalho de longo prazo da criação dos filhos, devem ser seletivos sobre quando e onde usar sua energia. Sim, seria bom se você acordasse de manhã e seus filhos não sujassem a camisa nova antes da escola, escovassem os dentes depois do café da manhã, não demorassem para se vestir ou não revirassem os olhos e reclamassem quando avisados da hora de sair. Cada um desses momentos pode ser uma "batalha" disciplinar, mas muita disciplina pode interferir nos seus esforços para aceitar. Ser excessivamente punitivo pode corroer lentamente a qualidade da relação pais-filho, que é a melhor ferramenta na criação. Ser sistemático sobre como e quando lidar com o mau comportamento também é essencial para que os pais tenham a energia necessária para serem disciplinadores eficazes quando for importante.

Disciplina Eficaz

Uma maneira útil de pensar sobre a *disciplina eficaz* é vê-la como ações parentais que aumentam o custo do mau comportamento dos filhos. Este é um ponto bastante técnico, mas é extremamente importante: para que a contenção seja eficaz, ela deve "custar" mais ao seu filho quando ele *não* atende as suas expectativas do que quando as atende. Por outro lado, a recompensa ou benefício de atendê-las deve superar os benefícios de *não* atendê-las. As crianças, como quase todos os seres humanos, tendem a se comportar de maneira a corresponder à taxa de serem recompensadas ou punidas. Se pudéssemos ser pagos para navegar na internet ou para cumprir 8 horas de trabalho braçal, adivinhe qual escolha a maioria de nós faria? Da mesma forma, se seus filhos puderem lavar a louça rapidamente para poderem assistir ao seu programa de TV favorito *ou* reclamar alto por 30 segundos e evitar a louça completamente, é provável que eles reclamem. Observe que não sugerimos que esta é uma escolha consciente da parte deles (embora possa ser); em vez disso, dizemos que o comportamento humano é moldado principalmente pelo que é recompensado ou punido — o que "funciona" e o que "não funciona". Todos nós compartilhamos a tendência de que nosso comportamento corresponda às

> **Ponto de vista da Lauren**
> Você pode estar se perguntando: "Como faço para que 80% das interações com o meu filho sejam positivas ou neutras?" Como mãe de crianças pequenas, eu valorizo esta pergunta! Eu gasto muito tempo impedindo que meus filhos se machuquem involuntariamente ou quebrem algo (ou seja, comportamentos naturais da criança). Isso significa que muitas das nossas interações podem deixá-los tristes ou bravos ("Por que não posso pular do topo do sofá para a mesa de centro?"). É importante lembrar que 80% podem ser positivas ou neutras, e deixar as coisas acontecerem é um tipo de interação neutra (por exemplo, não comentar quando seu filho diz: "Eu não gosto da sua regra idiota"). Uma *ausência de resposta* bem escolhida pode ser incrivelmente útil para os pais.

contingências disponíveis. Comportar-se de maneira contrária às consequências reforçadoras ou punitivas de nossas ações é mais difícil e menos comum, e é por isso que é difícil parar de fumar ou parar de comer lanches, especialmente se cigarros e lanches estiverem facilmente disponíveis.

Nossa maneira de definir disciplina eficaz ajuda a explicar a importância de misturar contenção com aceitação. No contexto de um relacionamento de aceitação entre pais e filhos, estes terão menos razão e menos motivação para quebrar regras ou se comportar mal porque se sentem aceitos e estão mais conectados à família. Assim, ficam mais propensos a aceitar regras e valores familiares. Novamente, o mesmo vale para os adultos; reclamamos menos e trabalhamos mais quando nos sentimos valorizados no trabalho e somos compensados de forma justa. Mas, se formos maltratados ou recebermos pouco, não ficaremos tão entusiasmados com o trabalho. Em famílias onde há pouca aceitação, onde os filhos são rotineiramente criticados e frequentemente punidos, convencê-los a fazer uma tarefa simples pode ser difícil — a menos que seja feita por medo. Assim, para alguns filhos, o desafio e a coerção são as estratégias mais confiáveis para conseguir algo que desejam.

O SISTEMA DA PROPORÇÃO FIXA

Uma maneira mais sistemática de ajustar suas expectativas como pais — para escolher suas "batalhas" com sabedoria — é adotar uma *abordagem de proporção fixa* para a disciplina. Ela reconhece que os esforços dos pais para seguir com a disciplina podem, às vezes, levar a conflitos, palavras duras ou mágoas. As interações disciplinares são, muitas vezes, necessárias, mas muitos confrontos disciplinares podem minar o objetivo da aceitação. O sistema de proporção fixa é baseado em pesquisas que mostram que a proporção de interações emocionalmente positivas (ou neutras) para interações emocionalmente negativas é uma consideração importante em qualquer relacionamento: os relacionamentos são geralmente mais estáveis e mais satisfatórios quando há mais interações positivas do que negativas. Os pesquisadores descobriram que uma proporção entre 4:1 e 8:1 é ideal. Geralmente, pedimos aos pais que busquem uma proporção de 4:1 porque é mais fácil de obter, especialmente para famílias com crianças difíceis ou perturbadoras. Portanto, para cada interação negativa que você tem com seus filhos, é útil ter pelo menos quatro interações positivas ou neutras. Isso significa que cerca de 80% das interações serão positivas ou neutras e apenas cerca de 20% serão negativas.

Em algumas famílias, a relação pais-filho não está em uma proporção de 4:1; em vez disso, é 1:1 (ou inferior), o que significa que metade de todas as interações pais-filho são negativas. Se isso descreve o seu relacionamento com o seu filho, ficar na proporção de 1:1 pode comprometer a qualidade do relacionamento, o crescimento e o desenvolvimento dele. As crianças precisam de uma abordagem disciplinar forte o suficiente para restringir o mau comportamento grave, mas não tanto que prejudique uma mensagem consistente de aceitação. Considere como o sistema de proporção fixa pode ser aplicado ao seu modo de criar filhos. O que terá que mudar se os seus esforços disciplinares se tornarem seletivos *e* eficazes?

Com um sistema de proporção fixa, seus esforços para limitar o mau comportamento do seu filho são fixos ou limitados pelo nível de positividade na sua relação com ele, que, é claro, pode variar muito de uma família para outra. Quando a relação pais-filho é tensa e os filhos não se sentem aceitos, os pais devem ser altamente seletivos em sua abordagem para disciplinar. Eles podem ter razões excelentes pelas quais os filhos devem, digamos, apagar as luzes quando saem de uma sala, não levar comida para a sala de estar, passar menos tempo assistindo TV ou uma dúzia de outras coisas, mas essas razões não importam se o tom emocional do relacionamento é negativo e sobrecarregado por repetidas tentativas de impor todas essas expectativas. Porém, se a sua família é uma em que os filhos são doces e cooperativos e você é geralmente descontraído e agradável, provavelmente pode esperar todas essas coisas e ainda manter uma

> **Ponto de vista do Tim**
> Talvez você tenha estado em um relacionamento afetivo em que a proporção de interações positivas para negativas era de 1:1. Quando isso acontece, o vínculo entre você e o seu parceiro é tão bom quanto a sua última interação ou a sua próxima interação. Você está constantemente a um comentário ofensivo ou a uma discussão mal administrada de ficar no vermelho (mais negativo do que positivo). Não há saldo de relacionamento positivo para amortizar os erros, então, toda interação é um teste e todo encontro negativo é como uma ferida no relacionamento.

proporção de 4:1. Na verdade, nesses tipos de família, o sistema de proporção fixa é quase imperceptível: os pais têm altas expectativas, os filhos as atendem e o relacionamento não é tão desgastante. Mas nem todos os pais têm essa sorte. Portanto, não se surpreenda se precisar deixar de lado certas expectativas (por exemplo, arrumar a cama todas as manhãs, fazer a lição de casa sem ser solicitado) se quiser alcançar e manter uma proporção de 4:1. Em outras palavras, você pode ter que se contentar com uma lista bastante curta de comportamentos infantis que justifiquem a disciplina.

Você também pode pensar: "Até que ponto as interações pais-filho precisam ser positivas?" Para ser honesto, não o tempo todo. Não há necessidade de ser doce e afetuoso 24h por dia, 7 dias por semana, o que, francamente, não é realista, especialmente para pais que trabalham e criam vários filhos. Na verdade, uma pergunta melhor é: "Como posso evitar interações emocionalmente *negativas ou desagradáveis*?" A resposta rápida é que você não pode, não totalmente. Mas é importante estar atento ao impacto que a criação severa pode ter no desenvolvimento das crianças. Nós, seres humanos, somos programados para estar mais sintonizados com eventos que produzem sentimentos desagradáveis (por exemplo, medo, tristeza) do que com os que geram sentimentos agradáveis. Isso nos ajudou a permanecer vivos diante do perigo e da ameaça. Mas essa capacidade também significa que as interações negativas entre pais e filhos carregam muito peso emocional. Imagine desfrutar de uma ida divertida ao supermercado com seus filhos e depois ficar muito irritado quando eles fazem algo que o chateia. Essa interação breve e hostil tem o potencial de superar os outros 60 minutos de diversão anteriores. Interações parentais ruins e infelizes não podem ser totalmente evitadas; todos os pais têm o potencial de errar e reagir com dureza, às vezes. Mais adiante, abordamos a importância de *se reconectar* com seu filho e *consertar* o relacionamento após uma interação disciplinar difícil. Por enquanto, a principal conclusão é que a disciplina *eficaz* é a disciplina *seletiva*.

Ponto de vista da Lauren
Os pais de crianças pequenas muitas vezes perguntam: "O que eu faço se não estou abordando todos os maus comportamentos do meu filho?" A resposta pode chocar algumas pessoas, mas ignorar é uma opção muito boa e apoiada pela ciência. Se o seu filho não está em perigo iminente, não prejudica a si mesmo ou a outras pessoas, e não destrói bens materiais, simplesmente ignorar o mau comportamento pode ser útil. Lamentações, gritos, birras, atitude ruim, sarcasmo e outros comportamentos agravantes podem ser ignorados com pouco risco para o crescimento e desenvolvimento do seu filho. Na verdade, quanto menos atenção você der a esses comportamentos agravantes de nível inferior, menos eles acontecerão. Nem sempre é fácil ignorar esses tipos de mau comportamento, mas é uma boa estratégia para chegar a uma proporção de 4:1.

O FUNIL DISCIPLINAR

Os pais diferirão em como alcançam e mantêm uma proporção de 4:1 de interações positivas/neutras com os filhos em relação às negativas. A chave é discernir o que você pode esperar, razoavelmente, dos filhos e quão seletivo precisa ser com a sua disciplina. Alguns esperam muito mais do que outros. A Figura 6.1 apresenta o *Funil Disciplinar*, que pode ser usado para determinar o quão seletivo você deve ser se quiser manter uma proporção saudável entre trocas positivas e negativas. Este funil apresenta potenciais metas disciplinares com um guia para definir suas expectativas. Um *alvo disciplinar* é um comportamento que (a) você espera do seu filho e (b) está disposto a cobrar 100% do tempo (ou o mais próximo possível de 100%). Usamos um funil na Figura 6.1 para mostrar que seu foco disciplinar ficará cada vez mais estreito à medida que avança na lista de expectativas.

Antes de descrevermos o Funil Disciplinar e como usá-lo, considere as implicações de ter uma curta lista de metas disciplinares. O que seria diferente se você tivesse *apenas algumas expectativas muito específicas* para o comportamento de seus filhos, *mas* seguisse ou cobrasse esses comportamentos o tempo todo? Para os pais que raramente seguem sua disciplina, isso pode significar mais esforço; mas, para outros pais, pode significar se esforçar menos. Ao permitir (ou não perseguir) comportamentos que não estão em sua lista, eles restringem muito seu foco disciplinar. O resultado é menos tempo e esforço gasto discutindo com os filhos cada vez que fazem algo irritante ou não fazem o que lhes é ordenado. É aí que uma postura de aceitação pode ser um complemento útil para a contenção: em vez de estarem preparados para punir ou corrigir a maioria dos maus comportamentos, os pais que usam a disciplina seletiva lançam mão da contenção apenas quando isso é mais importante. E, uma vez que a interação disciplinar termina, eles são rápidos em retomar uma postura de aceitação e não intervenção.

FIGURA 6.1 O Funil Disciplinar

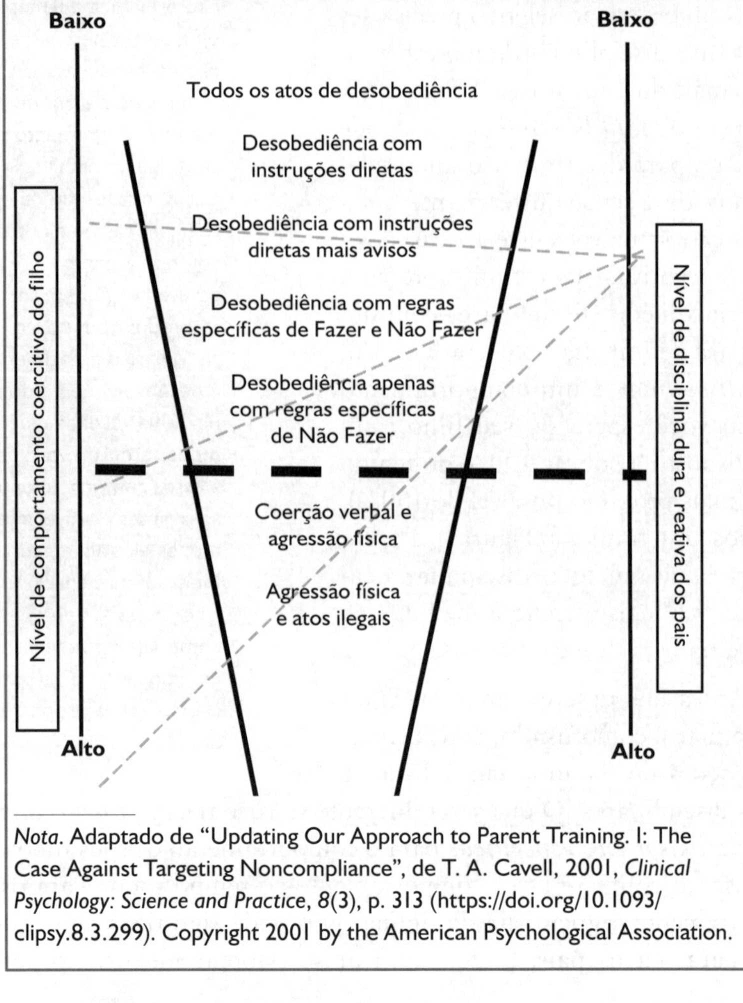

Nota. Adaptado de "Updating Our Approach to Parent Training. I: The Case Against Targeting Noncompliance", de T. A. Cavell, 2001, *Clinical Psychology: Science and Practice*, *8*(3), p. 313 (https://doi.org/10.1093/clipsy.8.3.299). Copyright 2001 by the American Psychological Association.

O Funil Disciplinar pode ajudá-lo a identificar metas disciplinares adequadas ao tipo de relacionamento que você tem com seus filhos. Você precisará considerar dois fatores-chave: o primeiro é o nível de mau comportamento do seu filho: quão difíceis, coercivas ou antissociais são as ações dele dia após dia? Isso lhe diz o quanto você terá que se esforçar e o quão importante isso é para estreitar o seu foco. Uma postura desafiadora leve, de vez em quando, não é algo sério nem complexo do ponto de vista dos pais. Mas, se as crianças e adolescentes são propensos a explosões violentas, ao uso de substâncias ilegais ou a se envolver em outros comportamentos delinquentes, os riscos são altos, assim como o nível de dificuldade para a contenção.

O segundo fator-chave é a sua própria tendência a reagir ao mau comportamento da criança com uma educação severa e excessivamente punitiva. Manter uma proporção saudável entre trocas positivas e negativas (contenção mais aceitação) significa ser honesto consigo mesmo sobre se o mau comportamento de seus filhos resulta em você "perder a cabeça" ou "explodir". Depois de fazer uma avaliação realista de onde você e seu filho estão nesses dois fatores, use o funil para identificar as metas disciplinares certas para a sua família. Na Figura 6.1, há três linhas tracejadas finas. Essas linhas ilustram o nível de comportamento-alvo indicado para crianças em diferentes níveis de comportamento coercitivo (assumindo um nível definido de criação dos filhos dura e reativa); à medida que o nível de coerção da criança aumenta, o foco disciplinar se estreita cada vez mais e aborda uma lista muito menor de comportamentos problemáticos.

Usando o Funil Disciplinar

Entendemos que aplicar esse funil pode parecer complicado. Aqui, fornecemos algumas definições para que você possa determinar qual nível de intervenção faz mais sentido para a sua família.

Todos os Atos de Desobediência

No topo do funil está a opção de atingir todos os atos de desobediência ou descumprimento de ordens. Este é um objetivo verdadeiramente ambicioso porque significa que os pais estão cumprindo uma sanção disciplinar cada vez que seu filho desobedece a qualquer regra ou expectativa.

Desobediência com instruções diretas

Você pode restringir o escopo da sua disciplina se limitar a desobediência aos momentos em que seus filhos não obedecem a uma instrução direta. Há muitas maneiras de comunicar uma expectativa aos seus filhos. Algumas não são muito rigorosas e realmente não se qualificam como instruções. Isso inclui perguntar, desejar, pensar e suplicar ("Você se importaria de tirar os sapatos do chão e colocá-los na porta da frente quando tiver tempo?"). Francamente, não é justo esperar que os filhos obedeçam a solicitações feitas de modo tênue, e se você está fazendo uma pergunta, a resposta pode muito bem ser "Não". Mas, se você emitir uma instrução clara e simples ("Coloque os sapatos na porta da frente agora, por favor.") e eles ainda não obedecerem, essa é a sua sugestão para avançar com uma sanção disciplinar.

Desobediência com instruções diretas mais avisos

Neste nível, os filhos recebem uma segunda chance antes que os pais sigam com a disciplina. A vantagem de usar este nível é que você oferece aos seus filhos informações adicionais sobre o que esperar ("Se você não colocar os sapatos na porta da frente, então você não poderá brincar antes do jantar"). Você ainda está comprometido a seguir em frente 100% do tempo, mas reduzirá o número de ocasiões em que isso será necessário, porque os filhos agora sabem o que esperar.

Desobediência com regras específicas de Fazer e Não Fazer

Neste nível, você fará uma mudança importante na maneira como disciplina. Em vez de esperar conformidade com cada um dos comandos ou instruções, você esperará conformidade com um conjunto específico de regras permanentes. Há duas vantagens principais nesta abordagem. A primeira é que você coloca limites definidos em torno das suas expectativas e opta por desconsiderar algumas coisas. É uma tentativa explícita de usar a disciplina seletiva. Se você definir as suas regras com sabedoria, deverá ter menos conflitos disciplinares. A segunda vantagem importante é que você economiza muito tempo, energia e custos (físicos, emocionais) por se restringir ao que importa mais. Mas esteja ciente de que um erro comum que os pais cometem é estabelecer regras excessivamente amplas ou vagas (por exemplo, "Mostre respeito"). Quando suas regras não são claras, é difícil para as crianças saberem o que se qualifica como quebra da regra, e difícil para os pais aplicá-las o tempo todo. Lembre, um alvo disciplinar não é apenas o que você espera; é também aquilo pelo qual está disposto a se esforçar. Nós fornecemos algumas *Regras de Fazer e Não Fazer* comumente usadas e explicitamente declaradas a seguir. Esta lista lhe dará uma ideia de quão grandes ou pequenas devem ser suas regras.

Exemplos de Regras de Fazer e Não Fazer

Regras de Fazer

- Ponha suas roupas sujas no cesto.
- Feche a porta da frente quando entrar ou sair de casa.
- Ponha sua louça suja na lava-louças.
- Peça permissão antes de dizer "sim" aos convites dos amigos.
- Esteja em casa antes das 23h nos fins de semana.

Regras de Não Fazer

- Não bata nos seus irmãos.
- Não leve comida para o seu quarto.
- Não assista a programas de TV classificados para audiências adultas.
- Não convide amigos para entrar se não houver pais em casa.
- Não saia de casa escondido à noite.

Desobediência apenas a Regras Específicas de Não Fazer

Algumas pesquisas sugerem que as Regras de Fazer são mais difíceis para os pais aplicarem e mais difíceis para os filhos aprenderem e seguirem do que as Regras de Não Fazer. Assim, se você restringir seu foco disciplinar a apenas Regras de Não Fazer, você e seus filhos devem experimentar uma redução ainda maior nas trocas negativas. A desvantagem de usar apenas Regras de Não Fazer é que você pode deixar indefinido o que espera dos seus filhos. É claro que, em muitas situações, é bastante óbvio o que os pais esperam dos filhos. Exemplos incluem onde eles podem comer, se não puderem fazê-lo no quarto ou o que eles podem assistir na TV, se os programas para públicos maduros forem proibidos.

Coerção verbal e agressão física

A *coerção verbal* refere-se a comentários ameaçadores, críticas ofensivas, palavrões raivosos e afins. Quando dirigida aos pais, a coerção verbal

> **Ponto de vista do Tim**
> A agressão que começa na infância é bastante estável ao longo do tempo e acarreta riscos significativos. Um grupo de pesquisadores descobriu que 50% dos meninos identificados como agressivos aos 9 ou 10 anos foram presos aos 14 anos (Patterson & Yoerger, 2002). Além disso, 75% dos meninos presos aos 14 anos tiveram três ou mais prisões antes dos 18 anos.

é frequentemente vista como desrespeito (por exemplo, "Eu odeio quando você interrompe meus programas de TV", "Você é tão estúpido!") ou desafio (por exemplo, "Não! Eu disse que iria quando o meu programa acabasse!"). Atos de agressão física incluem bater, morder, beliscar e chutar os outros. A destruição de propriedade também pode ser incluída como agressão física. Em alguns lares, a coerção verbal e a agressão física ocorrem tão raramente que os pais não devem se preocupar com esse tipo de problema disciplinar. Mas, se os filhos estão usando coerção verbal e agressão física como sua principal estratégia para conseguir o que querem, então os pais devem levar isso a sério. O uso frequente de comportamento coercitivo pode sinalizar sério risco para coisas como abandonar a escola, delinquência, abuso de substâncias e comportamento sexual de risco.

Como pais, se esses comportamentos estiverem ocorrendo, vocês devem concentrar seu tempo e energia em abordá-los antes de todos os outros. Essa não é uma tarefa pequena, e é mais difícil quando os pais se sentem impotentes diante da coerção e agressão na infância. Também alertamos os pais sobre o desafio de estabelecer limites para o que seus filhos dizem, mesmo que seja algo maldoso e feio. Nós mencionamos este cuidado porque pode ser muito difícil controlar o que sai da boca de uma criança, e se você não pode conter o que o seu filho diz não está realmente usando uma disciplina eficaz. Sim, as palavras podem doer, mas não tanto quanto a agressão física. Além disso, os pais que tentam impedir que as crianças façam comentários ofensivos, vulgares ou desrespeitosos podem, em breve, se ver tentando impedir uma longa lista de verbalizações indesejadas. Ajuda bastante especificar palavras ou frases

> **Ponto de vista da Lauren**
> Se isso descreve um ou mais dos seus filhos, considere procurar ajuda profissional. Procure profissionais de saúde mental que usem abordagens baseadas na ciência, como Terapia de Interação Pais-Filho, Parentalidade Positiva (Triple P), Anos Incríveis, Terapia Familiar Funcional, Terapia Multissistêmica, GenerationPMTO ou Terapia Familiar Estratégica Breve.

exatas que são proibidas. Os pais podem até oferecer substitutos aceitáveis, talvez bem-humorados, para palavras e comentários "proibidos": "Eu não gosto quando você diz isso, mas você pode dizer: Oh, meleca." Mas tenha cuidado. Se você decidir combater a linguagem inapropriada ou coercitiva do seu filho, poderá entrar em uma batalha perdida a longo prazo. Isto é especialmente válido quando as palavras e frases são projetadas para enervar os pais.

> **Ponto de vista da Lauren**
> Há evidências de que mesmo palmadas leves ou pouco frequentes estão associadas ao maior uso de agressividade por parte das crianças com seus pares.

Agressão física e atos ilícitos

Agressão física e atos ilegais estão no fundo do Funil Disciplinar. Se os seus filhos se envolvem rotineiramente nesses tipos de comportamentos problemáticos, você não pode se dar ao luxo de se preocupar com outros assuntos. Concentre o seu tempo e energia nessas ações perigosas.

Você pode usar o funil para identificar os comportamentos que devem estar em sua curta lista disciplinar — aquela lista de comportamentos que garantem o uso de disciplina seletiva e ajudam a manter uma proporção de 4:1 na relação pais-filho. Reconheça também que o nível de comportamentos-alvo identificados usando o Funil Disciplinar é apenas uma estimativa: se você selecionar um nível, mas suas interações disciplinares ainda estiverem ocorrendo com frequência, sempre poderá descer para um nível inferior. Alguns pais ficam no topo do funil, enquanto outros precisarão começar perto do fundo e, talvez, construir o seu caminho para o topo ao longo do tempo.

> **Ponto de vista do Tim**
> Descrevi isso aos pais como uma espécie de "pesca verbal" por parte de seus filhos, na esperança de "fisgar" seus pais usando palavras provocativas. Eu aviso os pais para não morderem a isca de crianças que jogam um comentário feio aqui, uma crítica mordaz ali, ou talvez um palavrão muito ruim, e esperam para ver como os pais reagem. É uma ferramenta que as crianças podem usar para exercer poder e controle.

Se seu filho estiver exibindo comportamentos abaixo da linha tracejada horizontal na Figura 6.1, os riscos são significativos e devem justificar (a) resposta parental imediata (não demore em reconhecer esses comportamentos

Ponto de vista do Tim
Alguns pais com quem trabalhei estabeleceram um padrão de vida com um filho que regularmente desrespeita as regras domésticas, da cidade ou as leis estaduais e locais. Eles vêm para a terapia porque agora são alvo de atos agressivos ou ilegais dos filhos. Portas são arrombadas, dinheiro é roubado e membros da família, incluindo os pais, são feridos.

como inaceitáveis e merecedores de um limite firme), (b) sua maior atenção (com pouca ou nenhuma margem de manobra ao impor sanções) e (c) possível intervenção de especialistas (por exemplo, terapia familiar com um profissional de saúde para avaliar o envolvimento de sua família em um padrão preocupante). Se o seu filho está exibindo os comportamentos acima da linha tracejada horizontal, também faz sentido começar com os comportamentos mais preocupantes (mais abaixo no funil). O objetivo não é abordar todos os delitos, mas conservar sua energia disciplinar para os comportamentos errados mais significativos em termos de desenvolvimento.

Infelizmente, alguns pais chegam a tolerar que o filho seja agressivo ou se envolva em atos delinquentes. Quando esses pais procuram ajuda profissional, muitas vezes é porque eles são, agora, o alvo do comportamento antissocial de seus filhos. Portas são arrombadas, dinheiro é roubado e os pais são empurrados e esbofeteados. Seus filhos também correm o risco de serem presos ou tirados de casa, o que pode ser assustador e desagradável. Na verdade, alguns pais preferem tolerar um relacionamento insatisfatório e debilitante com um filho que os vitimiza do que tê-lo tirado de casa para sua segurança.

Não há necessidade de ser a vítima do seu filho. Ninguém se beneficia quando os pais são agredidos, roubados ou vandalizados. Os filhos que rotineiramente quebram as leis e ignoram as regras contra a violência e a vitimização perderam de vista seus valores familiares e o que eles significam. Os Navajos, um povo indígena da América do Norte, têm um ditado para aqueles que se comportam dessa maneira: “Eles agem como se não tivessem parentes.” No mínimo, os membros da família devem ser mantidos seguros, e os pais têm a responsabilidade de proteger a saúde e o bem-estar de seus familiares. Se esta é a sua família e você é uma pessoa que se vê no fundo do Funil Disciplinar, provavelmente é hora de obter ajuda profissional. Essa ajuda provavelmente envolverá uma combinação de profissionais de saúde mental e justiça juvenil. Geralmente aconselhamos os pais a não usarem atos radicais e desesperados de “amor duro” destinados a recuperar o controle e fazer com que os filhos se submetam à sua autoridade. Mas chamar a polícia ou tirar um filho de casa às vezes é uma estratégia necessária para preservar a segurança e o bem-estar de outros membros da família. Esta é uma manobra defensiva com o objetivo de proteger; provavelmente não tratará dos problemas que provocaram os comportamentos prejudiciais. Ainda assim, tais ações transmitem aos filhos a mensagem: "Posso não ser capaz de controlar seu comportamento, mas posso controlar o meu. E vou agir para não ser sua vítima." Novamente, é uma postura defensiva, não uma arma ofensiva. Os pais não devem abandonar ou rejeitar os filhos em um esforço desesperado para transformá-los. Se o seu filho for tirado de casa, ofereça-lhe um caminho de volta — um caminho que envolva aderir às condições mínimas que permitam a segurança de todos.

Ponto de vista do Tim

Minha mensagem aos pais é uma versão do seguinte: "Recuse-se a ser uma vítima, leve uma vida mais saudável e ore para que seu filho siga seu exemplo." Combino essa mensagem com a sugestão de que os pais ofereçam aos filhos uma "corda de salvamento", um caminho de volta ao rebanho familiar, caso queiram. É importante ressaltar que estender essa corda não deve significar que os pais e outros membros da família sejam vítimas. É melhor fazer o que é recomendado quando vemos alguém se afogando: ficar em segurança na margem e jogar uma corda de salvamento em vez de pular e arriscar a se afogar.

APRENDA OS SEIS COMPONENTES DE UM ROTEIRO DE CONTENÇÃO ADAPTATIVA

Interações disciplinares com crianças desafiadoras ou perturbadoras podem ser eventos estressantes e emocionalmente carregados que deixam os pais cansados e cheios de dúvidas. Os pais podem gerenciar melhor esses eventos adotando e usando um roteiro comportamental seguido do início ao fim. Os *roteiros* são padrões de ação praticados repetidamente e executados de maneira automática e consistente. Um roteiro de contenção bem construído pode ajudar a reduzir o estresse das interações disciplinares e aumentar a confiança dos pais em sua criação. Um roteiro de contenção também garante maior consistência na disciplina: os pais são mais propensos a seguir até o fim, e as crianças aprenderão mais prontamente quais comportamentos são ou não permitidos. Os melhores roteiros de contenção são entregues com calma, firmeza e com uma voz clara e calma. Os roteiros ajudam os pais a manter o foco no objetivo disciplinar sem se distrair com os desafios e provocações dos filhos. Um roteiro de contenção adaptativa tem as seguintes características:

- raramente invocado
- aplicado consistentemente
- totalmente concluído
- aumenta o custo do mau comportamento
- utilizado e reutilizado de forma viável
- não violento

Ponto de vista de Lauren e Tim

Tim: É uma regra "útil" para ser ter à mão: um comportamento-alvo por dedo! Viva as piadas de pai!

Lauren: Você pode pensar nesses comportamentos como aqueles que o fazem agir, não importa o contexto.

Raramente Invocado (A Regra dos "5 ou Menos")

Como a disciplina eficaz é a disciplina seletiva, é útil se a sua lista de metas disciplinares for curta. Encorajamos os pais a identificar cinco ou menos comportamentos importantes para o crescimento e desenvolvimento das crianças e permitir uma mistura eficaz de aceitação e contenção (consulte o Funil Disciplinar na Figura 6.1). A regra dos 5 ou menos é arbitrária, mas é útil para garantir que o roteiro de contenção não seja usado em excesso. Use o Funil Disciplinar para identificar o nível de comportamentos-alvo que devem estar na sua lista curta para manter uma proporção de 4:1. Como observamos anteriormente, preocupações ativas sobre o uso de coerção ou agressão pelo seu filho devem entrar na sua curta lista de metas disciplinares. Se você não tiver essas preocupações, considere incluir um ou dois comandos "Para Fazer" na lista. Idealmente, estes são comandos que têm amplos efeitos de repercussão. Por exemplo, toda a família se beneficia quando as crianças vão para a cama na hora certa e obedecem às regras domésticas sobre onde podem comer. Ao aderir à sua curta lista de cinco ou menos comportamentos-alvo, você garantirá que seu roteiro de contenção seja raramente usado e poderá manter uma postura de aceitação melhor.

Aplicado Consistentemente

Muitas vezes, os pais ouvem sobre a importância de ser consistente, especialmente com a sua disciplina. Vamos tirar um minuto para esmiuçar este conselho parental muito comum. Existem pelo menos três tipos de consistência parental: verbal, interparental e comportamental.

Consistência Verbal

Consistência verbal refere-se aos momentos em que um pai ou mãe dá uma ordem ou faz uma solicitação e, em seguida, certifica-se de vê-la cumprida. A suposição subjacente é que não deve haver incoerência entre o que um pai ou mãe *diz* e o que *faz*. Isso também poderia ser chamado de *consistência lógica*, na medida em que é lógico supor que o que um pai ou mãe diz deve ser seguido. Por exemplo, vamos imaginar que Nevaeh tenha tirado notas baixas e corra o risco de ser reprovada na escola. Sua mãe está preocupada e diz à filha que qualquer coisa menor do que um 7 em matemática significaria que Nevaeh ficaria sem celular por 6 semanas. Quando o boletim chega, Nevaeh tirou um 6 em matemática. Se a mãe estiver determinada a ser consistente com o que diz, então Nevaeh ficaria sem o telefone por 6 semanas. Mas um uso restrito da consistência lógica pode significar a falta de outros fatores relevantes, como segurança, conveniência ou a importância do desenvolvimento do comportamento da criança. Quão imprescindível é que Nevaeh tire 7 em matemática? Se Nevaeh não estiver com o celular, ela se sentirá segura depois da escola, ao esperar por uma carona ou ao voltar da casa de um amigo? A consistência lógica também não leva em conta o esforço de uma criança para atender às expectativas dos pais. Por exemplo, e se Nevaeh tivesse trabalhado duro para elevar sua nota de 0 para 6? A consistência verbal é difícil de usar e nem sempre é necessária ou útil. É também o tipo de consistência que pode deixar os pais enrolados, especialmente se tomam decisões precipitadas e insensatas e se sentem compelidos a seguir em frente com o que disseram apenas para serem consistentes.

Consistência interparental

Consistência interparental é quando pais e parceiros parentais concordam sobre o que as crianças devem ou não fazer. Isso é útil e pode facilitar a vida, mas não é essencial, a menos que a discrepância entre os pais seja grande e significativa. Às vezes, grandes discrepâncias sinalizam o conflito conjugal subjacente, mas a maioria das discrepâncias não é grande nem significativa. A avó deixa as crianças comerem sorvete antes de dormir, mas o pai não; a mãe deixa as crianças ficarem acordadas até tarde às sextas-feiras quando o parceiro não está por perto, mas o parceiro as leva para a cama cedo todas as noites; o pai nunca compra fast-food, mas Tio Luca gosta de pedir fast-food quando é a sua noite de "cozinhar". Estas são discrepâncias menores que provavelmente não terão um impacto negativo nas crianças. Mas as inconsistências podem ser problemáticas se um dos pais estiver minando a autoridade do outro. Imagine que a avó permita que as crianças tomem sorvete depois que o pai lhes disse para irem para a cama após o banho. Se isso acontecer rotineiramente, a autoridade do pai pode ser minada, e seus filhos vão aprender que podem reclamar e ganhar a sobremesa. A inconsistência também é comum e um tanto esperada entre os pais que estão separados ou divorciados. Regras e rotinas tendem a diferir em cada casa, o que pode ser irritante para o outro pai ou mãe, mas raramente é um risco significativo para o crescimento e desenvolvimento das crianças. Mais prejudiciais são a inconsistência e os desacordos que resultam da dor do divórcio. Quando os pais divorciados colocam as crianças no meio, psicologicamente, é particularmente prejudicial. Exemplos incluem pais que esperam que seus filhos sejam leais a eles e guardem segredos do ex-cônjuge.

Consistência Comportamental

A forma mais importante de consistência parental é a *consistência comportamental*, que se refere à consistência em como os pais respondem a um comportamento específico da criança. Por exemplo, os pais intervêm consistentemente e estabelecem um limite quando seu filho bate em um irmão? Eles consistentemente deixam passar quando o filho faz um comentário rude? Consistência comportamental é exatamente o que temos discutido no que diz respeito à disciplina seletiva e ao uso de uma curta lista de metas disciplinares. Consistência comportamental significa aplicar consistentemente (100% do tempo, lembra?) os comportamentos-alvo específicos em sua lista curta. Pode haver duas dúzias de comportamentos problemáticos ou questionáveis realizados por seu filho ou filha ao longo de uma semana, mas seu trabalho é ser consistente em como você responde aos **comportamentos específicos em sua lista curta**. Ajudamos nossos filhos quando eles podem facilmente distinguir entre comportamentos permitidos e não permitidos. Há pouco risco para a mãe de

Nevaeh mudar de ideia sobre tomar o celular (dadas as preocupações com a segurança da filha e em reconhecimento ao seu esforço acadêmico) se a mãe continuar a comunicar fortes expectativas sobre o trabalho escolar e permanecer consistente em como ela responde aos comportamentos em sua lista curta disciplinar. Mas imagine se a mãe chegasse em casa do trabalho, tomasse uma bebida para relaxar e de repente estivesse de bom humor. Se ela então deixar Nevaeh se safar com coisas que normalmente não são permitidas (por exemplo, empurrar seu irmão, ignorar o toque de recolher), a lição inadvertida que está sendo ensinada não é a distinção de certo ou errado, mas se a mãe está de bom ou mau humor.

Totalmente Concluído

Os pais podem se sentir derrotados e desgastados por repetidas interações disciplinares, especialmente quando as crianças tendem a ser irritáveis ou exigentes. No entanto, é importante prosseguir com os esforços de contenção necessários, especialmente quando o comportamento em questão é um alvo disciplinar fundamental. A natureza automática e praticada com frequência dos roteiros de contenção ajuda os pais a persistirem em direção a uma resolução eficaz para a interação disciplinar, mesmo quando estão frustrados e cansados e seus filhos são desafiadores e irritados.

Aumenta o Custo do Mau Comportamento

Esta questão está ligada à nossa definição anterior de disciplina eficaz. Existem várias maneiras de determinar se você aumentou o custo do mau comportamento. Para crianças pequenas cuja capacidade de regular as emoções não é totalmente desenvolvida, aumentar o custo de seu mau comportamento é frequentemente sinalizado por chorar, reclamar ou gritar quando limites firmes são estabelecidos. Para crianças mais velhas e adolescentes, a sugestão mais óbvia de que você aumentou efetivamente o custo do mau comportamento é quando eles param de adotá-lo ou o fazem com menos frequência. Mas há momentos em que os esforços dos pais para estabelecer limites firmes — para aumentar o custo do mau comportamento — não têm impacto óbvio e imediato. De fato, dependendo de por quanto tempo as crianças usam o comportamento e de quanto ele "funcionou" para conseguir o que queriam, elas podem continuar a usá-lo, quase como um teste da capacidade dos pais de persistir (veja também nossa discussão sobre a extinção mais adiante neste capítulo).

Portanto, recomendamos que os pais persistam em estabelecer limites firmes, mesmo quando não há mudança imediata no comportamento de seus filhos. Isto é particularmente válido quando o alvo disciplinar é um comportamento sério, como agressão ou delinquência. Também incentivamos os pais a não subestimar os custos de seus esforços disciplinares e o seu provável impacto ao longo do tempo. Se os pais podem chegar perto de 100% de consistência em seus esforços para estabelecer um limite para um determinado comportamento, mesmo que pareça ter pouco impacto imediato, esse é um cenário mais caro para seu filho do que não impor um limite. Além disso, seus esforços consistentes para estabelecer limites são uma parte importante de transmitir suas expectativas e valores (consulte o Capítulo 7, "Liderar").

Utilizado e Reutilizado de Forma Viável

Criar um filho com emoções fortes e comportamento difícil pode ser um processo longo e árduo, e os pais precisam estar equipados para essa longa caminhada. Alguns roteiros de contenção possuem muito impacto, mas não são sustentáveis. Por exemplo, fazer com que os filhos se redimam por transgressões e façam tarefas adicionais pode ser uma abordagem poderosa de contenção, mas impraticável, especialmente se eles se comportam mal com frequência. Uma forma de punição que se estende por um longo período, como a proibição a Nevaeh de usar o telefone por 6 semanas, também pode ser difícil de impor repetidamente. Essas estratégias bastante intensivas provavelmente serão abandonadas quando os pais estiverem estressados ou cansados. Os roteiros de contenção mais úteis são aqueles que podem ser usados repetidamente e com custos mínimos para os pais. Estes custos geralmente são determinados pela sanção ou forma de punição que eles usam. Mais adiante, discutiremos várias opções de sanções e daremos especial atenção ao custo provável de os pais as usarem e reutilizarem.

Não Violento

A menos que envolvam abuso infantil, os pais têm a liberdade de escolher como disciplinar seus filhos. Nos Estados Unidos, muitos pais relatam que levaram palmadas quando crianças e "acabaram bem." Mas a ciência é clara ao afirmar que a punição física pode levar à agressão infantil, não menos, especialmente se for intensa e ocorrer na ausência de uma relação de aceitação entre pais e filhos. As crianças que são punidas fisicamente também tendem a ser mais desconfiadas, mais evasivas e menos responsivas aos pais do que aquelas cujos pais não usam punição física. No entanto, não é incomum que os pais, especialmente nos Estados Unidos, batam, golpeiem ou usem alguma outra forma de disciplina física.

Às vezes, o uso da disciplina física torna-se abusivo. Muitas vezes, a criação de filhos abusiva é feita de modo impulsivo e sem intenção deliberada. De fato, pode-se dizer que os pais que agem de forma abusiva estão usando um tipo diferente de *roteiro disciplinar*, que compartilha muitas das características de um roteiro de contenção saudável (ou seja, aplicado de forma consistente, raramente invocado, totalmente concluído, usado e reutilizado de forma viável). Roteiros automáticos, sobreaprendidos, de pais abusivos são muitas vezes impulsionados por sentimentos de raiva e pensamentos hostis que são difíceis para os pais reconhecerem e regularem. Ao contrário de um roteiro de contenção saudável, os roteiros disciplinares abusivos são insensatos e prejudiciais. Os pais, muitas vezes, recorrem ao castigo físico quando estão tensos ou com raiva e, assim, mostram aos filhos como agir quando estiverem com raiva. Além disso, a disciplina feita quando os pais são altamente emocionais corre o risco de ser severa. Sim, roteiros disciplinares violentos, às vezes, podem levar o mau comportamento dos filhos a uma parada brusca, mas a criação dura raramente é eficaz ao longo do tempo, mesmo com filhos que são emocionalmente reativos e fortes. Mais importante ainda, o uso do castigo físico é, muitas vezes, um sinal de que a disciplina trata menos de ajudar os filhos e mais de ajudar o sofrimento emocional dos pais.

CONSTRUA UMA ABORDAGEM DE QUATRO ETAPAS PARA A CONTENÇÃO

Oferecemos aqui uma abordagem simples de quatro etapas para contenção que pode ser usada para criar seu próprio roteiro. Os três primeiros passos — Instrução, Aviso e Sanção — devem ser familiares para a maioria dos pais. Com essas três etapas, os filhos *aprendem* sobre as expectativas em relação ao comportamento deles, *aprendem* sobre as consequências de não atendê-las e *experimentam* os custos de não satisfazê-las. O quarto e último passo é provavelmente menos conhecido. Nós o chamamos de Reconexão. Usamos esse termo para descrever um tipo específico de interação pais-filho, em que os pais reafirmam suas razões para impor uma sanção, lembrando aos filhos que eles são aceitos e fazem parte da família. Esta abordagem de quatro etapas é apresentada aqui com outras opções potencialmente úteis. Vamos dar uma olhada em cada passo.

Uma abordagem de quatro etapas para a contenção

Noções básicas

1. **Instrução**

   Com uma voz firme, declare a expectativa de maneira direta, clara e específica. Use a expressão facial, a postura e a voz para deixar claro que agora você entrou no "modo de contenção", focado e sério, mas não dramático e fora de controle.

   - "Tanaz, não podemos sair até que você coloque o cinto de segurança."

2. **Aviso**

   Se o seu filho não seguir as instruções, repita-as com uma advertência que o informe sobre a sanção que ocorrerá.

   - "Tanaz, se não colocar o cinto de segurança, terei que deixá-lo aqui com a Vovó."

3. **Sanção**

   Se o seu filho não prestar atenção ao aviso, imponha a sanção.

   - "Tanaz, como você não colocou o cinto de segurança, vai ficar aqui com a Vovó."

4. **Reconexão**

   Mais tarde, quando ambos estiverem emocionalmente recompostos, fale com seu filho e enfatize esses três pontos: (a) seu filho é amado e aceito, (b) você está comprometido a impor essa expectativa específica e (c) essa expectativa é uma parte central dos valores de sua família.

   - "Tanaz, eu te amo e você é importante para mim e para nossa família. Não posso deixar que você ande no carro sem cinto de segurança. É muito perigoso e contra a lei. Não é assim que fazemos as coisas nesta família."

Opções

Redirecione o seu filho para um comportamento mais adequado.

- "Tanaz, você não precisa gostar do cinto de segurança, mas precisa usá-lo."

(Continua) ›

(Continuação)

Uma abordagem de quatro etapas para a contenção

Reflita os comentários, sentimentos e desejos do seu filho.

- "Tanaz, lamento que não goste de usar cinto de segurança."

Dê ao seu filho um **motivo** para o limite.

- "Tanaz, não estamos seguros quando andamos de carro sem cinto de segurança."

Reforce o empenho do seu filho no caso de instruções "Para Fazer".

- "Tanaz, obrigado por colocar o cinto de segurança. Agora todos nós estamos mais seguros."

Instrução

As pesquisas mostram que cerca de metade das crianças pequenas levadas a uma clínica de saúde mental por causa de dificuldades comportamentais obedeceriam aos pais se recebessem instruções adequadas. Instruir significa afirmar de forma simples e clara que um comportamento específico é esperado ou que um comportamento específico não é permitido. Sem instruções claras, as crianças podem entender mal e não perceber que você está falando sério sobre as expectativas. Quando os pais usam expressões de dor, suspiram com tristeza ou reclamam repetidamente ("Alguém nesta casa poderia, por favor, me ajudar?"), eles não estão dando aos filhos instruções claras. O melhor tipo de instrução usa palavras simples, concentra-se em um comportamento de cada vez, é adequado ao desenvolvimento (se encaixa na idade e nas habilidades do seu filho) e é declarado de maneira assertiva.

Imagine uma mãe que aceita cuidar do filho de 4 anos do vizinho, Cedric, por uma hora, mesmo que ela esteja cozinhando o jantar e supervisionando os próprios filhos: Len, de 8 anos, e Nita, de 9 anos. Agora imagine que o pequeno Cedric está distraído entre Len e a TV. A mãe olha na direção deles bem no momento em que Len empurra Cedric para o lado. Uma instrução simples neste cenário pode ser: "Len, fale se quiser que Cedric saia da frente." É claro e simples e ajuda a chamar a atenção de Len porque seu nome é usado. Os exemplos a seguir são menos específicos e menos eficazes: "Len!", "Eu vi isso!", "O que você está fazendo?", "Não me faça ir até aí!" Além de ser claro e simples, pode ajudar se suas instruções forem "envolvidas" em pistas não verbais que sinalizem comprometimento e seriedade sobre a contenção. Estamos nos referindo aqui a estar fisicamente perto, olhar diretamente para o seu filho, fazer contato visual, falar clara e calmamente e não gritar, e usar um tom firme, mas não ameaçador.

Aviso

Um aviso faz duas coisas. Lembra os filhos das expectativas dos pais e comunica a sanção que se seguirá se a instrução for ignorada. Na situação anterior, a mãe poderia avisar Len dizendo: "Len, eu disse para você falar e não empurrar as pessoas. Se você empurrar o Cedric outra vez, ficará sem televisão pelo resto da noite." Às vezes, um aviso pode ajudar os pais a conter o mau comportamento da criança sem usar uma sanção, o que pode beneficiar o relacionamento pais-filho, evitando o peso emocional de um conflito disciplinar potencialmente exaltado. Os avisos são especialmente úteis quando usados para orientar crianças distraídas, impulsivas ou cognitivamente imaturas. Os avisos também podem ser usados para lembrar as crianças de regras permanentes (por exemplo, "Não machucamos os outros nesta casa" [A Regra de Não Machucar]). Por exemplo, neste cenário, em vez de instruir Len a não empurrar, a mãe poderia tê-lo lembrado da regra de não machucar os outros ("Len, lembre-se da Regra de Não Machucar!") e o advertido de uma sanção iminente se ele empurrasse Cedric novamente.

Há também momentos em que não é uma boa ideia dar um aviso. Por exemplo, e se Len tivesse agressivamente chutado Cedric pelas costas? Um empurrão e um chute são atos agressivos, mas um é certamente mais violento do que o outro. Quando o comportamento é particularmente violento e não acontece com frequência (espera-se que não), faz pouco sentido dar um aviso. Em vez disso, deve ser tratado como uma séria afronta ao que sua família valoriza ("Nós não machucamos os outros, Len"). Emitir um aviso nesses casos pode resultar em Len aprender que ele tem a chance de realmente machucar alguém antes que a mãe intervenha.

Sanção

Aplicar uma sanção a uma criança é impor algum tipo de custo ou penalidade. Uma boa instrução combinada com um aviso pode reduzir a frequência com que as sanções são necessárias, mas não eliminará completamente a necessidade desse recurso. Existem quatro tipos básicos de sanções. Os dois primeiros exigem pouca ou nenhuma cooperação dos filhos. Os outros dois dependem da cooperação dos filhos e são mais difíceis de usar. Cada tipo de sanção tem suas vantagens e desvantagens. Em geral, as sanções que exigem a cooperação dos filhos tendem a ser mais eficazes do que outras sanções. Os quatro tipos são (a) disciplina física, (b) custo da resposta, (c) castigo e (d) hipercorreção.

Disciplina Física

A disciplina física envolve o uso de palmadas, contenção física ou qualquer outra forma de contato físico como punição. Como observamos anteriormente, muitos pais usam a disciplina física, especialmente com crianças mais novas. Estima-se que 80% a 90% dos adultos nos Estados Unidos apanharam quando crianças (para uma revisão, consulte Zolotor et al., 2008). No entanto, as taxas de palmadas estão diminuindo continuamente nos Estados Unidos devido à diminuição da aprovação dos pais. Estimativas recentes são de que dois terços dos pais agora batem em seus filhos. Na verdade, as pesquisas mostram que a *maioria* dos pais não *quer* bater em seus filhos, mas tende a fazê-lo quando agitados ou irritados, acreditando que outros métodos de disciplina não funcionarão. O fato de que tantos pais ainda usam palmadas é compreensível quando você considera que eles não precisam de ajuda ou cooperação dos filhos para bater neles e que é uma forma prontamente disponível de punição que pode ser usada repetidamente.

> **Ponto de vista do Tim**
> Quando trabalho com pais que dizem dar palmadas em seus filhos, normalmente observo os prós e contras de usar diferentes tipos de sanções, incluindo disciplina física não abusiva. No entanto, permaneço firme contra o uso de palmadas abusivas pelos pais, dada a evidência científica contra seu valor e por causa de minhas obrigações legais de reportar abuso infantil.

O fato de muitos pais escolherem bater em seus filhos não significa que isso seja eficaz, e as pesquisas não mostram nenhuma vantagem real quando eles lançam mão deste recurso em vez de usar outras sanções. Na verdade, à medida que os filhos envelhecem e crescem, a maioria dos pais deixa de bater neles. Há um risco de que a palmada e outras formas de disciplina física sejam usadas com muita frequência ou com muita intensidade, beirando ou até se tornando uma criação abusiva. A palmada

Ponto de vista da Lauren
Há evidências de que mesmo palmadas leves ou pouco frequentes estão associadas ao maior uso de agressividade por parte das crianças com seus pares.

também é uma forma de agressão, mesmo em níveis não abusivos, o que faz com que as regras sobre "não machucar" pareçam tolas e hipócritas. Reconhecemos que a palmada é uma maneira rápida e fácil de mostrar às crianças que certos comportamentos errados lhes custarão caro. No entanto, há poucas evidências dos benefícios a longo prazo da palmada, mas há muita mostrando que ela pode causar danos.

Os resultados problemáticos incluem aumento do risco de depressão e ansiedade na infância, uso de substâncias, problemas de saúde física (por exemplo, doenças cardíacas, morte precoce), baixo desempenho escolar e a probabilidade de lesão física e dor emocional decorrentes da própria disciplina. E não se esqueça de que a palmada normalmente não orienta as crianças sobre *o que fazer.*

Custo da Resposta

Custo da resposta é o nome que os psicólogos usam para sanções que envolvem tirar algo de um filho que se comporta mal. A ideia de que um determinado comportamento ou resposta vem com um custo é familiar para muitos pais. Suspender o acesso à TV, tomar as chaves do carro, suspender a mesada e deixar de castigo são exemplos de custo da resposta. Trata-se de uma das sanções mais fáceis de usar. Não é preciso muito esforço para *não* levar sua filha de 14 anos à casa da amiga porque ela não fez as tarefas dela. É fácil *não* dar às crianças o seu lanche favorito porque elas discutiram e bateram umas nas outras. Claro, alguns filhos são muito persistentes e inteligentes, por isso, não se surpreenda se elas encontrarem maneiras de desafiar ou contornar suas tentativas de usar o custo da resposta. Muitos pais aprenderam a trancar controles de videogame, desconectar a TV, alterar a senha do Wi-Fi ou suspender temporariamente a rede do telefone celular. E não se esqueça de que alguns maus comportamentos infantis têm custos *naturais* que ajudam os filhos a aprender o certo e o

Ponto de vista da Lauren
A ciência mostrou que os pais podem disciplinar efetivamente seus filhos sem recorrer ao uso da força física. Portanto, faz pouco sentido usar uma abordagem que demonstre a violência, a menos que outros objetivos ocultos estejam operando (por exemplo, o que foi mostrado pelos pais, facilidade de uso, objetivos baseados em emoções).

errado. Por exemplo, as crianças que são maldosas ou rudes com os colegas de classe são frequentemente excluídas das brincadeiras em grupo; as crianças que não fazem a lição de casa podem perder o recreio.

O principal desafio de usar o custo da resposta é determinar o que é importante ou valioso o suficiente para os filhos se importarem caso fosse tirado. Se as crianças tiverem pouca supervisão de adultos, bens materiais abundantes e uma programação semanal cheia de atividades divertidas, elas podem não se incomodar em perder uma única posse ou um único privilégio. Mas alguns privilégios e posses são especialmente valiosos porque envolvem o acesso a outras coisas, como ir à casa de um amigo, entrar nas mídias sociais ou enviar mensagens de texto para os amigos.

Outro cuidado a se tomar ao usar o custo da resposta é se ele for muito alto ou imposto com muita frequência. Isso pode atrapalhar a possibilidade de os pais voltarem a aplicar a sanção. No exemplo de Len e Cedric, se a mãe tivesse dito: "Len, sem TV por uma semana", ela não poderia facilmente usar a mesma sanção no dia seguinte. Crianças desafiadoras raramente se incomodam por perder o que já está perdido, mesmo que o período de perda seja estendido por alguns dias. Se você achar que seu filho requer uma sanção cerca de uma vez por semana, então um custo de resposta de 2 ou 3 dias é viável. Para as crianças mais novas, tirar algo por uma única tarde provavelmente é suficiente. Se o mau comportamento do seu filho ocorrer diariamente, então é melhor usar um breve período de custo de resposta (por exemplo, "Sem TV pelo resto do dia"), presumindo, é claro, que a sanção acarrete custos suficientes para a criança. É melhor errar ao repetir uma sanção com maior frequência do que usar o maior custo. Isso porque criar uma criança com emoções fortes e comportamento difícil é um trabalho de longo prazo, e sanções pesadas podem deixar as crianças se sentindo carentes e não amadas, sem mais nada a perder. Se isso persistisse ao longo do tempo, os pais poderiam estar inadvertidamente semeando insatisfação, descontentamento e alienação. E há pouco a ganhar empurrando o seu filho para longe de si e da sua família.

Castigo

Uma das sanções mais recomendadas é o castigo. Ao contrário do custo de resposta e da disciplina física, colocar de castigo requer algum nível de cooperação infantil, o que ajuda a explicar por que talvez seja mais recomendado do que aplicado. O uso eficaz do castigo pode ser um desafio, embora seja provavelmente mais preciso dizer que pode ser difícil começar a usá-lo. Estabelecer o castigo como uma sanção significa que ele foi usado com sucesso pelo menos uma vez e pode ser reutilizado quando necessário. O termo *castigo* (do inglês, *time-out*) é uma abreviação de "time-out from reward or reinforcement", ou seja, intervalo de uma recompensa ou reforço. Ele se refere ao fato de que as crianças colocadas em uma área isolada, como uma cadeira no canto ou uma pequena sala separada, não podem acessar as coisas e atividades que normalmente gostariam. É importante lembrar-se disso se o seu plano para o castigo envolve o seu filho ficar em um quarto que tem uma TV, um computador, videogames e um telefone.

Alguns pais acham difícil colocar o filho de castigo e sair do local. Eles ficam por lá, às vezes debatendo com crianças chateadas por que precisam ficar isoladas. Para que o castigo seja eficaz, é importante que os pais se afastem e que os filhos fiquem sozinhos. Os pais não precisam ir muito longe — basta virar as costas ou ir para a sala ao lado — mas uma criança de castigo deve ficar sozinha (mesmo que monitorada por motivo de segurança). O castigo só acontece se os filhos permanecerem nele *sozinhos*. Quando as crianças permanecem de castigo por conta própria, elas mostram sinais de autocontrole. Pode não ser por muito tempo e elas ainda podem estar chateadas ou com raiva, mas toda a família é beneficiada quando elas são capazes de permanecer em uma área designada, sendo que eles poderiam facilmente ir embora. Isso não é válido para todas as crianças e todas as famílias, mas o aprendizado de uma criança ao permanecer de castigo pode ser um evento importante na história da relação pais-filho. Isso sinaliza que uma criança está pronta para ceder à autoridade dos pais. Desta forma, o castigo é uma sanção de dois por um: aumenta o custo do mau comportamento e ajuda a incutir nas crianças uma sensação de contenção.

Alguns pais veem o castigo como uma oportunidade para os filhos descansarem ou se acalmarem, como em um evento esportivo. Não é uma má ideia para as crianças que são altamente emocionais e estão fora de controle ir para o quarto ou dar um passeio ao ar livre, mas isso é diferente de usar o castigo como uma sanção disciplinar. Além disso, as crianças dispostas a fazer uma pausa voluntária provavelmente não apresentam muito comportamento problemático. Não é incomum os pais dizerem que tentaram usar o castigo, mas não funcionou. Muitas vezes, embora nem sempre, ele não funciona quando usado incorretamente. Neste capítulo, oferecemos algumas diretrizes recomendadas para usar o castigo. Antes de discuti-las, vamos primeiro abordar a idade das crianças para quem o castigo é apropriado. Para crianças pequenas, entre 2 anos e meio e 6 anos, o castigo geralmente envolve sentar-se em uma cadeira designada como a cadeira da disciplina. Como as crianças pequenas têm controle limitado sobre suas emoções fortes, elas podem precisar ser levadas para a cadeira da disciplina. Para crianças mais velhas que não querem se sentar na cadeira e que não devem ser levadas, é melhor usar uma sala do castigo (consulte as diretrizes recomendadas). Os pais podem ser flexíveis com alguns aspectos do castigo, mas outros aspectos são essenciais, por isso é útil revisar as diretrizes comumente recomendadas. Se você está preocupado em usar o castigo em sua casa, considere consultar um terapeuta familiar e infantil licenciado na sua região. Você também pode acessar as diretrizes do castigo no site dos Centros de Controle e Prevenção de Doenças (https://www.cdc.gov/parents/) (conteúdo em inglês).

Diretrizes recomendadas para usar o castigo

Crianças pequenas (cerca de 2 anos e meio a 6 anos)

1. **Cadeira resistente:** Use uma cadeira de estudo de quatro pernas. As cadeiras de madeira da sala de jantar são as melhores. Não use cadeiras giratórias, cadeiras de acampamento ou cadeiras com rodinhas.
2. **Canto chato:** Coloque a cadeira em um canto onde a criança possa ser observada, mas não tenha distrações (uma parede em branco é melhor). Certifique-se de que a cadeira esteja longe o suficiente da parede para que a criança não possa chutar a parede ou tocar em nada perto dela.
3. **Colocar o seu filho na cadeira:** Se o seu filho se recusar a sentar-se na cadeira, pegue o seu filho por trás (de costas para você, debaixo dos braços) e coloque-o cuidadosamente na cadeira.
4. **Afaste-se:** Diga ao seu filho claramente, com firmeza, mas com calma, que ele deve ficar na cadeira até que você lhe diga para se levantar. Não continue a falar com a criança. Afaste-se, não olhe para a criança (a menos que olhe para se certificar de que ela está segura) e permaneça quieto.
5. **Controle o tempo:** Uma meta útil é deixar o seu filho sentado na cadeira por 3 minutos (ou 1 minuto para cada ano de sua idade).
6. **Pergunte se ele está pronto**: Se o tempo acabou e seu filho ficou quieto, mesmo por alguns segundos, pergunte se ele está pronto para sair do castigo (consulte as diretrizes pós-castigo).

(Continua) ›

(Continuação)

Diretrizes recomendadas para usar o castigo

7. **Se ele não ficar na cadeira da disciplina:** Se o seu filho se recusar a sentar-se na cadeira da disciplina, esteja pronto com um plano B. Uma opção é acompanhar ou levar seu filho para uma "sala do castigo" segura, que tenha poucas distrações (ou remover distrações/itens quebráveis). Peça-lhe que fique na sala (talvez seja necessário segurar a porta) até que esteja pronto para voltar à cadeira de castigo. Outra opção é simplesmente acompanhar ou levá-lo de volta para a cadeira da disciplina quantas vezes forem necessárias até que a criança permaneça na cadeira por conta própria durante os 3 minutos completos.

Crianças maiores (geralmente com 7 anos ou mais)

1. **Sala segura:** Encontre uma sala onde haja poucas distrações ou coisas que possam ser quebradas. Avise seu filho que aquela sala será usada como a "sala do castigo".
2. **Envie o seu filho para a sala:** : Diga ao seu filho para ir para a "sala do castigo."
3. **Controle o tempo:** Uma meta útil é que seu filho fique no quarto por 5 a 10 minutos (dependendo da idade).
4. **Pergunte se ele está pronto:** Se o tempo acabar e seu filho estiver quieto e ainda na sala, pergunte se ele está pronto para sair do castigo (consulte as diretrizes pós-castigo).
5. **Se ele não ficar na sala do castigo:** para crianças mais velhas, em vez de segurar a porta para mantê-las lá dentro, identifique três privilégios diferentes que podem ser retirados se elas se recusarem a ficar. Se elas abrirem a porta ou saírem antes da hora, retire um privilégio ("Como você abriu a porta antes da hora, não pode assistir TV pelo resto do dia. Fique na sala até eu dizer que pode sair"). Repita isso sempre que elas tentarem sair da sala. O castigo termina se todos os três privilégios tiverem sido retirados ("Como você não ficou no seu quarto, perdeu o tempo da TV, não vai à casa do seu amigo e não jogará o seu jogo esta noite. Amanhã falaremos mais sobre isso").

O castigo não é adequado para todas as famílias. Por exemplo, crianças que foram previamente traumatizadas por negligência grave (por exemplo, longos períodos sozinhas numa sala sem supervisão) não devem ser colocadas numa "sala do castigo". Além disso, a primeira vez que um pai ou mãe usa o castigo é geralmente a mais difícil e muitas vezes pode levar mais tempo do que qualquer outro momento em que a técnica seja usada. Isto é especialmente válido se as crianças não estão acostumadas aos pais serem firmes e seguirem com uma sanção. Seus filhos podem ficar muito dramáticos e tentar muitas maneiras de resistir a ficar de castigo. Esse comportamento é chamado de *explosão de extinção* — uma explosão de comportamento mais intenso (por exemplo, gritar, bater, fugir) que ocorre quando um comportamento menos intenso (por exemplo, choramingar) não está mais "funcionando". Tal é o caso quando os pais de repente "extinguem" (ou seja, param de recompensar) um comportamento que havia sido usado anteriormente pelos filhos. Ajuda saber sobre explosões de extinção de antemão, para que você possa estar mentalmente preparado para essas fortes reações quando elas acontecerem.

Ponto de vista da Lauren
Ao estabelecer limites firmes, eu lembro aos pais que, provavelmente, haverá uma resistência das crianças, especialmente se elas estão acostumadas a se safar de certos comportamentos. A resistência pode envolver coerção verbal ("Eu te odeio! Você é o pior pai do mundo!") e agressão física (chutar, morder ou gritar), especialmente com crianças mais novas. Muitas vezes, pergunto aos pais de crianças pequenas qual é a pior coisa que seus filhos já disseram ou fizeram a eles. Eu então prevejo que eles provavelmente passarão por isso novamente quando estabelecerem, limites firmes ao mau comportamento dos filhos pela primeira vez. É útil saber que o comportamento problemático, muitas vezes, pode piorar antes de melhorar. Mas, uma vez que um limite firme foi definido e os pais não cederam, a frequência do comportamento problemático tende a diminuir rapidamente. Então, mantenham o curso!

Diretrizes Pós-Castigo. Se você está preocupado com o fato de o castigo ter se prolongado por muito tempo, ou se sente esgotado pelos custos emocionais que gerou, pode optar por encerrá-lo tirando um privilégio. Apenas lembre-se, você decide quando o castigo acabou, não o seu filho. Por fim, é importante *reconectar-se* com seu filho quando o castigo acabar e ambos estiverem calmos (aspecto que será discutido mais adiante neste capítulo). Lembre ao seu filho que ele é amado e aceito, que você está comprometido em impor certas expectativas e que essas expectativas são importantes para a família ("Eu te amo, mas não posso permitir esse comportamento. Não é o que fazemos nesta família"). Também pode ajudar explicar o procedimento do castigo com seus filhos antes de usá-lo. Declare suas expectativas claramente, mostre-lhes o que acontecerá quando eles estiverem de castigo e informe-os de que você lhes dirá quando a sanção terminar.

Dicas de Castigo. Se você decidir começar a usar este recurso, aqui estão algumas dicas úteis adicionais:

- Sugerimos que você *não* comece a usar o castigo, a menos que tenha tempo para se dedicar a ele. Para algumas crianças mais resistentes, isso pode significar 30 minutos ou 3 horas.
- Certifique-se de estar descansado e de bom humor antes de seguir em frente.
- Se você tem um parceiro parental, agende tentativas iniciais de castigo para quando o seu parceiro estiver lá para dar apoio emocional. Não peça ao seu parceiro para ajudar fisicamente porque o objetivo é que você contenha o *seu* filho.
- Reconheça que, provavelmente, haverá alguma confusão: seu filho pode não gostar de ficar de castigo, ele pode não gostar de você e você pode não gostar dele! Você pode ficar cansado de ter que levá-lo de volta ao castigo. Pode não gostar que ele use todos os esforços para que você ceda e termine o castigo mais cedo. E quase podemos garantir que você não vai gostar se eles se urinarem, vomitarem em cima de você, limparem catarro nas paredes ou gritarem nomes desagradáveis. Quando terminar, você pode estar desgastado física e emocionalmente. Mas saiba que, uma vez que tenha estabelecido o castigo e seus filhos saibam que está empenhado em aplicá-lo, fica muito mais fácil usá-lo.

Hipercorreção

Como o castigo, a hipercorreção é bem apoiada pela ciência e requer a cooperação do seu filho. A *hipercorreção* é uma sanção que envolve crianças que realizam uma tarefa específica destinada a corrigir seus erros. Na verdade, *trabalho de correção* pode ser um nome mais preciso para essa sanção. O *hiper* em hipercorreção refere-se à prática de fazer com que os filhos façam *mais* do que o necessário para corrigir seus erros. Por exemplo, um filho que faz um buraco na parede pode ter o trabalho de consertar o buraco *e* pintar todas as paredes da sala. Quando o delito envolve ferir outra pessoa, os pais devem ser mais criativos ao usar a hipercorreção. Por exemplo, um menino que chuta sua irmã pode ser obrigado a fazer suas tarefas *e* escrever um bilhete de desculpas para ela. A principal vantagem de usar a hipercorreção é que as crianças são obrigadas a fazer algo positivo. A hipercorreção também dá aos pais a oportunidade de orientar ativamente seus filhos enquanto eles fazem essas boas obras. Ao ajudar os filhos dessa maneira, os pais podem construir uma parceria de trabalho que pode aumentar significativamente o senso de pertencimento das crianças. A desvantagem mais óbvia da hipercorreção é que os filhos podem se recusar a fazer o trabalho, o que pode significar ter uma sanção reserva (por exemplo, tirar um privilégio) para garantir que eles façam o que foi designado.

Reconexão

É importante que os filhos saibam que seus pais podem restringir seu comportamento quando necessário, mas também é importante que a disciplina não seja tão dura ou pesada a ponto de os filhos se absterem emocional e psicologicamente. Os pais geralmente conseguem sentir quando um filho está se afastando da família. É especialmente importante acompanhar se um filho está se alienando ou se está rejeitando ativamente a sua família e os seus valores. Uma maneira de evitar um deslize em direção à alienação é tirar tempo *após* uma interação disciplinar para se reconectar com seus filhos. Interações de reconexão podem ser usadas para esclarecer a mensagem de contenção por trás de quaisquer sanções impostas e corrigir quaisquer interpretações erradas que seus filhos tenham sobre seu senso de lugar na família. Mais importante ainda, a reconexão pós-punição serve para reparar danos emocionais à relação pais-filho que possam ter ocorrido. Reconectar-se depois que a poeira disciplinar baixar é trazer os filhos de volta ao rebanho da família.

Para ajudá-lo a imaginar o que significa se reconectar com seus filhos, vamos voltar ao exemplo de Len, de 8 anos, o menino que empurrou seu vizinho de 4 anos, Cedric. Imagine que a mãe pôs o Len de castigo pela ação dele. Uma vez que o castigo tenha terminado, ela agora pode procurar uma chance de ter um breve momento de reconexão com ele. Se ele voltasse imediatamente a assistir TV ou se ele ainda estivesse com raiva por ter sido colocado de castigo, então ela deveria esperar antes de tentar se reconectar. Uma vez que ambos estejam prontos e disponíveis, a mãe pode se reconectar usando uma mensagem de três partes. Um: Len é aceito. Dois: a mãe está empenhada em conter o seu comportamento agressivo. Três: a agressão não está de acordo com os valores e crenças de sua família. Aqui está um exemplo de como isso pode ser dito:

> Len, sei que você não gosta de ficar de castigo. Eu também não gosto de te colocar lá. Eu te amo e você é importante para mim e para esta família. Mas não vou deixar que você machuque os outros. Cada vez que você empurrar ou bater em alguém, vou colocá-lo de volta no castigo. Na nossa família, não machucamos outras pessoas.

Nesta mensagem simples, a mãe de Len aborda todas as três condições fundamentais de um relacionamento saudável entre pais e filhos — Aceitar, Conter e Liderar.

Opções Úteis de Contenção

Às vezes, a abordagem básica de quatro etapas para a contenção descrita anteriormente pode ser aumentada com as seguintes opções: redirecionamento, reflexão, raciocínio ou reforço. Essas opções não funcionam sempre para todos os filhos, mas vale a pena considerar as quatro.

Redirecionar

Redirecionar é a técnica de combinar uma instrução com uma descrição do que é permitido. Por exemplo, a mãe de Len poderia ter dito: "Len, não empurre o Cedric. Se ele estiver na sua frente, fale com ele e peça-lhe que se afaste."

Refletir

Refletir refere-se ao uso da escuta reflexiva para que os filhos saibam que você entende e aceita seus sentimentos, mesmo que seja firme quanto ao comportamento deles. Por exemplo, a mãe de Len pode dizer: "Len, eu sei que você está bravo porque Cedric está na nossa casa e está atrapalhando, mas você não pode machucá-lo só porque está bravo." A capacidade de restringir o mau comportamento das crianças e, ao mesmo tempo, aceitar seus sentimentos negativos é uma habilidade muito útil para os pais. Muitos pais consideram as emoções negativas como parte do pacote geral de "mau comportamento". Quando você reflete os sentimentos das crianças enquanto se mantém firme quanto ao mau comportamento, você *desacopla* os sentimentos do comportamento. Você não precisa escolher entre validar os sentimentos dos seus filhos (mas ceder ao mau comportamento) *ou* ser firme quanto ao mau comportamento (mas ignorar os sentimentos). Você pode aceitar os seus sentimentos *e* conter o seu mau comportamento.

Racionalizar

Racionalizar refere-se aos pais explicando aos filhos por que eles estão sendo corrigidos. O raciocínio, às vezes, pode ajudar as crianças a serem mais cooperativas, mas ele é usado principalmente para esclarecer suas expectativas. Por exemplo, a mãe de Len poderia ter dito a ele: "Cedric tem apenas 4 anos e não percebe quando está no caminho. Portanto, tenha calma com ele." É claro que o raciocínio pode ser contraproducente quando as crianças estão simplesmente debatendo o uso de uma sanção pelos pais porque eles não gostam ou concordam com isso.

Reforçar

Reforçar refere-se ao uso de elogios ou outras formas de recompensa quando as crianças usam comportamentos positivos, alternativas aceitáveis para o que foi restrito. Por exemplo, se Len se sentasse no chão ao lado de Cedric ou convidasse Cedric para se juntar a ele no sofá, seria uma ótima oportunidade para a mãe dizer: "Ora, Len! Você foi muito legal deixando o Cedric sentar com você! Agora, os dois podem ver a TV." Reforçar é particularmente útil quando suas expectativas envolvem crianças fazendo coisas novas, difíceis ou desafiadoras. Reforçar também é uma ótima maneira de deixar clara a distinção entre comportamentos positivos e permitidos (compartilhar, usar palavras) e comportamentos que não são permitidos (bater, empurrar).

CRIANDO SEU PRÓPRIO ROTEIRO DE CONTENÇÃO

Uma abordagem de quatro etapas para a contenção pode formar a base para o seu próprio roteiro de contenção. Se você aplicar com sucesso todas as quatro etapas (Instruir, Avisar, Sancionar e Reconectar), terá uma chance maior de promover o senso de contenção do seu filho. Você também será mais propenso a limitar as trocas emocionais negativas, restringir o mau comportamento grave e evitar ser vítima da coerção de seus filhos. Instruções claras e avisos oportunos podem resolver muitas preocupações disciplinares, portanto, use-as bem. E, se você está tentando conter um filho indisciplinado e obstinado, uma característica fundamental do seu roteiro será a escolha de sanções. Tenha em mente as vantagens e desvantagens de cada tipo de sanção. Lembre-se também de seguir os conflitos disciplinares com uma interação de reconexão, tendo a oportunidade de conversar com seus filhos e trazê-los de volta para o rebanho da família.

DEVER DE CASA: CONTER

Depois de ter identificado sua curta lista de metas disciplinares específicas e construído seu novo roteiro de contenção, tudo o que resta é praticar seu uso. Somente por meio da prática repetida é que o seu novo roteiro pode começar a ficar confortável, automático e útil. A prática pode incluir o seguinte:

- Limite seu foco disciplinar usando o Funil Disciplinar para criar sua lista curta de metas ou expectativas disciplinares específicas.
- Tenha em mente o sistema de proporção fixa ao acompanhar a frequência com que as interações com seu filho são positivas/neutras (80%) ou negativas (20%).
- Use a abordagem de quatro etapas (Instrução, Aviso, Sanção e Reconexão) para construir e usar um roteiro de contenção adaptativo que tenha esses seis recursos:
    - raramente invocado
    - aplicado consistentemente
    - totalmente concluído
    - aumenta o custo do mau comportamento
    - utilizado e reutilizado de forma viável
    - não violento

CAPÍTULO 7

LIDERAR:
VOCÊ SEGUIRIA A SI MESMO?

Os líderes eficazes têm a capacidade de se dar bem com os outros enquanto se mantêm firmes nas suas crenças e valores. Quando os líderes misturam fortes convicções com relacionamentos harmoniosos, eles inspiram, servem e atraem os outros para si. Como pai ou mãe, é sua tarefa liderar a sua família. Liderar é a terceira e última condição para um relacionamento forte e saudável entre pais e filhos e um aspecto crítico de nosso modelo holístico e de longo prazo de criação dos filhos. As interconexões entre essas três condições (Aceitar, Conter e Liderar) são mais claras quando se trata de liderar. Isso ocorre porque liderar é (a) um complemento necessário para aceitar e conter e (b) um resultado da combinação de uma postura de aceitação *com* uma estratégia de disciplina eficaz e seletiva. Quando a harmonia *e* a ordem em sua casa é mantida, quando os filhos o obedecem *e* gostam de sua companhia, você *é* o líder deles. Há outras coisas que podem ser feitas para melhorar seu papel como líder da família (e há coisas que podem ser feitas para reduzir esse papel), mas não há base melhor para liderar do que a combinação de aceitar com conter.

Este capítulo tem como objetivo ajudá-lo a

- aprender a liderar servindo ao bem maior;
- aprender a liderar dando voz a lições importantes e valores fundamentais;
- aprender a usar a Terceira Opção;
- liderar por ser um exemplo saudável e digno; e
- reconhecer quatro obstáculos principais para liderar.

LIDERANÇA EM CONTEXTO

Os filhos desempenham um papel ativo em seu próprio desenvolvimento; eles não são baldes vazios nos quais deixamos cair pérolas de sabedoria ou meras lousas em branco nas quais escrevemos sua história de vida. Filhos fazem escolhas, especialmente à medida que crescem e escolhem onde e com quem passam o tempo. Eles podem virar e nos seguir, ou passar algum tempo em outro lugar. Às vezes eles nos admiram, às vezes não. Eles podem pensar em nós com orgulho ou, alternativamente, decepção. Alguns filhos admiram e respeitam os pais; outros têm pouco ou nenhum respeito pelos adultos em sua casa. Como pais e mães, não podemos controlar o que está nos corações e mentes dos nossos filhos. Não podemos insistir que eles nos amem. Não podemos fazê-los nos respeitar. Não podemos fazê-los acreditar em tudo em que acreditamos ou valorizar tudo o que valorizamos. Mas eles estão nos observando, e eles veem o que faz sentido e o que não acrescenta nada. Com o tempo, eles tiram as próprias conclusões sobre o que é real e o que é falso em nossas vidas.

Líderes que Servem

Em 1970, Robert K. Greenleaf, um executivo aposentado da AT&T, publicou um ensaio intitulado *The Servant as a Leader.* Ele queria que as pessoas repensassem o que significa liderar. Para Greenleaf, os *líderes que servem não querem* simplesmente servir; eles querem *primeiro* servir. Para eles, liderar é uma reflexão tardia, não um primeiro pensamento. Mas o que isso tem a ver com a criação dos filhos? Achamos que tem muito a ver. Considere como Greenleaf descreveu um "bom teste" para saber se alguém é um líder servo: aqueles que são servidos crescem como pessoas? Eles, *ao serem servidos*, tornam-se mais saudáveis, mais sábios, mais livres, mais autônomos e mais propensos a se tornarem servos?

Para ajudá-lo a imaginar o que significa para os pais liderar, sugerimos esta imagem: Os pais lideram sua família quando *portam* coisas. E há três coisas principais para portar.

Portar a Água: Servindo ao bem maior

A expressão "portar a água" significa servir aos outros ou fazer coisas para ajudar os outros. Para os pais, isso geralmente significa tomar decisões que beneficiem toda a família ou fazer tarefas que talvez ninguém mais possa ou queira fazer. Como líderes que servem, os pais lidam com tarefas importantes, mas desagradáveis. Exemplos incluem o seguinte:

- tomar decisões difíceis (que não agradam a ninguém);
- fazer escolhas importantes (por exemplo, sobre dinheiro e gastos);
- fazer planos (por exemplo, para jantar, para férias, para viagens);
- fazer pequenos trabalhos todos os dias que mantenham os membros da família vestidos, alimentados e abrigados; e
- prestar atenção ao que outros membros da família querem ou precisam.

Esta lista também é um bom lembrete de que os pais e mães devem cuidar da própria saúde e bem-estar se quiserem liderar. Para os líderes, o autocuidado é uma necessidade — não um luxo.

Portar a mensagem: dando voz a lições e valores importantes

Usamos a frase "portar a mensagem" como um lembrete de que os filhos estão à procura de respostas para perguntas importantes na vida. Muitas dessas perguntas são respondidas ao conhecer e aceitar o que os pais valorizam e no que acreditam. Portanto, é importante que eles não escondam essas questões no coração, mas as compartilhem abertamente e com frequência. Há muitas maneiras pelas quais os pais podem fazer isso, incluindo pregar, ensinar, contar histórias, louvar, orar, falar e estar presente. Alguns pais minimizam seu papel como professores, líderes de opinião ou doadores de valores. Eles presumem que seu filho já sabe o que valorizam e no que acreditam, ou que outra pessoa lhe ensinará essas importantes lições de vida. Aqui estão algumas das grandes questões para as quais os filhos procuram respostas:

- Escola e assuntos acadêmicos
  - Que tipo de notas são esperadas de mim?
  - Como faço para lidar com professores de quem não gosto?
  - De quanta escolaridade eu preciso?
- Uso de tabaco, álcool ou drogas
  - Eles são perigosos ou não?

    - Os meus pais bebem (ou fumam). Eu também posso?
    - Meus amigos bebem (ou fumam). Eu também posso?
    - Sou muito jovem para me viciar, certo?
- Amigos e colegas
    - As outras crianças vão gostar de mim? Serei popular?
    - Terei um melhor amigo?
    - E se outras crianças não gostarem de mim ou me intimidarem?
    - Como devo tratar as crianças que são diferentes de mim?
    - Qual é o problema da pressão dos colegas?
- Namoro e sexo
    - E se eu estiver confuso ou com medo quanto ao sexo?
    - Alguém vai querer me namorar algum dia?
    - Quais são as minhas crenças sobre fazer sexo?
    - Os meus amigos estão fazendo sexo. Eu também deveria fazer?
- Dinheiro e carreira
    - Somos ricos ou pobres?
    - Preciso saber sobre gestão financeira?
    - Como escolho um emprego ou uma carreira?
- Identidade, raça e etnia, e cultura
    - Tenho orgulho da minha raça, etnia e cultura? Como devo mostrar isso?
    - O que a nossa família acredita sobre fé ou religião?
    - E se as pessoas me maltratarem por causa da cor da minha pele?
    - Os meus pais e a minha família vão me amar se eu for gay, bissexual, gênero não conformista ou transgênero?
    - Quem sou eu, de verdade? Qual é o meu verdadeiro eu? Como posso expressar quem eu sou?

Os filhos respondem a muitas dessas perguntas convivendo e conhecendo os pais. Muito é revelado pela forma como os pais agem e pelo que as crianças veem e ouvem. É isso que significa para os pais "portar" a mensagem de valores e crenças. Nossos filhos aprendem pela forma como tratamos os outros, como reagimos ao que é dito sobre os seus amigos ou outras crianças na escola, pelas nossas respostas às coisas que eles dizem e fazem e pelas opiniões que partilhamos quando falamos sobre vários tópicos durante o jantar. Mas alguns filhos precisam de mais dos pais; eles precisam de uma mensagem clara, forte e que não deixe dúvidas sobre no que os pais acreditam. Por exemplo, os adolescentes que vêm a este mundo com um temperamento difícil e desafiador e uma propensão a serem impulsivos tendem a ignorar as crenças dos pais sobre coisas arriscadas, mas atraentes (por exemplo, beber, fumar). Na verdade, a menos que seus pais transmitam uma mensagem muito clara e baseada na abstinência sobre o consumo de álcool, esses adolescentes de maior risco tendem a pensar que os pais lidam bem com o seu uso de álcool.

Claro, há pais que se inclinam na outra direção: ensinam demais e ouvem de menos. Os filhos ouvirão os pais quando se sentirem ouvidos por eles. Pais que pregam, mas não ouvem, que ensinam, mas nunca aprendem, prejudicarão sua mensagem positiva.

Ponto de vista da Lauren

No meu trabalho com famílias de crianças que sofreram traumas, como abuso sexual, muitas vezes ensino os pais sobre a importância de falar abertamente com elas sobre comportamento sexual apropriado, espaço pessoal e precauções de segurança. Alguns não querem ter essas conversas porque isso os deixa desconfortáveis. Eles temem que essas conversas prejudiquem o filho ou acreditam que ele seja muito jovem para falar disso. Mas para crianças que foram abusadas sexualmente, a mensagem que receberam sobre seu corpo e sobre o sexo foi transmitida de maneira exploradora e prejudicial. Elas precisam ouvir dos pais uma mensagem diferente, melhor e mais saudável para que possam entender o que experimentaram. Essas conversas difíceis também podem ser preventivas: pesquisas mostram que adultos abusivos são menos propensos a vitimizar crianças que aprendem sobre o espaço pessoal e os nomes de suas partes íntimas.

Portanto, a melhor maneira de "portar" uma mensagem sobre lições de vida importantes e valores fundamentais é por meio do relacionamento pais-filho. Na verdade, quando você inclui a sua mensagem em um relacionamento que combina aceitação e contenção, você fala muito, mesmo quando fala baixinho.

Portar a si mesmo: Liderando pelo exemplo

De acordo com o dicionário Webster, a palavra "portar" também pode significar manter ou comportar-se de uma maneira específica. Usamos o vocábulo aqui para nos referirmos aos pais que lideram por serem um exemplo digno, alguém que os filhos admiram, respeitam e seguem. O famoso ditado: "Seja a mudança que você quer ver no mundo", muitas vezes atribuído a Gandhi, é outra maneira de pensar sobre essa forma de liderar sua família. Os pais que lideram são aqueles que se preocupam com o exemplo que dão aos filhos. Cada conversa, cada interação com pessoas que não são da família, cada decepção sofrida e cada tarefa colocada diante deles é uma lição em potencial para os filhos. Por outro lado, pais que passam muito tempo reclamando, culpando e falhando não estão se comportando bem e, portanto, são menos propensos a serem admirados, respeitados e seguidos.

Pesquisas sobre modelagem — o processo de aprender observando os outros — nos dizem que as crianças tendem a imitar o comportamento de adultos poderosos e a ignorar ou descartar o comportamento de adultos que consideram impotentes. Os pais e mães podem usar essas informações para serem um exemplo mais convincente para os filhos. Especialmente útil é quando os pais misturam uma mensagem consistente de pertencimento com uma mensagem limitada de restrição. É uma estratégia que fala do papel dos pais e mães como líderes da família: "Tomo cuidado para administrar minhas emoções e comportamento e, se necessário, intervirei para gerenciar seu comportamento." Os filhos também fazem julgamentos sobre os pais com base em sua saúde e bem-estar, na medida em que mantêm limites geracionais claros, em como tratam os outros, o que valorizam e alcançam e o que é dito sobre seus pais na comunidade. Todas essas informações são reunidas para compor o que é coloquialmente conhecido como os pais se portam aos olhos dos filhos. Pense nisso como um indicador de respeito e admiração (ou desrespeito e desdém). Quanto maior a "pontuação", maior a probabilidade de as crianças seguirem o exemplo dos pais.

A TERCEIRA OPÇÃO

Existem várias opções para liderar os seus filhos e a sua família. A primeira opção, a *aceitação*, é uma mensagem de pertencimento e tolerância; às vezes, é até uma mensagem de afirmação, admiração ou aprovação. Seus filhos não são apenas livres para agir de uma certa maneira, mas também veem e ouvem os pais torcendo por eles. A segunda opção, a *contenção*, é uma mensagem de restrição e intolerância. Seus filhos o veem intervir e permanecer firme em certas questões, mesmo que isso signifique conflitos e sentimentos desagradáveis. Aceitar e conter oferecem opções muito diferentes ao decidir como responder ao comportamento dos filhos. Sua filha de 6 anos tira manteiga de amendoim do sanduíche e a usa como "batom", para a diversão da irmã mais nova. Você sente vontade de intervir, mas decide esperar e ver se ela acaba por comer o sanduíche. Você escolhe a aceitação. Se seu filho de 11 anos agarra o irmão mais novo, arranca o controle remoto da TV das mãos dele e muda de canal, embora o irmão estivesse assistindo ao seu desenho animado favorito. Você vê isso como um ato de agressão física, e entra em cena com uma sanção para o irmão mais velho. Você escolhe a contenção. Mas aceitar e conter não são suas únicas opções em todas as situações; existe uma terceira opção.

Imagine um pai sentado com o filho de 10 anos. Ultimamente, o filho tem provocado a irmã de 8 anos sobre um incidente constrangedor que envolveu os amigos dela. Ela estava bebendo leite no refeitório da escola quando, de repente, riu e o leite saiu pela boca e pelo nariz dela. Foi realmente engraçado, e todos riram, incluindo a irmã mais nova. Mas os constantes lembretes do irmão sobre o incidente parecem magoá-la. Ela pode precisar do apoio do pai para lidar com a provocação do irmão, e agora o pai tem a chance de dizer algo ao irmão. O que ele deveria dizer? Ele deveria avisá-lo ("Ei, pare de provocar sua irmã. Se fizer isso de novo, será punido") ou impor uma sanção ("Você foi malvado com sua irmã, então decidi que não assistirá TV esta noite")? Ambos são um pouco exagerados, especialmente se o filho não perceber o impacto das suas ações.

Uma opção melhor nesta situação, *que não é aceitar nem conter*, é o que chamamos de Terceira Opção. Você notará na Figura 7.1 que Liderar é agir de uma maneira que está entre escolher Aceitar ou Conter. Não é uma coisa, nem outra. Essa é a essência da Terceira Opção — liderar os filhos naquelas situações intermediárias que não pedem nem uma, nem outra.

Neste cenário, o uso da Terceira Opção pelo pai pode ser assim: "Aquela situação com sua irmã e o leite foi muito engraçada, mas acho que seus comentários estão começando a ferir os sentimentos dela, o que não é tão engraçado."

FIGURA 7.1. Liderança: no meio do caminho entre aceitar e conter

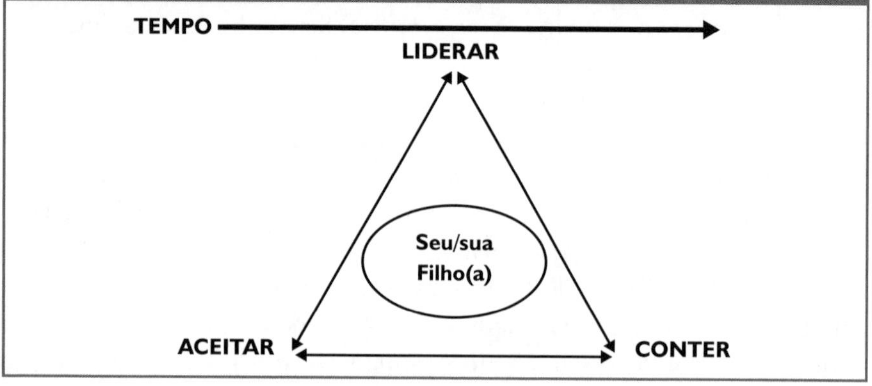

Vamos dar uma olhada mais de perto nesta terceira opção. Ela tem três partes, e todas são importantes, se você for usá-la. A *primeira* é uma descrição simples do comportamento do seu filho (e talvez o reconhecimento da emoção expressa). Ela não deve ser nem acusatória, nem crítica; em vez disso, deve soar como um repórter oferecendo uma descrição neutra do que foi visto e ouvido (por exemplo, "Notei que você mencionou novamente aquela história engraçada sobre sua irmã e o leite"). A *segunda* parte é um lembrete do que sua família acredita e valoriza (por exemplo, "Nós nos preocupamos um com o outro e tentamos não machucar ninguém"). Quando essas duas coisas — uma observação do comportamento/emoções da criança e dos valores da sua família — são colocadas lado a lado no mesmo comentário, isso cria para os filhos uma espécie de feedback gentil. É uma mensagem útil e de apoio que diz: "Aqui está o que notei que você está fazendo e aqui está em que acreditamos. Reflita a respeito."

A *última* e talvez mais importante parte da Terceira Opção é a *sentença*, o pequeno ponto no final que diz: "Isso é tudo." Ela carrega uma mensagem implícita que, se fosse verbalizada, soaria assim:

> Não estou dizendo que você está em apuros pelo que tem feito, mas também não estou dizendo que aprovo o que fez. Deixarei que decida o que acontecerá a seguir, mas achei que você deveria ter esse feedback.

Proferir essa sentença e parar — sem dizer mais nada — é provavelmente a parte mais difícil de usar a Terceira Opção. Os pais que se saírem bem com as duas primeiras partes terão que lutar contra o desejo de continuar. Eles podem se sentir tentados a continuar pregando ou ensinando, a querer "garantir" que seus filhos "entendam completamente" ou "realmente compreendam a mensagem". Pais que não param no ponto final da sentença, que passam por ele e dizem mais, estão tentando gerir a incerteza e o desconforto que advêm de permitir que esta situação se desenrole por conta própria. Eles querem garantir que um determinado resultado (por exemplo, seu filho fazendo a coisa "certa") vai acontecer. Portanto, quando os pais usam a Terceira Opção e param no ponto final da sentença, eles estão tolerando um certo nível de ambiguidade e desconforto. Eles não saberão exatamente como as coisas vão se desenrolar. Portanto, parar ao final da sentença é o maior desafio de usar a Terceira Opção.

Ponto de vista da Lauren

Claro, as crianças mais novas não podem "refletir a respeito", então precisam de mensagens baseadas em valores maiores que sejam claras e diretas. Para crianças pequenas ou pré-escolares, talvez seja necessário fazer perguntas como: "O que fazemos quando magoamos alguém?" Lembro aos meus filhos pequenos como suas ações e palavras podem fazer com que os outros se sintam ("Você ajudou aquela menina quando ela caiu. Aposto que isso a ajudou a se sentir melhor", "Eu sei que você está bravo, mas quando gritou com ele e disse que nunca mais queria que brincassem juntos, acho que isso realmente o deixou magoado"). Às vezes, dou instruções específicas sobre como agir com base em valores ("Acho que pode ajudar se você se desculpar e oferecer um abraço") ou ofereço sugestões sobre o comportamento baseado em valores ("Vamos ver se todos podemos ser amigos. Vamos dizer qual é a nossa coisa favorita sobre o outro. Eu começo!").

Vamos pensar em outro exemplo: Imagine que a sua filha de 15 anos tem um namorado chamado Derrick. Este é o primeiro relacionamento sério dela, e você acha que Derrick *pode* ser um bom rapaz, mas não tem certeza. Você insistiu em conhecê-lo antes de deixá-los namorar, mas ainda não o conhece muito bem. Quando vai à sua casa, ele mal fala e não o olha nos olhos. O irmão mais velho de Derrick foi preso recentemente por vender drogas, e você se pergunta se Derrick também está envolvido com entorpecentes. Você não tem certeza, só tem as suas suspeitas, seus vieses e as suas preocupações. Você sabe que ele tem 17 anos e fuma cigarros, o que é ilegal e não se encaixa bem com os valores e crenças da sua família. Veja como a Terceira Opção pode soar nesta situação::

Você: Oi, querida. Tem um minuto? Tenho pensado em você e no Derrick.

Filha: Por quê? Qual é o problema? Aposto que você acha que ele é um drogado só por causa da aparência. Sabia que ia fazer isso.

Você: Nossa! Espere um pouco. Sabia que eu ia fazer o quê?

Filha: Querer que eu termine com ele.

Você: É porque eu acho que ele usa drogas?

Filha: Sim.

Você: Bem, eu não sei se o Derrick usa drogas. Ele usa?

Filha: Não, mas você acha que sim.

Você: Bem, querida, você tem razão. Não sei se ele usa drogas.

Filha: Então qual é o problema?

Você: Bem, essa é uma boa pergunta. Não sei se há algum problema. Eu sei que Derrick fuma cigarros, o que na idade dele é ilegal. Também não é algo que eu gostaria que você fizesse. Nenhum de nós fuma porque é prejudicial.

Filha: Bem, eu não sou assim. Eu não fumo e não acho que o fato de ele fumar seja da conta de mais ninguém.

Você: Você tem razão. A escolha é dele. E se ele não estivesse namorando a minha filha, eu não diria nada. Mas ele *está* namorando a minha filha e ela passa muito tempo com ele. E ela gosta muito dele. Vejo aquele sorriso no seu rosto quando ele liga ou aparece. Sim, é escolha dele fumar, infringir a lei e fazer algo que não é saudável, mas não são escolhas das quais eu goste ou com as quais concorde.

Filha: E?

Você: E o quê?

Filha: É isso?

Você: É isso.

Esta troca é uma boa representação de como a Terceira Opção não é nem aceitar, nem conter, mas uma estratégia que está em algum lugar no meio. Não há tentativa de limitar o comportamento da filha, mas também não há dúvida de que a mãe tenha preocupações sobre Derrick e o fato de ele fumar. E esta mãe agiu bem ao parar depois de compartilhar sua observação sobre o tabagismo de Derrick e como isso está fora dos valores de sua família.

Um componente crítico do uso da Terceira Opção é ter confiança no que você sabe e acredita e ter a coragem de expressá-lo. O que você sabe é o que viu e no que acredita é o que a sua família valoriza. Uma maneira rápida de experimentar a Terceira Opção é usar esta fórmula: "Vejo você fazendo X. Nós acreditamos em Y." Observe também como a mãe, neste exemplo, prontamente admitiu o que ela *não* sabia — se Derrick usa drogas. Ainda assim, ela foi firme em afirmar o que sabia (ou seja, Derrick fuma cigarros e fumar é ilegal para alguém da idade dele) e o que ela acreditava (fumar é insalubre e potencialmente prejudicial).

Claro, os pais estarem cientes do que sabem não é a mesma coisa que estarem *certos* sobre o que sabem. É melhor ver a Terceira Opção como um feedback gentil e atencioso pensado para servir e apoiar seu filho. É uma maneira de usar o amor e a sabedoria para liderar. A *qualidade* da sua mensagem dependerá da sua vontade de falar sobre o que você sabe, admitir o que não sabe e parar no final da sentença. O *poder* da sua mensagem, se ela será benéfica ou não para os seus filhos, dependerá da qualidade do seu relacionamento. Suas observações honestas e atenciosas, com lembretes simples de crenças e valores familiares compartilhados, podem ser bastante atraentes quando os filhos têm um senso de pertencimento e são contidos de forma confiável, mas restrita.

Uma Precaução

Há momentos em que os pais devem ser cautelosos ao usar a Terceira Opção. Ela nunca deve ser usada para mostrar que os seus pontos de vista estão corretos e os do seu filho estão errados. Também não é hora de trazer para o relacionamento rumores ou outras informações vagas contadas a você por terceiros. Você pode rapidamente perder credibilidade e respeito quando se apega demais às próprias opiniões ou confia nas opiniões dos outros. A Terceira Opção também é inadequada para relacionamentos entre pais e filhos que estão sentindo o peso de palavras duras, mágoas e pouca ou nenhuma comunicação por várias semanas. Quando a Terceira Opção é usada nesse tipo de relacionamento, há uma boa chance de ser ouvida como um sermão esfarrapado de alguém sem noção. O problema não é a qualidade da mensagem, e sim a do relacionamento.

Os pais também devem ter cuidado ao usar a Terceira Opção com crianças mais novas. Como uma forma de feedback gentil, a Terceira Opção é útil para situações intermediárias, mas também é uma mensagem bastante sutil que pode deixar as crianças mais novas se sentirem confusas ou acusadas. À medida que elas crescem (idade escolar e acima) e começam a expressar suas opiniões mais abertamente, a Terceira Opção assume maior utilidade. Filhos mais velhos geralmente desejam se sentir ouvidos, e você provavelmente quer ouvi-los... até certo ponto. Manter linhas de comunicação abertas é importante, mas você também precisa que essas linhas existam nos dois sentidos, pelo menos de vez em quando. É frustrante quando não somos ouvidos. Mas a resposta não é falar mais; é falar menos, ouvir mais, profundamente e com sinceridade. Se o seu relacionamento com o seu filho não tiver uma comunicação bidirecional positiva, trabalhe no relacionamento de modo a passar mais tempo com seus filhos, sem uma agenda, combinando escuta reflexiva com fala limitada.

Ao mesmo tempo, apegue-se aos valores e crenças da sua família. Não ceda no que é essencial para a sua família, mesmo que o seu filho não o aceite. É aqui que um relacionamento pais-filho saudável, especialmente uma postura de aceitação, conquista tanto para você. Os pais precisam de uma base sólida ao tomar uma decisão impopular e um relacionamento saudável entre pais e filhos é essa base. Cultive-o, trabalhe duro para mantê-lo e não tenha medo de usá-lo quando seu filho desafiador e desrespeitoso quase o convencer de que você é o pior pai ou mãe do mundo e um completo idiota. Alguns pais não acreditam que o relacionamento deles seja um recurso. Eles duvidam do poder e da vantagem que advêm de um bom relacionamento com os filhos. Em vez de confiar que o relacionamento pode superar a resistência quando se mantém firme, esses pais cedem. Ironicamente, eles cedem para *salvar* o relacionamento, mas, em vez disso, é provável que percam duas vezes. Uma vez, quando seu filho se safa do mau comportamento, e novamente, quando o filho não os respeita mais porque cederam sob pressão. Quando você cede imprudentemente para salvar o relacionamento pais-filho, corre o risco de que o relacionamento imploda. Tenha em mente a expressão que os Navajos usam quando alguém está se comportando mal: "Ele age como se não tivesse parentes." Apesar do que seus filhos e filhas possam dizer, eles não querem ficar sem família ou sem você. Cultive, confie e use o seu relacionamento para liderar o seu filho.

Ponto de vista da Lauren

Ao definir um limite com meus filhos pequenos, muitas vezes percebo que eles continuam perguntando "por que" ou repetem uma pergunta quando não gostam da minha resposta (ou até mesmo correm para o meu marido para ver se ele lhes dará o que eles querem depois de eu ter dito "não"). É fácil ficar frustrado por eles não estarem apenas ouvindo, mas também descobri que ir e voltar e tentar fazê-los entender como estou frustrada também não melhora as coisas (para mim ou para eles).

Um cenário comum para usar a Terceira Opção é quando as crianças se deparam com coisas desconhecidas ou novas. Talvez elas estejam conhecendo pessoas diferentes (por exemplo, que não se encaixam em certos estereótipos de gênero ou raça), ganhando o próprio dinheiro para gastar, fazendo escolhas sobre como se vestir ou pentear o cabelo, aprendendo visões divergentes sobre religião ou política, ou observando atitudes inconstantes entre colegas sobre sexo ou álcool. Por exemplo, imagine que o seu filho de 13 anos anuncie planos para perfurar o septo (como um anel de touro), que o seu filho de 17 anos esteja trabalhando e economizando dinheiro para comprar uma motocicleta, ou que o seu filho de 7 anos tenha provocado um menino na escola por ter cabelos compridos. Estas são excelentes oportunidades para usar a Terceira Opção. Lembre-se, ela tem três partes: (a) o que você observou, (b) o que sua família valoriza ou no que acredita, e (c) o ponto no final da sentença, que é o seu sinal para parar. Considere os seguintes exemplos do que você pode dizer:

- Não conheço muitas pessoas com piercings no septo, mas sei que, se os piercings não forem lavados adequadamente, eles podem causar infecções, inchar e, às vezes, causar cicatrizes. Fico feliz em apoiar a sua expressão pessoal e quero que o faça com sabedoria.
- Vejo que está entusiasmado para comprar uma moto e que está trabalhando arduamente para que isso aconteça. Vou ser honesto, as motocicletas me assustam e me preocupo com a sua segurança, que é importante para mim. Conheço pessoas que tiveram ferimentos graves causados por acidentes de motocicleta. Eu sei que você é cuidadoso, mas nem todos são tão cuidadosos quanto você.
- Eu te ouvi zombando daquele menino de cabelo comprido. Em nossa família, não provocamos os outros pela aparência ou pelo modo como se vestem. Acreditamos que todos são livres para escolher como se vestem e sua aparência.

Outro uso oportuno da Terceira Opção é quando você define um limite ou impõe uma sanção e ela não cai bem com o seu filho. Vamos estender o exemplo anterior de Derrick, o menino que está namorando a sua filha de 15

Ponto de vista da Lauren

Lembre-se, certas formas de expressão não mudam quem seu filho é. Roupas e cabelos pretos não tornam seu filho um aluno pior. Piercings e tatuagens não fazem do seu filho um delinquente. Mas comentários de pais que os rejeitam, são sarcásticos ou ofensivos podem prejudicar os filhos mais do que uma mudança de aparência. Tenha cuidado ao começar uma batalha por coisas que não são confortáveis ou "normais" para você. Lembre-se dos principais sinais de crescimento e desenvolvimento saudáveis que foram discutidos no Capítulo 2 ("Metas"): afinidade, autonomia e competência.

anos. Imagine que você acabou colocar sua filha de castigo e tirou o telefone dela durante o resto do fim de semana porque ela chegou em casa tarde de um encontro na sexta-feira à noite. Preste muita atenção ao que é dito e feito neste exemplo. Observe também que usamos uma linguagem provavelmente mais suave do que a usada em muitas outras famílias!

Filha: Mãe! Eu não acredito que me deixou de castigo.

Você: Eu sei. Mas fui clara sobre quando você deveria estar em casa.

Filha: Isso é tão idiota. Quer dizer, cheguei em casa 10 minutos atrasada e você me deixa de castigo por toda a droga do fim de semana.

Você: Eu sei que não acha justo, mas é isso que vamos fazer.

Filha: Mas por quê?! Quero dizer, você realmente acha que 10 minutos são muito importantes?! Sério, o que você acha que estávamos fazendo nos nossos "10 minutos"?

Você: Eu não sei, querida. Só sei que combinamos que estaria em casa às 23h.

Filha: Posso pelo menos ficar com o meu telefone?! Isso é muito injusto. Você está fazendo isso só porque não gosta do Derrick. Você acha que ele é um grande drogado. É tão chato!

Você: [*Pausa. Respira fundo. Olha para a sua filha. Não diz nada.*]

Filha: Quero dizer, não é como se eu não pudesse falar com ele. Ainda podemos enviar mensagens online. Então, seu pequeno plano para nos separar nem vai funcionar. É tão idiota!

Você: Pode ser idiota, mas eu fui clara sobre a que horas precisaria estar em casa. E você está certa; parece bobo pegar o seu telefone se você ainda pode enviar mensagens online, mas é assim que é.

Filha: Mas por quê?! Nem vai funcionar! O que você acha que vai ganhar com isso? Acha mesmo que vou parar de namorar o Derrick? Você realmente acha que o seu pequeno castigo vai importar?

Você: Não estou tentando te impedir de ver o Derrick. Só sei que você chegou em casa depois do combinado e que levamos isso a sério na nossa família.

Filha: Isso é uma grande porcaria! Por que não diz o que realmente pensa: Você odeia o fato de eu estar namorando o Derrick e tem esperado por uma oportunidade de me pegar e nos separar.

Você: Você acredita mesmo nisso?

Filha: Sim!

Você: Bem, você está certa, eu não sou uma grande fã do Derrick. Eu realmente não gosto do fato de ele fumar cigarros. Mas não estou fazendo isso para separar vocês. Você gosta dele e vejo que gosta de passar tempo com ele. Pode não fazer sentido para mim, mas eu te amo e quero que você tenha espaço na sua vida para fazer as próprias escolhas. Vou intervir se achar que não está segura, mas não é isso que está acontecendo aqui. Só quero que saiba que não tem passe livre quando se trata do horário para chegar em casa.

Há muita coisa acontecendo nesta conversa, e muita coisa que os pais poderiam procurar — sem resultado. Mas manter-se firme na sanção e usar a Terceira Opção é uma combinação útil. Este exemplo ilustra como é possível ser honesto nas suas observações e fiel aos seus valores: Você admite o que não sabe, mas é claro sobre o que sabe e acredita. Considere também o que não está procurando, o que não está debatendo: os xingamentos, as acusações, a atitude, as perguntas retóricas e as previsões da sua filha de que sua sanção é boba e não funcionará. Talvez a coisa mais importante que você não esteja procurando sejam as dúvidas ao tentar ser uma mãe firme, mas atenciosa. Você abre espaço para dúvidas e ambiguidades ("E se eu estiver cometendo um erro?"), abre espaço para raiva e mágoa ("Eu não merecia esse comentário!"), e abre espaço para o medo ("Eu não quero perder minha filha!"), mas permanece firme. É tentador para os pais defenderem e justificarem suas sanções, na esperança de evitar emoções desagradáveis. Mas ser o líder da família significa gerenciar e abrir espaço para emoções difíceis para poder priorizar o crescimento e o desenvolvimento do seu filho.

QUATRO OBSTÁCULOS PARA LIDERAR

Vários fatores podem dificultar que pais e mães sejam líderes positivos em suas famílias. A seguir, discutiremos quatro obstáculos principais para liderar.

Os Pais Têm Valores Incomuns ou Insólitos

Poucos pais têm crenças claramente distorcidas ou antissociais, mas não é incomum que endossem ações que alguns consideram problemáticas. Por exemplo, alguns pais dizem a seus filhos para não deixar que os outros os machuquem ou se aproveitem deles; no entanto, alguns pais vão mais longe e orientam seus filhos a responder de forma agressiva quando maltratados (por exemplo, "Eu quero que você revide se alguém estiver provocando ou causando problemas"). Esse tipo de conselho também pode ser mal interpretado, com as crianças "ouvindo" que os pais acreditam que não há problema em bater em quem os desrespeita. Outro exemplo é quando as crianças são informadas de que só devem ouvir e obedecer aos pais — não aos professores na escola e não a outros adultos. Às vezes, esse conselho vem de pais que experimentaram em primeira mão a dor de adultos exploradores ou a dor da opressão e do preconceito racial.

Os Pais São Pegos em um Estilo de Vida Pouco Saudável

Ocasionalmente, trabalhamos com pais que lutam com circunstâncias difíceis da vida: falta de moradia, pobreza, violência doméstica, dependência química, ou doença mental. Nossa experiência nos diz que esses pais geralmente mantêm os mesmos valores positivos e pró-sociais de muitos outros pais. Provavelmente, houve um momento em sua vida em que eles viveram esses valores. Sim, agora eles podem ser suscetíveis a padrões de comportamento pouco saudáveis, desadaptativos ou mesmo antissociais, mas raramente esses pais são abertamente hostis ou antissociais em suas interações com os outros, incluindo os filhos. Na verdade, trabalhamos

Ponto de vista do Tim
Certa vez, trabalhei com um menino de 10 anos que acompanhava seu pai em passeios para roubar mercadorias que eram penhoradas por dinheiro para drogas. A mãe dele era um bom exemplo para o filho, mas achava difícil ser uma líder quando o pai voltava para casa. Felizmente, esses casos são extremamente raros, e a maioria dos pais, mesmo aqueles que lutam com o vício em drogas ou a prisão, querem o melhor para os filhos.

com muitos pais que se dedicam a garantir que seus filhos tenham mais oportunidades do que eles mesmos tiveram e nenhum dos traumas que sofreram quando crianças. Ainda assim, alguns vivem em circunstâncias muito difíceis para a criação de filhos. Eles estão isolados, com poucos recursos e lhes falta um senso de comunidade que os apoie e um sistema de crenças pró-sociais compartilhadas. Há também alguns pais que são vítimas de estilos de vida desviantes (uso de drogas ilícitas, roubo, fraude monetária, tráfico sexual) por causa de parceiros abusivos e antissociais ou porque lutam contra doenças mentais graves ou uso de substâncias. Nem tudo está perdido para esses pais, mas pode ser muito difícil liderar uma família quando eles estão lutando para manter a própria vida em ordem.

Os Pais Têm Sistemas de Valores Mal Formados

Alguns pais não conseguem liderar porque não têm um sistema coerente e sólido de crenças e valores. Um exemplo comum é o jovem casal que começa a ter filhos antes de ter a chance de desenvolver um senso de identidade estável e maduro. Seus valores e crenças continuam mudando de um ano para o outro ou de um relacionamento, emprego ou bairro para outro. Com uma rede de apoio e orientação, esses jovens podem continuar a amadurecer e a aprender lições importantes enquanto fazem o trabalho de serem pais. Mas pais jovens também podem ser vulneráveis à influência negativa de outras pessoas e a interrupções decorrentes de estressores inesperados da vida, como perda de emprego, acidentes de carro, idas ao pronto-socorro e problemas de saúde prolongados. Um vizinho preocupado, um professor solidário, ou avós sensatos são, geralmente, um recurso crucial para esses pais. Vale ressaltar que ser jovem, pobre ou não ter moradia, ou enfrentar doenças mentais não define um pai, ou uma mãe; nem mesmo é um indicativo do nível de amor, carinho e preocupação que oferecem aos seus filhos.

Os Valores dos Pais São Pró-Sociais, mas Latentes

Alguns pais, apesar de serem trabalhadores e responsáveis, têm filhos à deriva em um mar sem valores. Isso pode acontecer quando os pais são reservados e silenciosos sobre o que mais importa para eles. Muitas vezes, esses pais preferem deixar que as suas ações falem por eles. Há também pais cujas famílias estão ocupadas com uma atividade após a outra, então mensagens sobre o que é valorizado ou importante se perdem na confusão. Se você é um pai ou mãe cuja família é muito ativa, considere usar a estrutura familiar para destacar e ampliar os seus valores e crenças. Por exemplo, use rotinas e rituais para marcar ocasiões importantes (por exemplo, aniversários) ou para honrar pessoas e coisas centrais para sua família (por exemplo, formaturas). Esses tipos de estruturas ajudam os pais a desacelerar periodicamente e a dar voz ao que mais importa na vida.

CONCLUSÃO

Sugerimos que a tarefa de liderar é realmente "portar". Os pais que lideram portam a água de servir ao bem maior de sua família. Eles também portam mensagens com lições de vida importantes e valores familiares fundamentais e os compartilham com seus filhos. E, por fim, eles se portam de uma maneira que dá aos filhos uma razão para seguir seu exemplo. A liderança surge naturalmente de uma relação pais-filho que combina aceitação com contenção. E os pais são mais capazes de liderar quando cuidam da sua saúde e seu bem-estar e aproveitam a estrutura familiar e a Terceira Opção.

DEVER DE CASA: LIDERAR

- Como você serve à sua família? Liste as coisas que faz que priorizam as necessidades dela, mesmo quando é desagradável ou inconveniente.
- Identifique tópicos importantes, mas negligenciados, que merecem uma conversa com seus filhos (escola e assuntos

acadêmicos, uso de drogas ou álcool, colegas, namoro e sexo, dinheiro e carreira, identidade).

- Pratique o uso da Terceira Opção ("Vejo-o fazendo X. Nós acreditamos em Y.") e pare no ponto final da sentença!
- Até que ponto você é um bom exemplo para os seus filhos? Quais são as áreas da vida em que eles se beneficiam de observar e aprender com você?

CAPÍTULO 8

PRÓXIMOS PASSOS:

CONSTRUINDO O SEU PRÓPRIO PLANO DE CRIAÇÃO DE FILHOS

Começamos este livro observando que a criação dos filhos pode trazer muitas emoções. Os filhos nos dão momentos de alegria, orgulho e amor. Mas a criação também pode trazer emoções difíceis e desagradáveis, bem como desafios, especialmente quando as crianças expressam rotineiramente emoções fortes e se comportam de maneiras difíceis. Na verdade, há momentos em que ser pai ou mãe significa que você ama seu filho, mas pode não gostar dele. O nosso objetivo era oferecer um livro que apoiasse e orientasse os pais, ajudando-os a serem os pais de que os seus filhos precisam. Não era para fazer um discurso sobre uma criação perfeita, mas para guiá-lo em direção a uma criação dos filhos boa o bastante. Nossa esperança é que você se torne um pai ou mãe cuja capacidade de aceitar, conter e liderar ajude seus filhos a se tornarem adultos responsáveis.

Oferecemos um modelo holístico e de longo prazo de criação de filhos que estrutura a criação como um esforço para gerenciar — ao longo do tempo — o relacionamento entre você e seus filhos. *É essa relação que faz grande parte do trabalho dos pais.* Ela orienta e apoia os filhos à medida que crescem para se tornarem membros saudáveis, produtivos e valorizados da sua comunidade. Nosso modelo holístico vai contra a noção de que a criação tem a ver com o controle do comportamento problemático dos filhos no curto prazo. Construir um relacionamento sólido e saudável entre pais e filhos com uma criança propensa a ter emoções fortes e comportamentos difíceis requer uma capacidade de aceitar, conter *e* liderar. A capacidade dos pais de estabelecer e manter esse tipo de relacionamento por mais de 18 anos requer uma base que combine (a) clareza sobre os objetivos da criação, (b) saúde emocional e bem-estar, e (c) uma estrutura para o lar e a família que possa suportar o estresse e a tensão da vida moderna.

Neste capítulo final, abordaremos os próximos passos para construir seu próprio plano de criação de filhos. Nossa esperança é que você aproveite ao máximo o que aprendeu nos capítulos anteriores e o aplique à própria família. Nós o guiaremos por meio do processo de fazer o próprio plano de criação, mas primeiro vamos conhecer dois pais. Vamos chamá-los de Desiree e Greg.

DESIREE: "EU NÃO SIRVO PARA SER MÃE"

Desiree entrou no consultório do psicólogo e anunciou que estava "muito chateada" e não sabia o que poderia fazer a seguir. Ela disse que "perdeu a cabeça" no dia anterior, chegando perto de cruzar a linha entre criação severa e abuso total. Quando chegou em casa depois de um dia ruim no trabalho, a casa estava uma bagunça. Ela estava exausta, mas sabia que voltar para casa significava que teria que cozinhar o jantar, supervisionar a lição de casa e lavar a roupa. Ela esperava que seus filhos tivessem feito a parte deles para ajudar, mas, naquele dia, nenhuma tarefa fora feita e ninguém havia começado a lição de casa. Desiree anunciou que merecia mais e reclamou: "Ninguém dá a mínima." A terapeuta não desafiou Desiree ou fez perguntas, mas deu-lhe tempo para entender as coisas. Desiree começou a chorar, seus ombros cederam e ela abaixou a cabeça. Ela ficou assim por muito tempo. Depois de um minuto ou mais, Desiree ergueu os olhos e disse: "Não sirvo para ser mãe."

Desiree é como muitas mães. Ela trabalha, é divorciada e cria os filhos sozinha. Está criando três filhos e recebe pouca ou nenhuma ajuda de outros adultos. Na verdade, outros adultos costumam ser uma fonte de estresse quando julgam tanto ela quanto sua forma de criar os filhos. Ela sente que ninguém entende ou se preocupa com as dificuldades da sua vida. Ninguém está por perto para testemunhar os momentos verdadeiramente ruins do seu dia a dia, momentos em que ela grita, ameaça e pune muito mais do que o necessário. Os discursos inflamados têm sido mais frequentes nos últimos meses, e parece que sua vida está desmoronando, pouco a pouco. Ela não sabe o que fazer.

A psicóloga dedicou um tempo para aceitar o que Desiree estava sentindo — toda a dor, frustração e tristeza que pesavam sobre ela. Naquele momento, a psicóloga queria respeitar o esforço de Desiree para ser uma mãe melhor e reconhecer sua luta como mãe divorciada que trabalha em tempo integral fora de casa. Não havia necessidade de apressar Desiree, de fazê-la se recompor e fazer com que os sentimentos desagradáveis desaparecessem. Era mais importante para ela saber que havia pelo menos uma pessoa neste mundo que entendia com o que ela estava lidando e tinha alguma ideia de quão péssima e confusa se sentia naquele dia.

GREG: NO COMANDO, MAS NÃO MUITO

Greg se sentia perdido e não gostava nem um pouco disso. Ele era um pai amoroso, um homem de negócios bem-sucedido, e as coisas geralmente corriam da maneira que ele planejava. Tinha uma mente afiada e analítica e, com um pouco de tempo, havia poucos problemas que ele não conseguisse resolver. Era a imagem da competência, mas aqui estava ele no consultório do psicólogo se sentindo confuso e incompetente. Ele descobrira que sua filha, Sara, escapava de casa à noite. Aparentemente, ia se encontrar com o namorado, mas havia outros detalhes. Greg não tinha certeza se queria os detalhes. Aquela era a sua "garotinha", e o comportamento dela não fazia sentido. Ele dizia: "O que ela está pensando?!!" A raiva dele estava rapidamente alcançando a sua confusão.

O psicólogo sugeriu que qualquer pai ficaria chateado se sua filha de 15 anos saísse de casa à noite sem supervisão para ficar com o namorado. Greg agradeceu pela solidariedade, mas não gostou quando o psicólogo sugeriu que a confusão poderia ser uma coisa boa, um recurso que ele poderia usar enquanto tentava entender como responder a Sara e suas escapadas noturnas. Alguns terapeutas são assim; eles ocasionalmente cutucam ou estimulam os clientes que precisam de ajuda para sair de uma posição impraticável, mas muito familiar, para um novo lugar que é assustador, mas também promotor de crescimento. Greg ganhava a vida dizendo aos outros o que fazer; ele não gostava de crises ou calamidades, especialmente quando poderiam ter sido evitadas se as pessoas seguissem seu conselho e fizessem o que era esperado. Então, aqui estava ele reunido com um psicólogo e confrontado com o fato de a sua filha, Sara, ter ignorado claramente as expectativas do pai!

O psicólogo sabia que a família de Greg estava lidando com vários problemas e que o comportamento recente de Sara era apenas uma parte do quadro geral. Corrigir o curso do navio desta família exigiria muito trabalho da parte deles. O comentário do psicólogo sobre a confusão de Greg ser um trunfo foi um esforço para fazê-lo ir devagar, para lutar contra sua tendência de se mover rapidamente para trazer as pessoas de volta à linha e acabar com o sentimento de frustração, vergonha ou preocupação. A experiência de Greg lhe dizia que, se ele agisse rapidamente, poderia recuperar o controle, como testemunham seus comentários sobre a imposição da "lei marcial" em casa até que as coisas voltassem aos trilhos. O psicólogo, sentindo uma oportunidade de ajudar Greg a fazer mudanças significativas na maneira como ele criava a filha, pediu que ele aceitasse a confusão, o medo e a frustração — seus novos aliados na jornada para ser um pai melhor. Felizmente, Greg estava curioso o suficiente para aprender mais.

Este capítulo tem como objetivo ajudá-lo a

- aprender a resolver problemas da sua abordagem atual de criação de filhos;
- ver exemplos de como aplicar um modelo holístico e de longo prazo de criação dos filhos; e
- aprender a construir o próprio plano de criação de filhos.

RESOLVER PROBLEMAS NA SUA ABORDAGEM ATUAL DE CRIAÇÃO DE FILHOS

Como o terapeuta de Greg, também incentivamos os pais a usar sentimentos de desconforto e dúvida para melhorar sua criação. Embora desagradáveis, essas experiências podem sinalizar quando é hora de se orientar e determinar o que, se necessário, precisa ser ajustado no seu modo de criar os filhos. A Figura 8.1 apresenta um guia de solução de problemas com uma sequência recomendada para percorrer os principais aspectos de nosso modelo holístico e de longo prazo de criação dos filhos. A lógica subjacente nesta sequência de solução de problemas é trabalhar *de fora para dentro*. Isso significa focar inicialmente áreas fora da relação pais-filho.

Antes de questionar sua capacidade de aceitar, conter ou liderar, é útil considerar primeiro outros problemas mais óbvios, alguns dos quais são mais fáceis de corrigir. Como discutimos no Capítulo 1, muitos pais têm as habilidades necessárias para construir um bom relacionamento com seus filhos, mas não têm objetivos claros e viáveis, saúde adequada ou estrutura suficiente para a casa e a família. Em vez de presumir que você não tem a capacidade de construir e manter um relacionamento saudável com seus filhos, faz mais sentido considerar primeiro o que pode estar interferindo nesses esforços. A relação pais-filho, como todas as relações, pode ser adversamente afetada por vários fatores. Ficamos ocupados, distraídos, cansados, estressados ou sobrecarregados, ou não somos saudáveis e não recebemos a ajuda de que precisamos. Quando isso ocorrer, nossa capacidade de aceitar, conter e liderar os filhos sofrerá. Assim, o processo de identificação de quais aspectos da criação precisam de atenção começa com objetivos, seguidos de um foco na saúde emocional dos pais e na estrutura familiar. Somente depois de analisar esses aspectos, os pais devem considerar se estão fornecendo as condições essenciais para um relacionamento forte e saudável.

FIGURA 8.1. Guia de solução de problemas para o plano de seis pontos para pais e mães bons o bastante

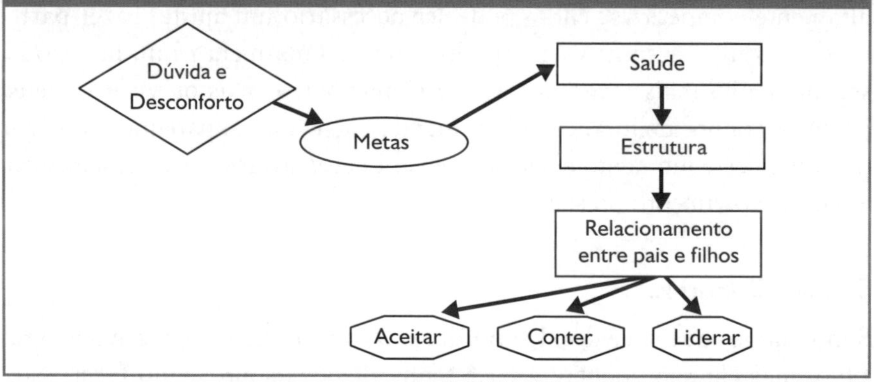

Metas

As metas orientam nosso comportamento, mas, como observamos no Capítulo 2, os pais geralmente não têm metas específicas para a criação dos filhos. Mais comum é que os pais tenham noções valiosas sobre o que tentam fazer todos os dias e sonhos distantes sobre o futuro de seus filhos. Também observamos no Capítulo 2 que grande parte da criação é feita automaticamente, sem muita reflexão deliberada. Quando estamos no piloto automático, criamos os filhos enquanto também pensamos ou fazemos outras coisas. Mas isso pode ser um problema quando a criação automática e sobreaprendida é impulsionada por objetivos que estão escondidos da nossa consciência e ativados por várias emoções, como raiva e medo. Portanto, é útil definir metas claras e específicas sobre como queremos interagir e criar nossos filhos. Baseamo-nos na ciência sobre fatores de risco e proteção (ver Capítulo 2) para identificar os tipos de objetivos que podem orientar a criação e promover o desenvolvimento infantil saudável.

Digamos que você esteja preocupado com o seu filho de 10 anos que está estragando paredes e machucando os irmãos (de 5 e 14 anos). Se a sua principal meta parental é conter o comportamento agressivo dele, então nós — e a ciência da criação de filhos e do desenvolvimento infantil — diríamos que você está no caminho certo. Se ele estava tendo outros problemas que muitas vezes vêm com a agressão infantil (por exemplo, notas baixas, colegas problemáticos), então conter sua agressão é, sem dúvida, a Prioridade Número Um. Se, por outro lado, a sua principal meta parental é ajudá-lo a entrar numa equipe de basquetebol ou futebol altamente competitiva, então pode ser necessário um ajuste. Fazer parte de uma equipe desportiva competitiva não é uma meta ruim, mas pode ser que tenha mais a ver com impressionar outros pais ou viver os seus próprios sonhos de infância. Certamente, não é a meta parental mais importante neste momento e não promoverá necessariamente o crescimento e o desenvolvimento do seu filho.

Saúde e Estrutura

Suponhamos que você decida abordar o comportamento agressivo do seu filho, mas ele não coopere e você tenha dúvidas sobre como fazer isso. Além disso, o seu relacionamento com a sua filha de 14 anos também está começando a ficar tenso. Uma próxima parada útil no guia de solução de problemas (Figura 8.1) é considerar sua própria saúde emocional e a estrutura de sua casa e família. Lembre-se de que os pais saudáveis têm a energia, a força e o comprometimento necessários para fazer o trabalho de criar os filhos. Se você está preocupado ou não tem certeza sobre a própria saúde, considere agendar uma consulta com o seu médico de cuidados primários. Também recomendamos a revisão do inventário de saúde apresentado no Capítulo 3. É aquela longa lista de coisas que chamamos de saúde com S maiúsculo, incluindo aspectos emocionais, físicos, relacionais, recreativos e, para alguns, espirituais. Avaliar o seu estado de saúde destas formas pode ajudá-lo a saber se precisa concentrar mais atenção neste aspecto da criação das crianças.

Talvez você esteja se sentindo estressado por eventos recentes ou preocupado com tarefas importantes que estão por vir. A sua família se mudará em breve, você está tentando vender a sua casa ou está preocupado com as finanças porque se divorciou recentemente? Mudar a sua família para uma cidade diferente ou os seus filhos para uma nova escola pode provocar ansiedade. Você está se exercitando regularmente ou isso ficou de lado por causa das demandas no trabalho? Se o seu trabalho é estressante, tem um plano para gerir esse estresse e está funcionando? Você tem estado irritado, mal-humorado ou impaciente com os seus filhos? Você se sente cansado e lento a maior parte do tempo? Estes e outros problemas relacionados com a saúde podem ter um impacto negativo na criação de filhos. Talvez seja hora de combinar sua nova meta parental de conter o comportamento agressivo do seu filho com estratégias que o ajudem a recuperar a energia, a força e o comprometimento necessários para voltar aos trilhos e fazer esse trabalho.

Estrutura

Digamos que a sua saúde esteja boa ou que você já abordou questões relacionadas com a saúde, mas ainda está preocupado em lidar de modo adequado com questões que envolvem o seu filho e a irmã mais velha. O próximo ponto para avaliar é a estrutura da sua casa e da sua família. Continuando com o mesmo exemplo, podemos facilmente imaginar como a agitação do divórcio, o estresse de tentar vender sua casa ou a pressão para cumprir um prazo no trabalho podem atrapalhar a maneira como uma família opera. E, se os seus esforços para fazer malabarismos com tudo isso estão afetando a sua saúde, então faz sentido considerar uma mudança na estrutura. O seu papel como pai/mãe e líder da família mudou ultimamente? A rotina da sua família saiu do curso? Há muitos dias em que os seus filhos comem sozinhos enquanto você está no computador ou ao telefone? Sua família precisa de uma regra permanente sobre não ferir ou destruir as coisas dos outros? Você precisa convocar uma reunião de família para verificar como todos estão e resolver esses problemas? Você perdeu ou gerenciou mal um ritual importante (por exemplo, o aniversário da sua filha) ou sua família parou de fazer um pequeno ritual importante (por exemplo, noite de cinema semanal)? Todas essas são possibilidades distintas neste cenário e abordá-las pode ser bastante útil.

O Relacionamento Pais-Filho: Aceitar, Conter e Liderar

Deve estar evidente que os fatores "fora" da relação pais-filho (Metas, Saúde e Estrutura) são críticos para o trabalho dos pais e problemas nessas áreas podem existir além de como você interage com seus filhos (Aceitar, Conter e Liderar). Geralmente, é mais fácil ajustar ou recalibrar suas metas parentais, e não é muito difícil corrigir quedas *temporárias* em sua saúde ou verificar a viabilidade de responsabilidades, rotinas, regras e rituais da família. De fato, reiniciar um ritual familiar valioso ou lembrar seus filhos sobre regras domésticas importantes (por exemplo, "Não machucar os outros") podem parecer pequenos passos, mas têm efeitos cascata significativos e positivos.

Por outro lado, construir ou reparar uma forte relação pais-filho pode ser uma tarefa difícil que não acontecerá da noite para o dia. Este é mais um projeto de longo prazo, mas você pode começar *hoje* a estabelecer uma postura de aceitação. Pode levar várias semanas até que seus filhos passem a esperar uma mensagem consistente de pertencimento, e ainda mais tempo até que o vejam como emocionalmente seguro, disponível e receptivo. O mesmo vale para conter. Para que os filhos tenham uma sensação de contenção, eles devem experimentar repetidas ocasiões em que você seguiu metas disciplinares específicas. Se eles testemunharam momentos no passado em que você reivindicou sua autoridade disciplinar, mas logo deixou de ser "o Chefe", provavelmente verão seu último esforço como apenas mais uma fase. Se você é capaz de restringir seu foco disciplinar a alguns comportamentos-alvo importantes (por exemplo, machucar os outros), haverá menos ocasiões para demonstrar que está disposto e é capaz de contê-los, ou seja, eles demorarão mais a perceber que houve uma mudança em seu foco disciplinar. Por fim, como discutimos no

Capítulo 7, seus filhos não o verão ou respeitarão como um líder sem um histórico de combinação de aceitação e contenção.

Um dos maiores desafios para melhorar ou reparar um relacionamento entre pais e filhos é a dúvida e a tentação de questionar o que você está fazendo. Dependendo da severidade com que julga a si mesmo, você pode sair dos trilhos. Por exemplo, se a sua referência para a criação dos filhos (consulte o Capítulo 1) é se eles estão felizes e não se queixam, o quão bem eles estão se comportando ou se é como você foi criado, você pode ser desviado do curso. Para garantir que isso não aconteça, revise os capítulos anteriores e as diretrizes que falam sobre o que significa aceitar, conter e liderar.

APLICANDO UM MODELO DE CRIAÇÃO DE FILHOS HOLÍSTICO E DE LONGO PRAZO: DOIS EXEMPLOS

Esperamos que este livro seja um recurso útil que ofereça informações valiosas e novas ideias que você possa aplicar à sua forma de criar filhos, especialmente se eles estiverem com dificuldades emocionais e comportamentais. Para ajudar com essa meta, voltamos agora aos dois pais fictícios (Desiree e Greg) que apresentamos no início deste capítulo.

As histórias de Desiree e Greg representam — em nossa imaginação — como os pais podem usar este livro e nosso modelo holístico de criação dos filhos para fazer os ajustes necessários. Lembre-se de que Desiree era uma mãe divorciada tentando equilibrar as demandas de casa e do trabalho. Greg era um homem casado, tinha um negócio de sucesso, mas sua filha adolescente saía sorrateiramente à noite. Eles são pais muito diferentes que vivem em circunstâncias muito diferentes, mas ambas as histórias ilustram como é possível aplicar nosso modelo holístico à forma deles de criar filhos.

Desiree: Voltando a Ser Mãe

Desiree não sabia ao certo por que sua irmã lhe enviou este livro, mas decidiu lê-lo de qualquer maneira. Ela queria acreditar que a irmã só queria que ela soubesse que estava pensando nela, mas Desiree temia que o livro fosse a maneira de a irmã julgar suas práticas de criação. Claro, a própria

Desiree fazia isso e questionava se deveria mesmo ser mãe. Ela amava os filhos e eles pareciam amá-la, mas ela se sentia muito confusa como mãe. Estava sempre cansada e mal-humorada, e não conseguia fazer com que os filhos participassem e fizessem a parte deles, o que só a deixava mais cansada e mal-humorada. Ela se sentia frustrada, perdida e sem esperança e temia que os problemas com a própria saúde e bem-estar estivessem atrapalhando a criação dos filhos.

Quando Desiree abriu o livro e leu o texto sobre o pai e seu filho (Jason e Sean), ela sentiu um pouco de esperança de que este livro seria esclarecedor. Ela não tinha certeza de como a criação poderia ser holística ou como ajuda saber que é um trabalho de longo prazo, mas se viu naquela seção discutindo diferentes maneiras pelas quais os pais julgam sua criação. Alguns dias depois, ela leu sobre metas parentais e fatores de risco para crianças, mas não ficou claro o que isso significava para ela e seus filhos. Ela concordou com a parte sobre a criação muitas vezes ser irracional e automática, impulsionada por metas emocionais e ocultas.

Ela largou o livro por alguns dias, mas depois o mencionou quando conversou por telefone com a irmã. Ao falar sobre ele, Desiree percebeu o quanto havia aprendido. Então, ela retomou a leitura e passou ao capítulo sobre Aceitação, mesmo que não fosse o próximo. Ficou intrigada com o que aprendeu, percebendo que não tinha sido criada assim. Quanto mais lia, mais se perguntava se os filhos a veriam como uma mãe que pratica a aceitação. Ela decidiu tentar algumas das opções simples para aceitar e se divertiu repetindo como um papagaio e parafraseando o que seus filhos lhe diziam. Constatou como isso os levava a dizer mais e mais, mesmo sem ela fazer um monte de perguntas. Animada, leu o capítulo sobre Contenção e uma lâmpada se acendeu! Ela nunca tinha ouvido falar que é importante ser *seletivo* em sua disciplina; ela achava que só importava ser *eficaz* e ser eficaz significava levar até o fim o que dizia todas as vezes, o que tinha dificuldade em fazer. Desiree achava que fazia muito sentido se concentrar apenas em alguns comportamentos e ser consistente com eles. Contudo, isso não foi fácil, porque seus filhos estavam sempre interessados em alguma coisa e discutindo uns com os outros. Ela leu e releu a seção sobre time-out e custo de resposta porque queria saber maneiras eficazes de punir seus filhos, se necessário. Ela não era realmente alguém que batia nas crianças, mas tinha feito isso algumas vezes quando estava brava, e seus filhos eram um pouco velhos demais para o time-out. Ela decidiu usar o custo de resposta como uma sanção e criou uma lista curta de metas disciplinares.

Desiree não tinha certeza de como tudo isso deveria funcionar, então leu o capítulo sobre Estrutura. Deus sabe que a família dela precisava de mais estrutura! Ela gostou bastante daquele capítulo. Gostou especialmente da ideia de que poderia organizar sua família fazendo uma programação, tendo regras e criando pequenos rituais divertidos. A parte sobre responsabilidades chegou em boa hora porque ela reconheceu que o limite geracional em sua família mal existia. Ela sempre despejava nos filhos as coisas com as quais estava preocupada e fazia um trabalho horrível protegendo seu próprio tempo e espaço privados. Ela continuou lendo, concentrando-se na parte sobre a Saúde. Este capítulo a ajudou a entender por que ela estava com dificuldades em ser mãe: ela tinha energia zero e quase nenhuma força. Desiree percebeu que, se não fizesse algo sobre sua saúde, seu compromisso com o trabalho de criar filhos também seria perdido. Ela completou o inventário de saúde e não gostou do que viu. Ela sabia que era hora de falar com alguém sobre sua saúde emocional e que, se não cuidasse melhor de si mesma, só prejudicaria seus filhos. Desiree consultou o seu médico para falar sobre os seus sentimentos de depressão. Ele ouviu seus problemas, discutiu possíveis tratamentos e recomendou medicação antidepressiva. Quatro semanas depois de começar a tomar a medicação, Desiree percebeu que não estava tão irritada ou lenta quanto antes. Seus filhos também estavam com um humor melhor. Eles não estavam tomando medicação, então parecia que o fato de ela se sentir melhor, ter mais energia, criar uma melhor estrutura familiar e estreitar seu foco disciplinar estava ajudando. Quando Desiree começou a ler o capítulo sobre Liderança, ficou ainda mais convencida de que estava indo na direção certa. Ela começou a ver que estava fazendo um bom trabalho como mãe de seus filhos e que era a líder da sua família.

Greg: No Comando, De Verdade

A esposa de Greg, Linda, viu o livro e achou que não faria mal comprá-lo. Sara era uma garota de temperamento forte — sempre foi, sempre seria. Talvez houvesse algo no livro que ajudasse Greg. Linda tinha as próprias opiniões sobre por que Sara estava saindo às escondidas, mas não as compartilhou com seu esposo. Ela leu os primeiros capítulos do livro e pensou: "Não estamos fazendo um trabalho tão ruim!" Ela mencionou isso a Greg, deixando-o saber o quão importante era que continuassem a aceitar Sara, ao mesmo tempo em que fossem firmes em algumas coisas importantes, como não sair escondida de casa à noite. Greg concordou e disse que cuidaria daquilo. Linda esperava uma resposta diferente, talvez os dois trabalharem juntos para descobrir de que Sara precisava. Mas, outra vez, ela pensou a respeito, mas não disse nada.

Linda ficou intrigada com o capítulo do livro sobre Liderança e achou que fazia sentido que sua capacidade de Aceitar e Conter os ajudasse a Liderar seus filhos. Mas ela se perguntou sobre o aspecto familiar da liderança: quem as crianças acreditavam que estava liderando a família? Apesar de Greg ser mais falante e um empresário de sucesso, ela se perguntou sobre o exemplo que ele estava dando aos filhos. Ela pensou nisso por um tempo, mas novamente não disse nada a Greg.

Greg se destacava em grande parte das coisas que fazia e tinha grandes expectativas para si mesmo. Ele também gostava de um bom desafio e, frequentemente, assumia um projeto de alto risco após o outro. Ele era um bom provedor para a família e eles viviam bem. Mas, há 2 anos, o trabalho o sobrecarregava. Ele estava trabalhando em um projeto que apresentava risco financeiro e exigia muito do seu tempo, embora a recompensa potencial fosse enorme. No fim das contas, não havia como terminar o projeto sem sacrificar outros aspectos de sua vida. Ele decidiu correr o risco, acreditando que os sacrifícios valeriam a pena. Greg não podia deixar passar a chance de fazer um golaço muito lucrativo. Ele disse a si mesmo que trabalhava duro e ajudava a família. Além disso, se ele não fizesse o projeto, outra pessoa faria. Em sua mente, ele podia ver seu plano dar certo e acreditava que estava "muito perto" de realizá-lo.

Infelizmente, Greg subestimou o que assumir o projeto custaria a ele, aos seus funcionários e à sua família. Ele canalizou toda a sua energia para o trabalho, esperando que a esposa e os filhos aguentassem até que o estresse do projeto passasse. Mas as esposas têm expectativas e os filhos têm necessidades, e ele não tinha mais nada a oferecer. "Agora não!" era o seu mantra. Ele se sentiu incompreendido e desvalorizado, desligou-se e afastou-se emocionalmente de todos. Bem, quase todos. "Ela" entendeu, só que ela não era sua esposa e sua "compreensão" incluía mais do que percepções e conselhos. As repercussões do caso extraconjugal de Greg foram grandes e imediatas. No final, o projeto foi um fracasso, ele perdeu o respeito dos filhos e quase perdeu o casamento. Ele e Linda conseguiram se reconciliar depois de uma breve separação e a família parecia estar de volta aos trilhos. Mas sua filha, Sara, começou a sair às escondidas à noite para se encontrar com o namorado. E Linda se perguntou o que isso significava sobre o estado de sua família.

Linda leu o capítulo sobre Estrutura e imediatamente reconheceu que havia algo faltando na forma como sua família estava organizada. Ela não conseguia identificar o que era, mas decidiu falar com Greg sobre isso. Ela leu sobre limites, rotinas e rituais e decidiu que ela e seu esposo precisavam de um ritual, um momento em que pudessem conversar e ser uma equipe — uma equipe de pais. Greg concordou com uma noite de encontro periódica, na qual eles conversariam e estariam um com o outro e não com uma dúzia de outras pessoas bebendo e festejando. Greg era muito sociável, e uma noite fora era quase um espetáculo para ele. Linda queria toda a atenção dele. Ela lhe mostrou o livro e disse: “Eu tenho algumas ideias, mas primeiro, quero que você leia este livro.” Greg concordou, supondo que pudesse haver uma ou duas coisas que valessem a pena saber do livro, mas, caso contrário, não seria nenhuma novidade.

Greg era um leitor rápido e decidiu começar lendo sobre Aceitar, Conter e Liderar. Na primeira noite de encontro, Linda perguntou o que ele tinha achado até então. Greg disse que achava que eles já estavam fazendo o que o livro recomendava. Linda concordou, mas depois perguntou,

> E a parte sobre Liderança? E a parte que diz que é bom que os líderes sirvam aos outros? E quanto à Terceira Opção, onde você diz aos filhos o que acredita, mas não faz muita pregação. Você apenas diz, para, e depois dá espaço para eles decidirem o que fazer?

Ela disse a Greg que não o via fazer isso com Sara. Greg se sentiu magoado com as perguntas e comentários de Linda. Eles terminaram o encontro mais cedo.

Nos dias seguintes, Greg leu sobre Estrutura e Saúde e pensou muito sobre o que Linda havia dito sobre liderar. Ele se perguntou: “Estou sendo um bom líder para a minha família? Eu trato Linda como uma parceira na liderança?” Ele leu o capítulo sobre Saúde e leu partes sobre como lidar com o estresse e pensou nas maneiras como normalmente lidava com isso. Claramente, ele era alguém que confiava no enfrentamento focado no problema. Greg pensou no seu caso extraconjugal e em como isso foi uma maneira ruim de lidar com o estresse do trabalho. Ele se perguntou se precisava encontrar outras maneiras melhores de lidar com os problemas. Então decidiu perguntar a Linda sobre isso durante uma noite de encontro. Ele estava nervoso, mas tentou dizer a si mesmo que não tinha medo de falar com a esposa sobre o assunto, mesmo que raramente o fizesse. Linda ficou surpresa e não sabia o que dizer; ela nem sabia ao certo o que ele estava perguntando. Ele realmente queria saber o que *ela* pensava sobre a maneira como ele lidava com o estresse? Linda respirou fundo, sentindo isso no seu âmago e esperou se acalmar um pouco antes de falar. Ela não queria que a noite de encontro desse errado 2 semanas seguidas.

Ela disse a Greg que o amava, mas que ele não era invencível. Sim, ele era inteligente, atencioso e cuidadoso, mas tinha limites como todos os outros. Ela disse: "Você precisa de mim, precisa da sua família, e a sua família precisa de você." Ela disse que, se ele fosse tão esperto quanto todos pensavam, passaria mais tempo trabalhando no casamento e fazendo parte da família. Ela disse que eles não eram uma equipe, que ele não confiava nela quando tinham ideias diferentes sobre a família ou seus filhos. Sim, ele podia estar "aceitando" a filha, mas não se tratava apenas de mostrar a aceitação ao mundo; às vezes, trata-se de ficar quieto e parado e apenas estar com alguém. Ela se viu dizendo: "Fique comigo, Greg! Fique comigo."

Naquela noite, Greg ficou acordado até tarde. Ele estava, mais uma vez, se sentindo perdido e confuso. Sara entrou na sala e perguntou o que ele estava fazendo. Ele disse: "Não sei. Não faço ideia do que estou fazendo." Sara olhou para ele, intrigada. Ele viu isso no rosto dela, então pediu que ela se sentasse. Ele disse que estava preocupado com ela, preocupado com ela saindo escondida à noite. Ele disse a ela que cometeu erros, grandes erros, e houve momentos em que não foi um bom exemplo para a filha:

> Mas posso te dizer uma coisa, Sara. Cansei das saídas às escondidas desta casa. Esta é a minha casa e a minha família, e é aqui que quero estar. Espero que seja onde você queira estar. A sua mãe e eu estamos nos esforçando para tornar a nossa família e a nossa casa um lugar onde você queira estar. Queremos ser uma família que você possa amar e se orgulhar. Nem sempre fizemos isso.

CONSTRUINDO O SEU PRÓPRIO PLANO DE CRIAÇÃO DE FILHOS

Esta última seção será escrita por você, não por nós. É onde você coloca a caneta no papel (ou os dedos no teclado) e cria seu próprio plano de criação de filhos. Para auxiliar nesse processo, apresentamos alguns exercícios de escrita na Planilha 8.1. Os primeiros exercícios são projetados para estimular a reflexão sobre o que você leu e aprendeu. Os próximos exercícios são mais detalhados, essencialmente listas de trabalho que cobrem os seis domínios em nosso modelo holístico e de longo prazo de criação de filhos. O último exercício pede que você identifique os valores fundamentais da sua família e descreva como sua criação se alinhará com esses valores.

PLANILHA 8.1. Exercícios de escrita reflexiva

Metas

1. Como você descreveria as suas metas atuais como pai/mãe?

____

____

2. Se você estabelecesse uma meta envolvendo apenas um domínio do nosso modelo de criação de filhos holístico e de longo prazo, qual seria e por quê?

____

____

Saúde

3. Revise o inventário de saúde. Quais aspectos da sua saúde são pontos altos e quais são os pontos baixos?

____

____

(Continua) ›

PLANILHA 8.1. Exercícios de escrita reflexiva

4. O que você está fazendo atualmente para lidar com o estresse e qual é o resultado?

____

____

Estrutura

5. Avalie a sua família (0 a 10) em quão bem a sua família está usando cada um dos 4 Rs da estrutura: Rotinas, Responsabilidades, Regras e Rituais.

____

____

6. Se você adicionasse ou ajustasse um dos 4 Rs da sua família, qual seria e por quê?

____

____

Aceitar

7. Seja honesto: quanto tempo você consegue ficar sentado em silêncio com o seu filho? Além do seu filho pensar que você é estranho, o que seria difícil em fazer isso?

____

____

8. Se os seus filhos se sentissem **completamente seguros e aceitos por você**, o que seria diferente na forma como você interage com eles? O que seria diferente na forma como eles interagiriam com você?

____

____

(Continua) ›

PLANILHA 8.1. Exercícios de escrita reflexiva

Conter

9. Você tem uma lista curta de comportamentos-alvo específicos? Se não, o que estaria na sua lista?

____

____

10. Quais sanções você provavelmente usaria e quais não usaria (e por quê)?

____

____

Liderar

11. Se você fosse uma criança, qual seria a probabilidade de seguir o exemplo da sua vida atual e por quê?

____

____

12. Você acredita que os seus filhos o respeitam? Se sim, por quê?

____

____

Seu Plano de Criação de Filhos

13. Liste os valores que considera fundamentais para a sua família.

____

____

14. Descreva como o seu plano de criação dos filhos se alinha com esses valores.

____

____

Exercícios Reflexivos

Desenhar a sua família

Faça dois desenhos da sua família. Em um deles, crie um organograma da sua família. Os "organogramas" são usados nos negócios e no governo para mostrar quem está no comando, quem responde a quem e quem está no mesmo departamento ou divisão. Os terapeutas familiares usam um processo semelhante para ilustrar como as famílias estão organizadas: quem está no comando, quem está alinhado com quem e quem pode estar sozinho. Os terapeutas fazem isso com a contribuição das famílias. Aqui está a sua oportunidade de desenhar o organograma da sua família. No segundo desenho, mostre a sua família fazendo algo rotineiro. Pode ser cozinhar, dar um passeio, fazer compras ou ir à igreja. Não se preocupe com a qualidade do desenho — apenas se divirta com isso. Depois de terminar um ou ambos os desenhos, reserve um momento para reagir. O que sente e o que pensa sobre o que desenhou? Há algo novo a ser aprendido sobre como a sua família está organizada ou como interage? Se for corajoso, mostre os desenhos à sua família e observe as reações dos outros membros. A tarefa deve ser divertida e educativa!

Descrever como é estar na sua casa

Escreva duas "redações" curtas (na verdade, apenas algumas palavras) que descrevam (a) como é *para você* estar em sua casa e (b) como seria para um alguém *fora da família* passar um tempo em sua casa. A primeira pergunta é uma maneira de analisar como sua casa está estruturada, então considere os 4 Rs (Rotinas, Responsabilidades, Regras e Rituais; veja o Capítulo 4) quando descrever estar em sua casa. A segunda pergunta é aquela que muitas vezes fazemos às famílias. A meta é ter uma noção — a um nível visceral — de como é estar em sua casa. Um hóspede se sentiria relaxado e confortável ou tenso e pronto para sair? A sua casa é uma onde os membros da família podem de repente começar uma discussão ou ela causa uma sensação relaxante e acolhedora?

Listas de trabalho

Estes exercícios são projetados para ajudá-lo a rever os seis domínios do nosso modelo de criação de filhos holístico e de longo prazo, com o objetivo de fazer um balanço do que está indo bem e do que pode precisar de ajustes. Este é o tipo de exercício que pode ser feito com o seu parceiro parental, se você tiver um. Dessa forma, vocês podem trabalhar em equipe para criar o seu plano de criação. Outra opção é fazer isso com outro pai ou mãe que tenha a própria família. Na verdade, imagine fazer este exercício com cinco ou seis outros pais do seu clube de leitura. Ah, as conversas que vocês poderiam ter!

UM ÚLTIMO BILHETE DE LAUREN E TIM

Lauren

Tenho dedicado minha vida a estudar e a servir as famílias para melhorar as suas relações entre pais e filhos. Isso geralmente significa trabalhar com uma família de cada vez. Então, quando Tim me pediu para me juntar a ele neste livro e potencialmente alcançar muitas famílias de uma só vez, aproveitei a oportunidade. Tive a alegria e o privilégio de ver as famílias deixarem de ser briguentas e estressadas para serem comunicativas e solidárias. Espero que este livro possa fazer isso por outras famílias. Quando penso nas crianças desafiadoras, exigentes e barulhentas que conheci no meu trabalho, fico surpreso com o quão grandes elas parecem — como se seus corpos minúsculos de repente crescessem para ocupar toda a sala. Mas, uma vez que os pais aprendem a aceitar, conter e liderar, eles entram na mesma sala e seus filhos parecem pequenos, adoráveis e amorosos — como uma criança totalmente diferente. Sinceramente, sinto-me incrivelmente sortuda por confiarem em mim para ajudar e ser um recurso para os pais e para a sua família. Minha esperança é que este livro lhe proporcione um lugar na primeira fila para o processo mágico da transformação positiva de sua família.

Tim

Assim como a Lauren, sinto-me privilegiado por trabalhar e apoiar os pais na importante tarefa de criar seus filhos. Escrevermos este livro e você o ler não é o mesmo que encontrá-lo pessoalmente e conhecer você e sua família. Não é o tipo de relação que temos com as famílias que vemos em nossa prática. Mas, certamente, escrever este livro com você em mente nos deu a sensação de relacionamento verdadeiro. Tentamos fazer a coisa certa por você, ser respeitosos e servi-lo bem. Quando estávamos travados ou inseguros, pensávamos naqueles pais que estão trabalhando duro para fazer o que é certo pelos filhos, mesmo quando ninguém vê. Portanto, obrigado pelo tempo que você dedicou à leitura deste livro. Esperamos que tenha sido um tempo gasto com qualidade.

REFERÊNCIAS

American Sleep Association. (n.d.). Sleep hygiene tips. https://www.sleep- association.org/about-sleep/sleep-hygiene-tips/.

Cavell, T. A. (2001). Updating our approach to parent training. I: The case against targeting noncompliance. *Clinical Psychology: Science and Practice*, *8*(3), 299–318. https://doi.org/10.1093/clipsy.8.3.299.

Cavell, T. A., & Quetsch, L. B. (2023). *Working with parents of aggressive children: Process and practice* (2ª ed.). American Psychological Association.

Chödrön, P. (1991). *The wisdom of no escape: And the path of lovingkindness*. Shambhala Publications.

Covey, S. R. (1991). *The seven habits of highly effective people*. Covey Leadership Center.

Darwin, C. (1895/2004). *On the origin of species*. Routledge.

Greene, R. W. (2010). Collaborative problem solving. In R. C. Murrihy, A. D. Kidman, & T. H. Ollendick (Eds.), *Clinical handbook of assessing and treating conduct problems in youth* (pp. 193–220). Springer Science + Business Media. https://doi.org/10.1007/978-1-4419-6297-3_8.

Kabat-Zinn, J., & Kabat-Zinn, M. (2021). Mindful parenting: Perspectives on the heart of the matter. *Mindfulness*, *12*(2), 266–268. https://doi.org/10.1007/s12671-020-01564-7.

Kushner, H. S. (2007). *When bad things happen to good people*. Anchor.

León-del-Barco, B., Mendo-Lázaro, S., Polo-Del-Río, M. I., Fajardo-Bullón, F., & López-Ramos, V. M. (2022). A protective factor for emotional and behavioral problems in children: The parental humor. *Children (Basel, Switzerland)*, 9(3), 404. https://doi.org/10.3390/children9030404.

McKee, L. G., Parent, J., Zachary, C. R., & Forehand, R. (2018). Mindful parenting and emotion socialization practices: Concurrent and longitudinal associations. *Family Process*, *57*(3), 752–766. https:// doi.org/10.1111/famp.12329.

National Institute on Alcohol Abuse and Alcoholism. (1997). *Special report to the US Congress on alcohol and health from the Secretary of Health and Human Services* (Vol. 9).

National Institute of Mental Health. (2022). *Health topics*. https://www.nimh.nih.gov/health/topics.

Orrell-Valente, J. K., Hill, L. G., Brechwald, W. A., Dodge, K. A., Pettit, G. S., & Bates, J. E. (2007). "Just three more bites": An observational analysis of parents' socialization of children's eating at mealtime. *Appetite*, *48*(1), 37–45. https://doi.org/10.1016/j.appet.2006.06.006.

Patterson, G. R., & Yoerger, K. (2002). A developmental model for earlyand late-onset delinquency. Em J. B. Reid, G. R. Patterson, & J. Snyder (Eds.), *Antisocial behavior in children and adolescents: A developmental analysis and model for intervention* (pp. 147–172). American Psychological Association. https://doi.org/10.1037/10468-007.

Rutter, M. (1989). Isle of Wight revisited: Twenty-five years of child psychiatric epidemiology. *Journal of the American Academy of Child & Adolescent Psychiatry*, *28*(5), 633–653. https://doi.org/10.1097/00004583-198909000-00001.

Shapiro, S., Siegel, R., & Neff, K. D. (2018). Paradoxes of mindfulness. *Mindfulness*, *9*, 1693–1701. https://doi.org/10.1007/s12671-018-0957-5.

Shapiro, S. L., & Carlson, L. E. (2009). *The art and science of mindfulness: Integrating mindfulness into psychology and the helping professions*. American Psychological Association. https://doi.org/10.1037/11885-000.

Sheeran, P., Aarts, H., Custers, R., Rivis, A., Webb, T. L., & Cooke, R. (2005). The goal-dependent automaticity of drinking habits. *British Journal of Social Psychology*, *44*(1), 47–63. https://doi.org/10.1348/014466604X23446.

Wolin, S. J., Bennett, L. A., & Jacobs, J. S. (1988). Assessing family rituals in alcoholic families. Em E. Imber-Black, J. Roberts, & R. A. Whiting (Eds.), *Rituals in families and family therapy* (pp. 230–256). Norton.

Zolotor, A. J., Theodore, A. D., Chang, J. J., Berkoff, M. C., & Runyan, D. K. (2008). Speak softly—and forget the stick: Corporal punishment and child physical abuse. *American Journal of Preventive Medicine*, *35*(4), 364–369. https://doi.org/10.1016/j.amepre.2008.06.031.

ÍNDICE

D

E

F

G

H

I

J

K

L

M

N

O

P

Q

R

S

T

V

W

Y

Z

SOBRE OS AUTORES

Timothy A. Cavell, é doutor e professor do Departamento de Ciências Psicológicas da Universidade do Arkansas e psicólogo clínico praticante. Em sua atuação acadêmica, ele treina estudantes de doutorado para serem terapeutas e estuda como pais, professores e mentores podem ajudar e apoiar crianças que enfrentam vários desafios (por exemplo, comportamento agressivo, bullying escolar). Ele e sua esposa têm três filhos.

Lauren B. Quetsch, é doutora e professora do Departamento de Ciências Psicológicas da Universidade do Arkansas. Ela obteve seu bacharelado em psicologia pela Universidade de Georgetown e seu doutorado em psicologia clínica com especialização em psicologia clínica infantil na Universidade de West Virginia, em Morgantown. A experiência da Dra. Quetsch é com crianças com transtornos comportamentais disruptivos e na adaptação de tratamentos baseados em evidências para crianças no espectro do autismo. Ela também prioriza a disseminação e implementação de tratamentos baseados em evidências para famílias carentes em organizações comunitárias de saúde mental. Ela e o marido têm quatro filhos maravilhosos.

Este livro foi impresso nas oficinas gráficas da Editora Vozes Ltda.,
Rua Frei Luís, 100 – Petrópolis, RJ.